中国基本单位统计年鉴 2012

国家统计局普查中心 编

CHINA BASIC STATISTICAL UNITS YEARBOOK

中国统计出版社
China Statistics Press

图书在版编目（CIP）数据

中国基本单位统计年鉴. 2012 / 国家统计局普查中心编. -- 北京 : 中国统计出版社，2012.9
ISBN 978-7-5037-6685-5

Ⅰ. ①中… Ⅱ. ①国… Ⅲ. ①组织机构－统计资料－中国－2012－年鉴 Ⅳ. ①C832-54

中国版本图书馆 CIP 数据核字（2012）第 210870 号

中国基本单位统计年鉴—2012

作　　者/国家统计局普查中心
责任编辑/王振宇
封面设计/杨　超　李雪燕
出版发行/中国统计出版社
通信地址/北京市西城区月坛南街 57 号　邮政编码/100826
办公地址/北京市丰台区西三环南路甲 6 号　邮政编码/100073
电　　话/邮购（010）63376909　书店（010）68783171
网　　址/http://csp.stats.gov.cn
印　　刷/河北天普润印刷厂
经　　销/新华书店
开　　本/880×1230mm　1/16
字　　数/500 千字
印　　张/17.75
版　　别/2012 年 10 月第 1 版
版　　次/2012 年 10 月第 1 次印刷
定　　价/220.00 元（附光盘）

本书附同版本 CD-ROM 一张，光盘内容以书面文字为准。
如有印装差错，由本社发行部调换。

《中国基本单位统计年鉴-2012》
编辑委员会

编 者 说 明

一、《中国基本单位统计年鉴－2012》是一部反映中华人民共和国各类基本单位情况的资料性工具书。本书分为两部分：第一部分是全国各类法人单位按地区、国民经济行业等进行各种分组汇总而成的综合资料；第二部分是全国各类企业法人单位按地区、国民经济行业、登记注册类型、营业状态等进行各种分组汇总而成的综合资料。

二、1996年数据来源于第一次全国基本单位普查资料，2001年数据来源于第二次全国基本单位普查资料，2004年数据来源于第一次全国经济普查资料，2008年数据来源于第二次全国经济普查资料，其他年份的数据来源于基本单位年度统计资料。

三、资料的汇总范围为我国境内从事经济社会活动的法人单位，未包括香港、澳门特别行政区和台湾省。

四、考虑到按地区进行国民经济核算的需要，对金融、保险业和邮电业的县一级机构均视为法人单位统计。

《中国基本单位统计年鉴－2012》内容系统、翔实，具有较强的实用性，可作为各级政府和经济管理部门进行宏观管理、制定政策的参考，也是企业生产经营及投资决策和科研机构、大专院校进行科研及教学活动的辅助资料。

恳请广大读者对本书提出宝贵意见。

目　　录

第一部分　全部法人单位综合资料

第二部分　企业法人单位综合资料

第一部分

全部法人单位综合资料

1-1 按行业(门类)分组的法人单位数

单位：个

行业门类	代码	法人单位数					
		1996年	1997年	1998年	1999年	2000年	2001年
总计		**4402276**	**4344278**	**4417508**	**4221995**	**4366141**	**5107015**
农、林、牧、渔业	A	148029	148269	147656	142055	142140	171526
采矿业	B	100362	99578	102265	91026	90484	71409
制造业	C	1256323	1221878	1290304	1192280	1243607	1220587
电力、燃气及水的生产和供应业	D	30543	29864	30299	30031	30841	36982
建筑业	E	126710	125476	125541	112973	118240	123187
交通运输、仓储和邮政业	F	63808	62871	62941	57772	59711	82162
信息传输、计算机服务和软件业	G	20381	18545	22141	22826	25425	57420
批发和零售业	H	681853	678488	668847	654887	693108	807454
住宿和餐饮业	I	81444	71835	79270	78804	83014	100768
金融业	J	73824	74054	73941	69029	70228	63996
房地产业	K	39693	40903	44606	44051	48363	92417
租赁和商务服务业	L	96609	109537	100411	97410	107229	234265
科学研究、技术服务和地质勘查业	M	42048	41299	43264	42608	45003	75666
水利、环境和公共设施管理业	N	29508	28661	30273	29315	30189	51007
居民服务和其他服务业	O	52677	45707	51786	48898	54366	94655
教育	P	215358	219281	215530	214042	218304	307817
卫生、社会保障和社会福利业	Q	112326	112810	112695	112375	114388	200360
文化、体育和娱乐业	R	41064	36522	41388	40094	41060	57410
公共管理和社会组织	S	1185790	1174810	1170475	1137752	1146645	1254546
国际组织	T	3926	3890	3875	3767	3796	3381

注：2004年和2008年农、林、牧、渔业法人单位数为兼营第二、三产业的农、林、牧、渔业法人单位(下同)。

1-1　续表 1

单位：个

行业门类	代码	2002年	2003年	2004年	2005年	2006年
总计		**5170849**	**5214144**	**5168303**	**5647823**	**6068912**
农、林、牧、渔业	A	170953	156033	1835	68800	78205
采矿业	B	70851	72538	82353	89430	93967
制造业	C	1239549	1298870	1328964	1451556	1579406
电力、燃气及水的生产和供应业	D	37136	33570	39830	43148	45922
建筑业	E	129062	132059	128193	149471	170180
交通运输、仓储和邮政业	F	83489	85991	80375	91565	104635
信息传输、计算机服务和软件业	G	59368	58307	72913	85499	100614
批发和零售业	H	829029	840241	883653	994953	1122489
住宿和餐饮业	I	102244	103537	92869	101853	109892
金融业	J	64806	64802	23793	26828	29201
房地产业	K	96795	98943	129197	148059	165865
租赁和商务服务业	L	242109	219567	249192	291498	331904
科学研究、技术服务和地质勘查业	M	78356	110685	136555	153076	166240
水利、环境和公共设施管理业	N	51426	47847	44352	46847	48811
居民服务和其他服务业	O	96244	64391	83606	93947	102228
教育	P	308320	304056	299418	305446	308760
卫生、社会保障和社会福利业	Q	200761	198879	181877	183760	185014
文化、体育和娱乐业	R	57891	77717	64741	69490	72873
公共管理和社会组织	S	1250166	1243967	1244587	1252597	1252706
国际组织	T	2294	2144	—	—	—

注：“-”表示2004年及以后各年份不包括国际组织法人单位数。

1-1 续表 2 单位：个

行业门类	代码	2007年	2008年	2009年	2010年	2011年
总计		**6495064**	**7098765**	**8003868**	**8754588**	**9593729**
农、林、牧、渔业	A	98546	2023	184764	242429	321086
采矿业	B	97678	97315	103403	104065	105490
制造业	C	1702455	1818370	1959254	2098370	2240315
电力、燃气及水的生产和供应业	D	49052	57923	62038	64151	66652
建筑业	E	190517	226768	261694	302232	346026
交通运输、仓储和邮政业	F	117228	157589	175914	195829	219630
信息传输、计算机服务和软件业	G	115101	153290	176326	191182	208867
批发和零售业	H	1246042	1403141	1670315	1965118	2276295
住宿和餐饮业	I	118173	145297	154895	164762	172070
金融业	J	31815	28668	36907	45512	55513
房地产业	K	187444	214391	244043	284726	323985
租赁和商务服务业	L	368763	427001	511666	590478	687575
科学研究、技术服务和地质勘查业	M	176677	201689	233221	256865	283777
水利、环境和公共设施管理业	N	50953	57553	61740	64794	69186
居民服务和其他服务业	O	110525	120467	141936	158152	175813
教育	P	312339	335065	342003	342408	346390
卫生、社会保障和社会福利业	Q	187376	206480	209016	205778	205173
文化、体育和娱乐业	R	76430	81878	90891	95633	102775
公共管理和社会组织	S	1257950	1363857	1383842	1382104	1387111
国际组织	T	—	—	—	—	—

1-2 按三次产业、地区分组的法人单位数

(2011年) 单位：个

地区	法人单位数	第一产业	第二产业	第三产业
全国	**9593729**	**321086**	**2758483**	**6514160**
北京	391503	3111	48462	339930
天津	185899	2226	53690	129983
河北	361028	13822	109035	238171
山西	220371	27869	39783	152719
内蒙古	147105	7094	28255	111756
辽宁	388515	13025	120313	255177
吉林	124637	4998	30132	89507
黑龙江	184150	5157	42774	136219
上海	422955	3522	110746	308687
江苏	979237	20070	402445	556722
浙江	778193	28997	331379	417817
安徽	286915	9084	84137	193694
福建	356207	14630	108678	232899
江西	199355	8712	57279	133364
山东	832499	21777	263597	547125
河南	410810	15105	139078	256627
湖北	382113	10342	92609	279162
湖南	314853	9819	80816	224218
广东	908008	12030	299831	596147
广西	238512	10310	38251	189951
海南	42715	2115	6477	34123
重庆	223752	23935	50077	149740
四川	366196	14322	76177	275697
贵州	116423	4422	20457	91544
云南	197322	14416	33163	149743
西藏	16474	35	1011	15428
陕西	231354	7982	44963	178409
甘肃	114200	4886	18098	91216
青海	30446	1773	4773	23900
宁夏	40053	1850	7402	30801
新疆	101929	3650	14595	83684

1-3 按地区、开业(成立)

地区	法人单位数	1949年及以前	1950-1977年	1978-1991年	1992-1995年	1996年	1997年	1998年	1999年	2000年
全国	**9593729**	**85837**	**465189**	**802409**	**373052**	**118285**	**119495**	**205003**	**192445**	**294455**
北京	391503	867	4521	17968	19246	5459	6151	9539	11368	16695
天津	185899	875	2994	9006	7543	2291	2340	3254	3480	5257
河北	361028	18712	27412	39442	10589	4744	4070	6757	6146	10379
山西	220371	4976	21740	28967	6158	1962	2159	4136	3265	5126
内蒙古	147105	1409	13211	13321	3681	1566	1600	2690	2480	4741
辽宁	388515	2737	16194	32886	16426	4762	5058	8468	9682	13001
吉林	124637	1666	12265	14603	4264	1558	1265	2699	2523	4830
黑龙江	184150	2259	15123	19113	6128	2292	2142	4067	3893	7152
上海	422955	645	3075	12467	22492	6470	7290	9886	10233	15445
江苏	979237	2463	15915	42339	28119	9200	9684	28297	15537	28751
浙江	778193	5096	13555	44215	29793	9892	10421	15195	16834	24615
安徽	286915	1860	13043	18317	9899	3371	3048	4029	3842	6710
福建	356207	2692	13738	31516	15286	5005	5450	6973	7059	9245
江西	199355	1768	16296	26818	6131	2057	1828	3329	2890	5022
山东	832499	5489	23506	89041	22174	8159	8093	15960	15260	27697
河南	410810	5088	31607	56526	18400	6942	6454	11232	9586	15723
湖北	382113	2524	20735	38640	12020	4909	4003	7022	6259	12180
湖南	314853	1764	16294	26604	11540	3457	3549	9904	4829	9290
广东	908008	4334	23652	41354	43106	10937	12457	19025	29095	25230
广西	238512	2955	20952	23832	11987	4522	3257	3240	3108	4260
海南	42715	171	4212	2876	2319	495	471	648	724	914
重庆	223752	1094	5997	8801	7159	2016	2705	4423	3078	5322
四川	366196	2917	42271	46046	20885	5018	5056	8554	6950	11038
贵州	116423	1420	9094	14443	14320	1105	1322	1869	1752	2541
云南	197322	1262	12913	17143	5736	2153	2303	3079	3442	10301
西藏	16474	557	3118	4929	854	692	195	335	416	220
陕西	231354	3339	26297	30589	7281	3970	4033	4811	3773	5605
甘肃	114200	2461	15599	23105	4059	1448	1332	2347	1863	2679
青海	30446	550	4463	6131	899	274	254	509	436	798
宁夏	40053	311	2943	5427	1264	530	439	853	686	1049
新疆	101929	1576	12454	15944	3294	1029	1066	1873	1956	2639

时间分组的法人单位数

单位：个

2001年	2002年	2003年	2004年	2005年	2006年	2007年	2008年	2009年	2010年	2011年	无开业年份
357832	**396497**	**471194**	**490484**	**554889**	**635831**	**638371**	**555931**	**811126**	**940678**	**958356**	**126370**
21272	24992	30951	34970	38740	34835	35130	30523	22052	15643	9463	1118
7146	6992	9088	9611	10925	13171	12963	13752	16537	22011	25204	1459
11523	13270	14079	14921	16966	20564	18339	17453	30407	33409	35665	6181
5947	7824	7853	8116	9600	11904	12090	11239	20088	20268	23588	3365
5253	5705	6233	7061	9071	12037	11132	8622	13438	11735	10721	1398
14529	16645	20178	22321	25494	29151	29645	26077	29672	31990	27609	5990
5657	5109	6017	6123	8491	9325	8493	5359	7398	7779	8677	536
9281	7761	8838	9558	10274	11766	12236	8746	17063	13922	11755	781
19323	24889	31459	36332	40787	37040	31402	27296	33046	32220	21084	74
40375	42305	50194	47554	51495	64955	64940	51870	98577	141831	140409	4427
30077	37244	42000	40788	43699	56039	59564	54863	69690	75907	88672	10034
7281	9179	11054	13534	15103	19918	21633	22128	24746	36211	38811	3198
10430	12627	15969	16435	18162	21025	21872	22603	33340	39910	42742	4128
6595	7050	9127	8166	9529	11495	10652	7998	16222	21012	23914	1456
35673	34481	41578	41063	47627	55353	50396	37145	79089	96696	89327	8692
17259	17672	21156	20832	28426	29803	28907	22549	24378	19936	13511	4823
14116	14673	16410	17951	21340	23383	21779	18821	35948	39271	48301	1828
12546	11355	14307	14704	18118	20022	17414	12389	17477	26757	15230	47303
30013	35583	43273	47646	52864	64131	66344	61776	98148	97591	96622	4827
5163	8784	8838	7856	10410	10782	12048	12501	22920	24570	34725	1802
1337	1486	1896	2066	2378	2815	3043	2689	2108	7369	2420	278
8890	7969	9718	10207	9887	11451	17955	12384	15150	29464	49182	900
14131	14007	19170	18833	19959	21887	24458	22276	20856	19237	18562	4085
3406	4125	5392	6093	5396	6411	8111	6851	7214	7799	6070	1689
4636	5497	6870	7096	7702	9573	9317	10281	19161	25976	31573	1308
174	769	311	350	392	344	379	432	438	343	248	978
6950	7422	7438	7499	8408	10164	10713	10379	19752	24204	26570	2157
3546	4282	4396	4585	4977	5503	5891	5512	6086	7131	6272	1126
1042	1114	1114	1063	1119	1279	1505	1444	1500	2430	2380	142
1008	1420	2043	2125	2159	2424	2402	2628	3643	3044	3512	143
3253	4266	4244	5025	5391	7281	7618	7345	4982	5012	5537	144

1-4 按地区、机构类型分组的法人单位数

(2011年) 单位：个

地区	法人单位数	企业法人	事业法人	机关法人	社会团体	其他
全国	**9593729**	**7331200**	**725000**	**249855**	**209665**	**1078009**
北京	391503	360799	11217	2089	4144	13254
天津	185899	166426	6309	1861	1734	9569
河北	361028	252808	31944	11842	5122	59312
山西	220371	140229	24109	8905	5380	41748
内蒙古	147105	97871	17406	7665	5769	18394
辽宁	388515	312648	27992	9514	8191	30170
吉林	124637	82914	17249	5678	3495	15301
黑龙江	184150	130121	19764	9935	5748	18582
上海	422955	397868	8168	1854	3242	11823
江苏	979237	865414	37377	10061	17062	49323
浙江	778193	659000	27337	7677	14818	69361
安徽	286915	214306	22844	9658	8489	31618
福建	356207	278412	25724	8020	11053	32998
江西	199355	130247	24614	9327	5821	29346
山东	832499	649565	36470	12117	13739	120608
河南	410810	269535	40660	11833	5687	83095
湖北	382113	273217	38153	10396	10394	49953
湖南	314853	193955	40549	12915	7922	59512
广东	908008	788631	40854	11661	11513	55349
广西	238512	149865	40652	10683	8595	28717
海南	42715	32016	3491	1389	838	4981
重庆	223752	176841	16909	4459	4559	20984
四川	366196	206310	53086	19555	16833	70412
贵州	116423	60595	21404	7216	3589	23619
云南	197322	135280	20398	10917	7716	23011
西藏	16474	3265	2170	4108	569	6362
陕西	231354	147432	29571	9435	4346	40570
甘肃	114200	57616	18351	7059	5468	25706
青海	30446	14977	3705	2777	1707	7280
宁夏	40053	25476	2829	1486	2277	7985
新疆	101929	57561	13694	7763	3845	19066

1-5 按行业(大类)分组的法人单位数

(2011年) 单位：个

行业大类	代码	法人单位数	从事单一活动或位于一个地点的法人单位	从事多种活动或位于多个地点的法人单位
总计		**9593729**	**9195195**	**398534**
农、林、牧、渔业	A	**321086**	**318367**	**2719**
农业	01	120841	119889	952
林业	02	30440	29746	694
畜牧业	03	96831	96405	426
渔业	04	23290	23174	116
农、林、牧、渔服务业	05	49684	49153	531
采矿业	B	**105490**	**103647**	**1843**
煤炭开采和洗选业	06	22881	22063	818
石油和天然气开采业	07	1867	1804	63
黑色金属矿采选业	08	18585	18305	280
有色金属矿采选业	09	11767	11541	226
非金属矿采选业	10	48603	48160	443
其他采矿业	11	1787	1774	13
制造业	C	**2240315**	**2207445**	**32870**
农副食品加工业	13	111085	109108	1977
食品制造业	14	48544	47105	1439
饮料制造业	15	38430	37286	1144
烟草制品业	16	321	296	25
纺织业	17	129946	128093	1853
纺织服装、鞋、帽制造业	18	106343	104838	1505
皮革、毛皮、羽毛(绒)及其制品业	19	40161	39627	534
木材加工及木、竹、藤、棕、草制品业	20	69231	68711	520
家具制造业	21	45062	44221	841
造纸及纸制品业	22	58094	57554	540
印刷业和记录媒介的复制	23	60165	59327	838
文教体育用品制造业	24	23779	23400	379
石油加工及炼焦	25	7411	7209	202
化学原料及化学制品制造业	26	110945	109015	1930
医药制造业	27	19148	18601	547
化学纤维制造业	28	5817	5763	54
橡胶制品业	29	24987	24683	304
塑料制品业	30	119050	117949	1101
非金属矿物制品业	31	228275	226078	2197
黑色金属冶炼及压延加工业	32	21717	21301	416
有色金属冶炼及压延加工业	33	25903	25524	379
金属制品业	34	175355	173424	1931
通用设备制造业	35	232040	228988	3052

1-5 续表 1

单位：个

行业大类	代码	法人单位数	从事单一活动或位于一个地点的法人单位	从事多种活动或位于多个地点的法人单位
专用设备制造业	36	129759	128061	1698
交通运输设备制造业	37	100271	98415	1856
电气机械及器材制造业	39	130376	127836	2540
通信设备、计算机及其他电子设备制造业	40	68991	67619	1372
仪器仪表及文化、办公用机械制造业	41	30790	30096	694
工艺品及其他制造业	42	67542	66643	899
废弃资源和废旧材料回收加工业	43	10777	10674	103
电力、燃气及水的生产和供应业	**D**	**66652**	**63334**	**3318**
电力、热力的生产和供应业	44	44332	42040	2292
燃气生产和供应业	45	4776	4449	327
水的生产和供应业	46	17544	16845	699
建筑业	**E**	**346026**	**333517**	**12509**
房屋和土木工程建筑业	47	123432	115771	7661
建筑安装业	48	66956	64832	2124
建筑装饰业	49	108682	106619	2063
其他建筑业	50	46956	46295	661
交通运输、仓储和邮政业	**F**	**219630**	**209598**	**10032**
铁路运输业	51	1561	1515	46
道路运输业	52	105576	101141	4435
城市公共交通业	53	8786	8326	460
水上运输业	54	10088	9662	426
航空运输业	55	1280	1160	120
管道运输业	56	179	163	16
装卸搬运和其他运输服务业	57	59849	56955	2894
仓储业	58	22470	21749	721
邮政业	59	9841	8927	914
信息传输、计算机服务和软件业	**G**	**208867**	**203459**	**5408**
电信和其他信息传输服务业	60	36427	33802	2625
计算机服务业	61	108430	107217	1213
软件业	62	64010	62440	1570
批发和零售业	**H**	**2276295**	**2205376**	**70919**
批发业	63	1432318	1395340	36978
零售业	65	843977	810036	33941
住宿和餐饮业	**I**	**172070**	**164448**	**7622**
住宿业	66	62714	59766	2948
餐饮业	67	109356	104682	4674
金融业	**J**	**55513**	**43601**	**11912**
银行业	68	12589	6709	5880
证券业	69	2793	2461	332
保险业	70	13238	8372	4866
其他金融活动	71	26893	26059	834

1-5　续表 2　　　　单位：个

行业大类	代码	法人单位数	从事单一活动或位于一个地点的法人单位	从事多种活动或位于多个地点的法人单位
房地产业	K	**323985**	**310304**	**13681**
房地产业	72	323985	310304	13681
租赁和商务服务业	L	**687575**	**672019**	**15556**
租赁业	73	34267	33802	465
商务服务业	74	653308	638217	15091
科学研究、技术服务和地质勘查业	M	**283777**	**275629**	**8148**
研究与试验发展	75	36803	36013	790
专业技术服务业	76	135200	130742	4458
科技交流和推广服务业	77	107015	104416	2599
地质勘查业	78	4759	4458	301
水利、环境和公共设施管理业	N	**69186**	**66570**	**2616**
水利管理业	79	21675	20605	1070
环境管理业	80	15911	15393	518
公共设施管理业	81	31600	30572	1028
居民服务和其他服务业	O	**175813**	**171697**	**4116**
居民服务业	82	77421	74797	2624
其他服务业	83	98392	96900	1492
教育	P	**346390**	**314579**	**31811**
教育	84	346390	314579	31811
卫生、社会保障和社会福利业	Q	**205173**	**191618**	**13555**
卫生	85	167699	154662	13037
社会保障业	86	11964	11736	228
社会福利业	87	25510	25220	290
文化、体育和娱乐业	R	**102775**	**100103**	**2672**
新闻出版业	88	7224	6886	338
广播、电视、电影和音像业	89	15935	15063	872
文化艺术业	90	43199	42554	645
体育	91	9175	8974	201
娱乐业	92	27242	26626	616
公共管理和社会组织	S	**1387111**	**1239884**	**147227**
中国共产党机关	93	39423	36399	3024
国家机构	94	399694	330636	69058
人民政协和民主党派	95	6194	6038	156
群众团体、社会团体和宗教组织	96	257071	253913	3158
基层群众自治组织	97	684729	612898	71831

1-6 按行业(大类)、东中西部以及东北地区分组的法人单位数

(2011年) 单位：个

行业大类	代码	法人单位数	东部地区	中部地区	西部地区	东北地区
总计		**9593729**	**5258244**	**1814417**	**1823766**	**697302**
农、林、牧、渔业	**A**	**321086**	**122300**	**80931**	**94675**	**23180**
农业	01	120841	54365	24518	34913	7045
林业	02	30440	9768	9688	8621	2363
畜牧业	03	96831	26987	31138	30941	7765
渔业	04	23290	11743	4156	5711	1680
农、林、牧、渔服务业	05	49684	19437	11431	14489	4327
采矿业	**B**	**105490**	**22648**	**35777**	**37173**	**9892**
煤炭开采和洗选业	06	22881	1795	9117	9655	2314
石油和天然气开采业	07	1867	234	102	1121	410
黑色金属矿采选业	08	18585	6550	5305	4674	2056
有色金属矿采选业	09	11767	1588	3878	5235	1066
非金属矿采选业	10	48603	12114	16852	15710	3927
其他采矿业	11	1787	367	523	778	119
制造业	**C**	**2240315**	**1490837**	**377675**	**225517**	**146286**
农副食品加工业	13	111085	44894	34265	18838	13088
食品制造业	14	48544	23774	11237	9276	4257
饮料制造业	15	38430	15184	9795	9972	3479
烟草制品业	16	321	103	84	99	35
纺织业	17	129946	106813	13699	6282	3152
纺织服装、鞋、帽制造业	18	106343	84116	13852	3819	4556
皮革、毛皮、羽毛(绒)及其制品业	19	40161	32267	4370	2593	931
木材加工及木、竹、藤、棕、草制品业	20	69231	35063	18296	8580	7292
家具制造业	21	45062	28851	8850	4999	2362
造纸及纸制品业	22	58094	42961	7393	5122	2618
印刷业和记录媒介的复制	23	60165	40416	8310	7430	4009
文教体育用品制造业	24	23779	20542	2116	585	536
石油加工及炼焦	25	7411	3231	1242	1457	1481

1-6　续表 1

单位：个

行业大类	代码	法人单位数	东部地区	中部地区	西部地区	东北地区
化学原料及化学制品制造业	26	110945	65239	23903	13314	8489
医药制造业	27	19148	8991	4548	3506	2103
化学纤维制造业	28	5817	4988	456	188	185
橡胶制品业	29	24987	18961	2694	1694	1638
塑料制品业	30	119050	92067	12870	7974	6139
非金属矿物制品业	31	228275	95450	75344	41919	15562
黑色金属冶炼及压延加工业	32	21717	11893	4167	3924	1733
有色金属冶炼及压延加工业	33	25903	14080	6175	4273	1375
金属制品业	34	175355	134629	18505	12785	9436
通用设备制造业	35	232040	166956	28455	15767	20862
专用设备制造业	36	129759	94287	17167	8980	9325
交通运输设备制造业	37	100271	63135	15510	14019	7607
电气机械及器材制造业	39	130376	103421	12913	7128	6914
通信设备、计算机及其他电子设备制造业	40	68991	58485	5560	3200	1746
仪器仪表及文化、办公用机械制造业	41	30790	23180	3182	2049	2379
工艺品及其他制造业	42	67542	50914	9700	4490	2438
废弃资源和废旧材料回收加工业	43	10777	5946	3017	1255	559
电力、燃气及水的生产和供应业	**D**	**66652**	**26718**	**16583**	**19020**	**4331**
电力、热力的生产和供应业	44	44332	18013	10628	12712	2979
燃气生产和供应业	45	4776	1720	1153	1484	419
水的生产和供应业	46	17544	6985	4802	4824	933
建筑业	**E**	**346026**	**194137**	**63667**	**55512**	**32710**
房屋和土木工程建筑业	47	123432	62181	26238	23113	11900
建筑安装业	48	66956	41448	9970	7693	7845
建筑装饰业	49	108682	65347	17465	16840	9030
其他建筑业	50	46956	25161	9994	7866	3935
交通运输、仓储和邮政业	**F**	**219630**	**125968**	**38662**	**37279**	**17721**
铁路运输业	51	1561	743	379	333	106
道路运输业	52	105576	53229	22399	21464	8484

1-6 续表 2 单位：个

行业大类	代码	法人单位数	东部地区	中部地区	西部地区	东北地区
城市公共交通业	53	8786	3270	2214	2216	1086
水上运输业	54	10088	6321	2030	1289	448
航空运输业	55	1280	591	163	383	143
管道运输业	56	179	87	39	37	16
装卸搬运和其他运输服务业	57	59849	42745	5977	6671	4456
仓储业	58	22470	12848	3906	3337	2379
邮政业	59	9841	6134	1555	1549	603
信息传输、计算机服务和软件业	**G**	**208867**	**123759**	**32610**	**38227**	**14271**
电信和其他信息传输服务业	60	36427	19156	6175	8045	3051
计算机服务业	61	108430	58094	21140	23448	5748
软件业	62	64010	46509	5295	6734	5472
批发和零售业	**H**	**2276295**	**1388996**	**342412**	**375534**	**169353**
批发业	63	1432318	938478	182957	205099	105784
零售业	65	843977	450518	159455	170435	63569
住宿和餐饮业	**I**	**172070**	**91048**	**34692**	**36096**	**10234**
住宿业	66	62714	30312	12909	15371	4122
餐饮业	67	109356	60736	21783	20725	6112
金融业	**J**	**55513**	**26310**	**11322**	**13166**	**4715**
银行业	68	12589	4595	2803	4010	1181
证券业	69	2793	1575	593	477	148
保险业	70	13238	6281	2783	2962	1212
其他金融活动	71	26893	13859	5143	5717	2174
房地产业	**K**	**323985**	**172072**	**60145**	**66502**	**25266**
房地产业	72	323985	172072	60145	66502	25266
租赁和商务服务业	**L**	**687575**	**446042**	**90368**	**106656**	**44509**
租赁业	73	34267	18609	5506	7952	2200
商务服务业	74	653308	427433	84862	98704	42309

1-6 续表 3

单位：个

行业大类	代码	法人单位数	东部地区	中部地区	西部地区	东北地区
科学研究、技术服务和地质勘查业	M	**283777**	**162929**	**44045**	**52385**	**24418**
研究与试验发展	75	36803	23250	5326	4478	3749
专业技术服务业	76	135200	78273	21295	24507	11125
科技交流和推广服务业	77	107015	60024	16538	21425	9028
地质勘查业	78	4759	1382	886	1975	516
水利、环境和公共设施管理业	N	**69186**	**30117**	**15851**	**17215**	**6003**
水利管理业	79	21675	6635	5899	7086	2055
环境管理业	80	15911	7121	3388	3990	1412
公共设施管理业	81	31600	16361	6564	6139	2536
居民服务和其他服务业	O	**175813**	**103656**	**30779**	**28527**	**12851**
居民服务业	82	77421	43746	14401	12611	6663
其他服务业	83	98392	59910	16378	15916	6188
教育	P	**346390**	**135766**	**85722**	**100436**	**24466**
教育	84	346390	135766	85722	100436	24466
卫生、社会保障和社会福利业	Q	**205173**	**63587**	**63067**	**60127**	**18392**
卫生	85	167699	49836	53809	49905	14149
社会保障业	86	11964	3517	2985	4428	1034
社会福利业	87	25510	10234	6273	5794	3209
文化、体育和娱乐业	R	**102775**	**52250**	**20745**	**22458**	**7322**
新闻出版业	88	7224	3768	1389	1437	630
广播、电视、电影和音像业	89	15935	7000	3517	4201	1217
文化艺术业	90	43199	20240	9568	10351	3040
体育	91	9175	5137	1515	1737	786
娱乐业	92	27242	16105	4756	4732	1649
公共管理和社会组织	S	**1387111**	**479104**	**369364**	**437261**	**101382**
中国共产党机关	93	39423	9801	10098	15863	3661
国家机构	94	399694	114363	109327	136872	39132
人民政协和民主党派	95	6194	2066	1459	2073	596
群众团体、社会团体和宗教组织	96	257071	97334	53910	86770	19057
基层群众自治组织	97	684729	255540	194570	195683	38936

1-7 按行业(大类)、

(2011年)

行业大类	代码	法人单位数	北京	天津	河北	山西	内蒙古
总计		**9593729**	**391503**	**185899**	**361028**	**220371**	**147105**
农、林、牧、渔业	A	**321086**	**3111**	**2226**	**13822**	**27869**	**7094**
农业	01	120841	1317	840	4741	8496	1984
林业	02	30440	469	170	1225	3278	833
畜牧业	03	96831	754	606	4991	12761	2846
渔业	04	23290	99	317	212	229	70
农、林、牧、渔服务业	05	49684	472	293	2653	3105	1361
采矿业	B	**105490**	**186**	**88**	**8318**	**7515**	**4735**
煤炭开采和洗选业	06	22881	26	6	698	4474	1021
石油和天然气开采业	07	1867	17	30	28	32	66
黑色金属矿采选业	08	18585	22	15	4907	1336	1245
有色金属矿采选业	09	11767	3	4	430	150	543
非金属矿采选业	10	48603	117	27	2219	1470	1758
其他采矿业	11	1787	1	6	36	53	102
制造业	C	**2240315**	**35234**	**44474**	**89874**	**24620**	**17807**
农副食品加工业	13	111085	946	912	4435	1821	2236
食品制造业	14	48544	1077	968	2212	1047	901
饮料制造业	15	38430	417	269	1218	589	651
烟草制品业	16	321	1	2	3	3	2
纺织业	17	129946	704	1221	5107	327	814
纺织服装、鞋、帽制造业	18	106343	2443	1585	2001	314	298
皮革、毛皮、羽毛(绒)及其制品业	19	40161	206	298	2692	75	173
木材加工及木、竹、藤、棕、草制品业	20	69231	686	607	1347	294	799
家具制造业	21	45062	1404	670	1340	253	174
造纸及纸制品业	22	58094	966	1430	2372	466	230
印刷业和记录媒介的复制	23	60165	1697	1058	2331	721	582
文教体育用品制造业	24	23779	333	466	577	56	18
石油加工及炼焦	25	7411	215	172	436	440	126
化学原料及化学制品制造业	26	110945	2259	2757	5275	1610	1133
医药制造业	27	19148	617	432	633	298	191
化学纤维制造业	28	5817	38	54	225	21	14
橡胶制品业	29	24987	226	694	1966	174	59
塑料制品业	30	119050	1509	2234	4333	603	480
非金属矿物制品业	31	228275	2805	1983	10887	5667	3552
黑色金属冶炼及压延加工业	32	21717	152	1063	1685	637	554
有色金属冶炼及压延加工业	33	25903	238	507	1353	405	441
金属制品业	34	175355	3667	6209	9360	1426	1201
通用设备制造业	35	232040	3020	5619	11150	3918	1121

地区分组的法人单位数

单位：个

辽宁	吉林	黑龙江	上海	江苏	浙江	安徽	福建	江西	山东	代码
388515	**124637**	**184150**	**422955**	**979237**	**778193**	**286915**	**356207**	**199355**	**832499**	
13025	**4998**	**5157**	**3522**	**20070**	**28997**	**9084**	**14630**	**8712**	**21777**	A
4006	1425	1614	2057	8102	15942	3352	6617	3091	8817	01
1017	571	775	406	1527	1688	1029	1741	1445	1064	02
4477	1773	1515	358	4562	4437	2641	2530	2326	6359	03
1396	140	144	332	2428	3417	800	2121	737	1423	04
2129	1089	1109	369	3451	3513	1262	1621	1113	4114	05
5949	**1544**	**2399**	**5**	**1067**	**1503**	**3108**	**3038**	**4052**	**5210**	B
739	251	1324		63	14	251	336	763	648	06
102	138	170	3	26	6	12	3	8	93	07
1761	213	82		100	21	539	335	352	724	08
794	189	83		35	72	309	342	547	314	09
2509	710	708	2	825	1380	1968	1955	2253	3317	10
44	43	32		18	10	29	67	129	114	11
92284	**22750**	**31252**	**90046**	**349839**	**304763**	**65867**	**88371**	**43365**	**220014**	C
5618	2928	4542	788	6986	4595	5499	3948	3242	17539	13
2132	847	1278	1269	3211	2045	1608	2500	1169	5815	14
1337	952	1190	267	1981	2392	1838	3702	978	3145	15
6	17	12	2	10	10	10	12	12	22	16
2385	243	524	4282	35635	32191	2489	4052	1641	12673	17
3919	314	323	6674	21115	14774	4134	8008	2982	9245	18
705	98	128	1068	2797	9631	890	4091	676	2560	19
2550	1684	3058	1685	7489	4732	2977	4371	2768	10076	20
1271	410	681	3175	3489	4245	1384	1706	916	4531	21
1706	370	542	2832	8024	8687	1290	2908	899	5409	22
2121	872	1016	2749	6392	8391	1521	2585	972	4568	23
322	61	153	1226	3866	5925	818	1109	390	1932	24
1084	106	291	148	623	270	115	121	60	836	25
5485	1312	1692	3611	14899	8399	3334	2992	4285	14500	26
876	785	442	586	1994	1292	819	426	737	1747	27
131	25	29	139	2328	1206	120	185	58	474	28
1271	185	182	1182	3853	3512	656	1240	247	3014	29
4189	851	1099	5538	18150	22128	3348	4699	1192	10758	30
9303	2815	3444	3177	18535	10105	8831	10880	7854	24266	31
1402	148	183	353	3335	2268	484	499	272	1317	32
1098	129	148	729	4439	2800	585	455	1190	1261	33
6499	1165	1772	10862	31662	22527	3971	4586	1680	15127	34
16255	1664	2943	11326	52127	41797	5216	4281	1608	26012	35

1-7 续表 1

行业大类	代码	法人单位数	北京	天津	河北	山西	内蒙古
专用设备制造业	36	129759	2474	3325	4914	1188	544
交通运输设备制造业	37	100271	1437	3209	4054	632	533
电气机械及器材制造业	39	130376	2121	2362	4205	552	392
通信设备、计算机及其他电子设备制造业	40	68991	1456	1689	870	187	79
仪器仪表及文化、办公用机械制造业	41	30790	1248	984	782	146	47
工艺品及其他制造业	42	67542	788	1403	1745	599	347
废弃资源和废旧材料回收加工业	43	10777	84	292	366	151	115
电力、燃气及水的生产和供应业	**D**	**66652**	**460**	**414**	**1463**	**1112**	**1344**
电力、热力的生产和供应业	44	44332	304	218	794	565	895
燃气生产和供应业	45	4776	43	72	206	188	119
水的生产和供应业	46	17544	113	124	463	359	330
建筑业	**E**	**346026**	**12582**	**8714**	**9380**	**6536**	**4369**
房屋和土木工程建筑业	47	123432	2642	2739	4102	2289	1849
建筑安装业	48	66956	2549	2430	1765	1138	597
建筑装饰业	49	108682	6453	2406	2191	2062	1371
其他建筑业	50	46956	938	1139	1322	1047	552
交通运输、仓储和邮政业	**F**	**219630**	**7850**	**8376**	**7234**	**4763**	**3920**
铁路运输业	51	1561	36	37	49	99	53
道路运输业	52	105576	3862	2298	4475	3061	2669
城市公共交通业	53	8786	308	92	384	296	221
水上运输业	54	10088	18	260	125	18	10
航空运输业	55	1280	49	29	25	33	37
管道运输业	56	179	6	6	12	6	
装卸搬运和其他运输服务业	57	59849	2178	4349	1231	599	476
仓储业	58	22470	880	1197	676	519	348
邮政业	59	9841	513	108	257	132	106
信息传输、计算机服务和软件业	**G**	**208867**	**21135**	**2666**	**4699**	**2632**	**2081**
电信和其他信息传输服务业	60	36427	3167	418	854	806	475
计算机服务业	61	108430	6410	1299	3201	1419	1266
软件业	62	64010	11558	949	644	407	340
批发和零售业	**H**	**2276295**	**118485**	**57462**	**81073**	**45514**	**35563**
批发业	63	1432318	60936	41669	48871	21882	19927
零售业	65	843977	57549	15793	32202	23632	15636
住宿和餐饮业	**I**	**172070**	**13003**	**2841**	**4069**	**3382**	**3354**
住宿业	66	62714	3977	725	1811	1403	1352
餐饮业	67	109356	9026	2116	2258	1979	2002
金融业	**J**	**55513**	**1364**	**1493**	**2230**	**1530**	**1687**
银行业	68	12589	107	314	615	418	346
证券业	69	2793	158	83	85	37	40
保险业	70	13238	485	131	583	327	307
其他金融活动	71	26893	614	965	947	748	994

单位：个

辽宁	吉林	黑龙江	上海	江苏	浙江	安徽	福建	江西	山东	代码
6158	1193	1974	7091	29774	16305	3135	3368	1328	13168	36
4649	1868	1090	3613	15668	18203	3254	2994	1255	8580	37
4994	779	1141	5957	23570	28381	3574	3998	1686	7710	39
1223	193	330	2652	13864	8447	1368	2190	1020	3154	40
1747	248	384	1969	5731	5650	655	879	425	1860	41
1522	366	550	4886	6691	12898	1386	5321	1325	7938	42
326	122	111	210	1601	957	558	265	498	777	43
1890	**1213**	**1228**	**307**	**2665**	**4032**	**2210**	**6442**	**3776**	**2326**	D
1224	900	855	61	619	2706	918	5437	3010	1052	44
208	114	97	52	348	173	177	88	176	450	45
458	199	276	194	1698	1153	1115	917	590	824	46
20190	**4625**	**7895**	**20388**	**48874**	**21081**	**12952**	**10827**	**6086**	**36047**	E
6690	1976	3234	4902	15275	7655	4499	4399	2687	13900	47
5243	1077	1525	5179	11761	3140	2035	1590	881	7563	48
5960	1069	2001	8730	15386	7723	4220	3075	1671	8049	49
2297	503	1135	1577	6452	2563	2198	1763	847	6535	50
10844	**2704**	**4173**	**14940**	**22010**	**14218**	**8114**	**8393**	**5846**	**19284**	F
50	32	24	20	147	40	68	49	30	282	51
4898	1411	2175	3517	12465	6600	4703	3404	4047	8332	52
573	165	348	207	537	411	292	238	299	475	53
356	18	74	283	1486	1144	788	1022	277	700	54
61	32	50	60	77	53	29	45	16	70	55
7	6	3	5	19	1	1	2	10	26	56
3515	322	619	7431	4988	4473	1177	2661	604	5257	57
1068	599	712	2370	1577	796	746	596	361	3294	58
316	119	168	1047	714	700	310	376	202	848	59
9240	**1778**	**3253**	**12645**	**18260**	**17387**	**6149**	**7823**	**2161**	**16417**	G
1886	515	650	909	2409	1475	1251	1671	717	4320	60
3566	717	1465	7072	9195	9259	3643	4091	1045	8906	61
3788	546	1138	4664	6656	6653	1255	2061	399	3191	62
95346	**27609**	**46398**	**139449**	**266216**	**165076**	**61007**	**84609**	**31922**	**219046**	H
63790	13244	28750	101961	197014	128006	37027	58154	17116	134754	63
31556	14365	17648	37488	69202	37070	23980	26455	14806	84292	65
6064	**1691**	**2479**	**11694**	**10858**	**8300**	**4889**	**5848**	**3062**	**16409**	I
2201	732	1189	2883	3386	3915	1743	2603	1592	3566	66
3863	959	1290	8811	7472	4385	3146	3245	1470	12843	67
2371	**898**	**1446**	**1128**	**5059**	**2607**	**2547**	**3311**	**1352**	**4859**	J
492	238	451	160	515	371	494	513	396	1302	68
74	32	42	161	273	70	131	158	78	171	69
628	234	350	324	899	564	477	520	357	1649	70
1177	394	603	483	3372	1602	1445	2120	521	1737	71

1-7 续表 2

行业大类	代码	法人单位数	北京	天津	河北	山西	内蒙古
房地产业	K	**323985**	**14384**	**5306**	**10546**	**5651**	**5937**
房地产业	72	323985	14384	5306	10546	5651	5937
租赁和商务服务业	L	**687575**	**73752**	**18285**	**13359**	**9506**	**8159**
租赁业	73	34267	2507	1192	961	680	689
商务服务业	74	653308	71245	17093	12398	8826	7470
科学研究、技术服务和地质勘查业	M	**283777**	**35568**	**9357**	**5877**	**4810**	**4100**
研究与试验发展	75	36803	3164	523	532	609	355
专业技术服务业	76	135200	12279	4050	3620	2618	2220
科技交流和推广服务业	77	107015	19859	4714	1551	1429	1193
地质勘查业	78	4759	266	70	174	154	332
水利、环境和公共设施管理业	N	**69186**	**2422**	**1319**	**2018**	**2144**	**1785**
水利管理业	79	21675	276	261	495	793	702
环境管理业	80	15911	510	307	382	484	433
公共设施管理业	81	31600	1636	751	1141	867	650
居民服务和其他服务业	O	**175813**	**14651**	**6707**	**4732**	**4181**	**2533**
居民服务业	82	77421	6985	2004	1731	1723	1244
其他服务业	83	98392	7666	4703	3001	2458	1289
教育	P	**346390**	**8207**	**3325**	**18168**	**8755**	**5557**
教育	84	346390	8207	3325	18168	8755	5557
卫生、社会保障和社会福利业	Q	**205173**	**3049**	**1446**	**6654**	**5149**	**4479**
卫生	85	167699	2205	1038	5627	4100	3566
社会保障业	86	11964	254	195	321	524	386
社会福利业	87	25510	590	213	706	525	527
文化、体育和娱乐业	R	**102775**	**12112**	**1608**	**2322**	**2727**	**1837**
新闻出版业	88	7224	1536	155	137	303	164
广播、电视、电影和音像业	89	15935	1734	188	453	421	401
文化艺术业	90	43199	6073	598	1074	1263	842
体育	91	9175	899	211	160	272	140
娱乐业	92	27242	1870	456	498	468	290
公共管理和社会组织	S	**1387111**	**13948**	**9792**	**75190**	**51975**	**30764**
中国共产党机关	93	39423	332	263	1696	1583	919
国家机构	94	399694	3222	2379	15686	14619	9977
人民政协和民主党派	95	6194	58	62	273	252	155
群众团体、社会团体和宗教组织	96	257071	4156	1867	5536	5822	6065
基层群众自治组织	97	684729	6180	5221	51999	29699	13648

单位：个

辽宁	吉林	黑龙江	上海	江苏	浙江	安徽	福建	江西	山东	代码
14517	**4136**	**6613**	**13860**	**27369**	**19196**	**11824**	**11291**	**7192**	**22808**	K
14517	4136	6613	13860	27369	19196	11824	11291	7192	22808	72
26687	**6518**	**11304**	**55317**	**65189**	**59494**	**18656**	**25715**	**9839**	**46418**	L
1176	365	659	1502	3185	2541	1597	1792	762	2757	73
25511	6153	10645	53815	62004	56953	17059	23923	9077	43661	74
13455	**4338**	**6625**	**19150**	**20893**	**19067**	**7337**	**8801**	**4187**	**15966**	M
2197	545	1007	2401	3862	2387	874	1046	394	2042	75
6142	1940	3043	10739	10219	9423	3772	5133	2192	7279	76
4900	1743	2385	5981	6662	7162	2539	2481	1472	6387	77
216	110	190	29	150	95	152	141	129	258	78
3098	**1276**	**1629**	**1968**	**6053**	**4476**	**2322**	**2667**	**1760**	**3876**	N
995	546	514	191	1837	762	612	697	604	886	79
734	270	408	563	1334	1096	457	697	437	686	80
1369	460	707	1214	2882	2618	1253	1273	719	2304	81
7170	**2024**	**3657**	**13396**	**16561**	**8345**	**4352**	**5453**	**3614**	**15525**	O
3776	903	1984	7028	6016	3508	2061	2661	1273	5607	82
3394	1121	1673	6368	10545	4837	2291	2792	2341	9918	83
11481	**5248**	**7737**	**5615**	**16869**	**16742**	**13538**	**12276**	**8914**	**20908**	P
11481	5248	7737	5615	16869	16742	13538	12276	8914	20908	84
10239	**3285**	**4868**	**2818**	**10821**	**6921**	**6207**	**6064**	**7095**	**15893**	Q
8127	2215	3807	1419	7544	5221	5234	4779	5732	13917	85
440	180	414	269	773	305	224	467	340	578	86
1672	890	647	1130	2504	1395	749	818	1023	1398	87
3867	**1599**	**1856**	**4453**	**7352**	**6044**	**2653**	**4622**	**2357**	**5263**	R
279	179	172	263	326	283	193	256	168	312	88
542	325	350	428	1052	911	462	502	486	661	89
1487	733	820	942	2899	2051	1041	1809	937	2084	90
477	143	166	516	785	837	250	286	151	473	91
1082	219	348	2304	2290	1962	707	1769	615	1733	92
40798	**26403**	**34181**	**12254**	**63212**	**69944**	**44099**	**46026**	**44063**	**124453**	S
1683	742	1236	206	1778	1160	1544	1033	1378	1781	93
14224	10434	14474	3249	19681	14282	13407	13408	15783	23054	94
242	134	220	146	268	292	256	241	214	322	95
8982	3935	6140	3291	19344	21107	10535	14689	7455	14386	96
15667	11158	12111	5362	22141	33103	18357	16655	19233	84910	97

1-7 续表 3

行业大类	代码	河南	湖北	湖南	广东	广西	海南
总计		**410810**	**382113**	**314853**	**908008**	**238512**	**42715**
农、林、牧、渔业	A	**15105**	**10342**	**9819**	**12030**	**10310**	**2115**
农业	01	2501	3164	3914	4915	3440	1017
林业	02	1137	1034	1765	1250	1251	228
畜牧业	03	8592	2790	2028	1881	2890	509
渔业	04	440	1216	734	1219	1147	175
农、林、牧、渔服务业	05	2435	2138	1378	2765	1582	186
采矿业	B	**7933**	**5222**	**7947**	**2975**	**3396**	**258**
煤炭开采和洗选业	06	1469	511	1649	4	64	
石油和天然气开采业	07	13	30	7	27	10	1
黑色金属矿采选业	08	1060	1024	994	413	608	13
有色金属矿采选业	09	1273	460	1139	256	674	132
非金属矿采选业	10	4064	3026	4071	2175	1908	97
其他采矿业	11	54	171	87	100	132	15
制造业	C	**117274**	**66246**	**60303**	**265396**	**27108**	**2826**
农副食品加工业	13	12572	5804	5327	4380	1984	365
食品制造业	14	3742	1822	1849	4494	1285	183
饮料制造业	15	2376	2353	1661	1684	964	109
烟草制品业	16	13	22	24	39	5	2
纺织业	17	4177	3466	1599	10903	809	45
纺织服装、鞋、帽制造业	18	2213	3092	1117	18180	715	91
皮革、毛皮、羽毛(绒)及其制品业	19	1661	328	740	8918	410	6
木材加工及木、竹、藤、棕、草制品业	20	6877	1661	3719	3912	2850	158
家具制造业	21	3689	1199	1409	8193	543	98
造纸及纸制品业	22	1914	1158	1666	10247	956	86
印刷业和记录媒介的复制	23	1908	1760	1428	10485	936	160
文教体育用品制造业	24	369	209	274	5102	142	6
石油加工及炼焦	25	326	157	144	396	66	14
化学原料及化学制品制造业	26	5301	3491	5882	10360	1787	187
医药制造业	27	1174	875	645	1140	468	124
化学纤维制造业	28	112	81	64	331	13	8
橡胶制品业	29	819	438	360	3233	181	41
塑料制品业	30	3707	2457	1563	22629	928	89
非金属矿物制品业	31	29401	11058	12533	12397	4286	415
黑色金属冶炼及压延加工业	32	986	604	1184	1204	460	17
有色金属冶炼及压延加工业	33	1717	604	1674	2280	438	18
金属制品业	34	5275	3849	2304	30525	972	104
通用设备制造业	35	8884	4891	3938	11584	1229	40

单位：个

重庆	四川	贵州	云南	西藏	陕西	甘肃	青海	宁夏	新疆	代码
223752	**366196**	**116423**	**197322**	**16474**	**231354**	**114200**	**30446**	**40053**	**101929**	
23935	**14322**	**4422**	**14416**	**35**	**7982**	**4886**	**1773**	**1850**	**3650**	A
10181	4144	1999	7264	8	2317	1327	435	624	1190	01
1586	1119	397	1498	6	890	406	181	242	212	02
7129	4920	1595	4057	16	2759	2314	925	655	835	03
3298	493	129	233		163	52	18	61	47	04
1741	3646	302	1364	5	1853	787	214	268	1366	05
3035	**5806**	**5269**	**5645**	**126**	**3741**	**1932**	**728**	**672**	**2088**	B
1153	1737	2024	1574	2	949	324	84	325	398	06
19	77	4	13		740	38	4	52	98	07
204	419	282	604	22	287	286	76	17	624	08
39	602	401	1573	59	546	322	130	3	343	09
1597	2892	2510	1795	40	1114	875	408	264	549	10
23	79	48	86	3	105	87	26	11	76	11
37103	**54709**	**11444**	**17252**	**375**	**29676**	**12468**	**2771**	**5155**	**9649**	C
2380	4249	925	1639	53	1816	1532	277	717	1030	13
1091	2265	441	754	18	1216	538	92	236	439	14
986	3295	960	1446	28	705	378	57	124	378	15
6	12	10	36		15	10		2	1	16
1734	1168	75	240	13	625	216	54	173	361	17
1004	849	100	165	11	371	97	42	42	125	18
655	817	40	53	7	79	151	35	101	72	19
1058	1602	450	913	17	447	158	34	53	199	20
1424	1441	154	274	9	560	175	20	71	154	21
787	1262	226	416	2	716	192	12	92	231	22
955	1817	404	657	14	982	473	79	195	336	23
113	129	23	32		70	29	4	6	19	24
85	186	134	129		355	67	12	66	231	25
1338	3141	870	1175	17	1687	719	235	426	786	26
277	846	236	281	28	688	275	64	48	104	27
19	58	3	3		35	11	3	3	26	28
346	392	103	148		322	57	6	26	54	29
1276	2002	325	591	4	795	447	61	192	873	30
4478	11377	2835	3097	64	4682	3578	775	1216	1979	31
397	761	354	403		323	248	104	164	156	32
333	625	294	746	7	963	162	84	74	106	33
2531	2944	477	922	9	1759	757	245	316	652	34
2717	4707	505	826	1	3311	551	111	290	398	35

1-7 续表 4

行业大类	代码	河南	湖北	湖南	广东	广西	海南
专用设备制造业	36	5917	3283	2316	13813	1028	55
交通运输设备制造业	37	3372	5216	1781	5155	1431	222
电气机械及器材制造业	39	2932	2413	1756	25068	701	49
通信设备、计算机及其他电子设备制造业	40	621	1238	1126	24136	479	27
仪器仪表及文化、办公用机械制造业	41	735	777	444	4069	125	8
工艺品及其他制造业	42	3574	1513	1303	9159	731	85
废弃资源和废旧材料回收加工业	43	910	427	473	1380	186	14
电力、燃气及水的生产和供应业	**D**	**1599**	**2890**	**4996**	**8295**	**2700**	**314**
电力、热力的生产和供应业	44	697	1541	3897	6627	1965	195
燃气生产和供应业	45	189	266	157	257	72	31
水的生产和供应业	46	713	1083	942	1411	663	88
建筑业	**E**	**12272**	**18251**	**7570**	**23165**	**5047**	**3079**
房屋和土木工程建筑业	47	6358	6423	3982	5996	1817	571
建筑安装业	48	1548	3394	974	4984	688	487
建筑装饰业	49	2838	5098	1576	9719	1918	1615
其他建筑业	50	1528	3336	1038	2466	624	406
交通运输、仓储和邮政业	**F**	**6060**	**9176**	**4703**	**22784**	**5459**	**879**
铁路运输业	51	61	100	21	79	53	4
道路运输业	52	3314	4828	2446	7965	2880	311
城市公共交通业	53	430	395	502	562	261	56
水上运输业	54	88	615	244	1160	461	123
航空运输业	55	23	34	28	160	45	23
管道运输业	56	2	10	10	8	6	2
装卸搬运和其他运输服务业	57	681	1965	951	9936	971	241
仓储业	58	1306	646	328	1395	558	67
邮政业	59	155	583	173	1519	224	52
信息传输、计算机服务和软件业	**G**	**5462**	**7334**	**8872**	**21644**	**6508**	**1083**
电信和其他信息传输服务业	60	627	1595	1179	3753	1432	180
计算机服务业	61	4015	4285	6733	8011	4476	650
软件业	62	820	1454	960	9880	600	253
批发和零售业	**H**	**62431**	**91518**	**50020**	**248484**	**54824**	**9096**
批发业	63	31899	47631	27402	162495	28419	4618
零售业	65	30532	43887	22618	85989	26405	4478
住宿和餐饮业	**I**	**8381**	**7701**	**7277**	**16672**	**3177**	**1354**
住宿业	66	2806	2578	2787	6570	1703	876
餐饮业	67	5575	5123	4490	10102	1474	478
金融业	**J**	**1972**	**2410**	**1511**	**3984**	**1649**	**275**
银行业	68	487	624	384	628	584	70
证券业	69	70	165	112	401	100	15
保险业	70	544	617	461	1057	356	69
其他金融活动	71	871	1004	554	1898	609	121

单位：个

重庆	四川	贵州	云南	西藏	陕西	甘肃	青海	宁夏	新疆	代码
1391	2179	256	430	3	2216	417	51	142	323	36
6725	2252	581	725	19	997	354	103	125	174	37
1073	1816	235	380	5	1735	342	67	114	268	39
455	1027	68	62		944	59	4	9	14	40
633	394	41	133		552	62	4	37	21	41
696	780	239	441	43	561	344	122	78	108	42
140	316	80	135	3	149	69	14	17	31	43
2003	**5675**	**1307**	**2224**	**94**	**1331**	**1057**	**325**	**238**	**722**	D
1195	3470	954	1663	78	727	846	253	154	512	44
177	627	48	87	4	175	59	15	32	69	45
631	1578	305	474	12	429	152	57	52	141	46
7936	**9987**	**2437**	**8042**	**416**	**10215**	**2641**	**949**	**1337**	**2136**	E
2948	4480	885	3184	372	3965	1456	514	639	1004	47
928	1464	280	869	13	1636	437	152	221	408	48
2448	2745	969	2654	14	3169	537	187	375	453	49
1612	1298	303	1335	17	1445	211	96	102	271	50
5046	**7209**	**1740**	**3859**	**182**	**4280**	**1765**	**490**	**693**	**2636**	F
16	33	23	35	1	58	17	10	6	28	51
2840	4387	1020	2137	104	2438	906	287	431	1365	52
141	445	131	195	28	375	166	38	55	160	53
427	234	59	59		24	5	4	5	1	54
29	51	19	64	5	56	36	5	9	27	55
1	4		4		14	1		2	5	56
1055	1439	226	741	13	544	301	56	85	764	57
371	408	171	242	9	626	263	61	56	224	58
166	208	91	382	22	145	70	29	44	62	59
5215	**9386**	**2136**	**4320**	**159**	**4078**	**1120**	**423**	**740**	**2061**	G
1012	1392	526	1039	72	880	493	100	102	522	60
2440	6612	1382	2444	85	2037	513	277	563	1353	61
1763	1382	228	837	2	1161	114	46	75	186	62
53381	**56426**	**17073**	**48812**	**1027**	**50921**	**21209**	**4576**	**9941**	**21781**	H
25150	34691	8958	29462	219	24262	11734	2291	5210	14776	63
28231	21735	8115	19350	808	26659	9475	2285	4731	7005	65
7222	**7217**	**1664**	**3324**	**307**	**5343**	**2107**	**602**	**718**	**1061**	I
1475	2962	936	2068	248	2113	1054	377	327	756	66
5747	4255	728	1256	59	3230	1053	225	391	305	67
1250	**1979**	**894**	**2112**	**116**	**1374**	**794**	**227**	**331**	**753**	J
520	564	219	566	92	344	332	115	62	266	68
44	72	26	76	3	76	20	6	6	8	69
169	535	156	559	15	368	219	36	57	185	70
517	808	493	911	6	586	223	70	206	294	71

1-7 续表 5

行业大类	代码	河南	湖北	湖南	广东	广西	海南
房地产业	K	**10479**	**15300**	**9699**	**42356**	**10235**	**4956**
房地产业	72	10479	15300	9699	42356	10235	4956
租赁和商务服务业	L	**14815**	**24208**	**13344**	**84173**	**18798**	**4340**
租赁业	73	833	1130	504	1894	723	278
商务服务业	74	13982	23078	12840	82279	18075	4062
科学研究、技术服务和地质勘查业	M	**6533**	**13027**	**8151**	**26966**	**9020**	**1284**
研究与试验发展	75	637	1411	1401	7073	638	220
专业技术服务业	76	3403	6014	3296	14797	3718	734
科技交流和推广服务业	77	2334	5434	3330	4945	4519	282
地质勘查业	78	159	168	124	151	145	48
水利、环境和公共设施管理业	N	**2496**	**4117**	**3012**	**4967**	**2571**	**351**
水利管理业	79	770	1619	1501	1125	1226	105
环境管理业	80	469	1005	536	1455	500	91
公共设施管理业	81	1257	1493	975	2387	845	155
居民服务和其他服务业	O	**4543**	**8639**	**5450**	**17530**	**3417**	**756**
居民服务业	82	2745	3246	3353	7854	1261	352
其他服务业	83	1798	5393	2097	9676	2156	404
教育	P	**22915**	**16753**	**14847**	**31500**	**17497**	**2156**
教育	84	22915	16753	14847	31500	17497	2156
卫生、社会保障和社会福利业	Q	**25218**	**11107**	**8291**	**9139**	**6573**	**782**
卫生	85	23451	8808	6484	7415	4594	671
社会保障业	86	575	649	673	328	1258	27
社会福利业	87	1192	1650	1134	1396	721	84
文化、体育和娱乐业	R	**3856**	**4806**	**4346**	**7762**	**3180**	**712**
新闻出版业	88	179	352	194	434	187	66
广播、电视、电影和音像业	89	589	799	760	968	928	103
文化艺术业	90	2121	2383	1823	2441	1165	269
体育	91	251	361	230	915	252	55
娱乐业	92	716	911	1339	3004	648	219
公共管理和社会组织	S	**81466**	**63066**	**84695**	**58186**	**47043**	**6099**
中国共产党机关	93	1421	1616	2556	1408	2336	144
国家机构	94	20746	20274	24498	17362	18727	2040
人民政协和民主党派	95	228	256	253	352	253	52
群众团体、社会团体和宗教组织	96	8157	11879	10062	12103	9612	855
基层群众自治组织	97	50914	29041	47326	26961	16115	3008

单位：个

重庆	四川	贵州	云南	西藏	陕西	甘肃	青海	宁夏	新疆	代码
8470	**11056**	**5126**	**8421**	**103**	**8599**	**2960**	**933**	**1157**	**3505**	K
8470	11056	5126	8421	103	8599	2960	933	1157	3505	72
16729	**18749**	**5622**	**13450**	**280**	**12242**	**3961**	**1148**	**2025**	**5493**	L
1547	1413	562	644	46	1180	368	100	280	400	73
15182	17336	5060	12806	234	11062	3593	1048	1745	5093	74
4486	**11302**	**3194**	**6209**	**182**	**6396**	**2297**	**933**	**771**	**3495**	M
444	853	229	723	20	594	272	67	52	231	75
2227	4895	1529	2988	86	2968	1069	459	474	1874	76
1721	5325	1322	2257	62	2606	858	351	220	991	77
94	229	114	241	14	228	98	56	25	399	78
1676	**3193**	**1167**	**2102**	**41**	**2244**	**906**	**316**	**289**	**925**	N
460	1337	606	845	15	881	425	167	94	328	79
446	860	214	476	11	461	205	84	58	242	80
770	996	347	781	15	902	276	65	137	355	81
5101	**4327**	**1770**	**2882**	**112**	**4305**	**1639**	**326**	**638**	**1477**	O
2924	2116	777	1008	42	1597	722	144	211	565	82
2177	2211	993	1874	70	2708	917	182	427	912	83
8035	**19961**	**9650**	**7962**	**1045**	**13613**	**9173**	**1259**	**1409**	**5275**	P
8035	19961	9650	7962	1045	13613	9173	1259	1409	5275	84
5933	**14169**	**4049**	**4435**	**504**	**12197**	**3517**	**779**	**816**	**2676**	Q
4333	11608	3591	3710	490	11224	3165	642	726	2256	85
576	816	226	343	2	417	140	59	45	160	86
1024	1745	232	382	12	556	212	78	45	260	87
2394	**4576**	**1515**	**2809**	**172**	**2794**	**1283**	**404**	**333**	**1161**	R
151	265	99	129	8	189	75	22	29	119	88
253	749	260	386	85	527	177	85	49	301	89
1085	2125	819	1436	51	1368	650	185	116	509	90
198	381	87	240	6	180	68	48	46	91	91
707	1056	250	618	22	530	313	64	93	141	92
24802	**106147**	**35944**	**39046**	**11198**	**50023**	**38485**	**11484**	**10940**	**31385**	S
703	3611	1188	1813	590	2051	1053	379	188	1032	93
8241	31063	11451	13903	3767	14507	10281	3122	1841	9992	94
150	410	138	241	33	236	195	63	67	132	95
4816	18186	3913	9019	1327	4718	9733	3408	6135	9838	96
10892	52877	19254	14070	5481	28511	17223	4512	2709	10391	97

1-8 按行业(大类)、机构类型分组的法人单位数

(2011年) 单位：个

行业大类	代码	法人单位数	企业法人	事业法人	机关法人	社会团体	其他
总计		**9593729**	**7331200**	**725000**	**249855**	**209665**	**1078009**
农、林、牧、渔业	A	**321086**	**247456**	**15956**			**57674**
农业	01	120841	94777	727			25337
林业	02	30440	24650	2803			2987
畜牧业	03	96831	80163	433			16235
渔业	04	23290	20206	185			2899
农、林、牧、渔服务业	05	49684	27660	11808			10216
采矿业	B	**105490**	**105490**				
煤炭开采和洗选业	06	22881	22881				
石油和天然气开采业	07	1867	1867				
黑色金属矿采选业	08	18585	18585				
有色金属矿采选业	09	11767	11767				
非金属矿采选业	10	48603	48603				
其他采矿业	11	1787	1787				
制造业	C	**2240315**	**2240288**	**6**			**21**
农副食品加工业	13	111085	111076				9
食品制造业	14	48544	48538				6
饮料制造业	15	38430	38429				1
烟草制品业	16	321	321				
纺织业	17	129946	129946				
纺织服装、鞋、帽制造业	18	106343	106343				
皮革、毛皮、羽毛(绒)及其制品业	19	40161	40161				
木材加工及木、竹、藤、棕、草制品业	20	69231	69231				
家具制造业	21	45062	45062				
造纸及纸制品业	22	58094	58094				
印刷业和记录媒介的复制	23	60165	60163	2			
文教体育用品制造业	24	23779	23779				
石油加工及炼焦	25	7411	7411				

1-8　续表 1　　　　单位：个

行业大类	代码	法人单位数	企业法人	事业法人	机关法人	社会团体	其他
化学原料及化学制品制造业	26	110945	110943	1			1
医药制造业	27	19148	19148				
化学纤维制造业	28	5817	5817				
橡胶制品业	29	24987	24987				
塑料制品业	30	119050	119050				
非金属矿物制品业	31	228275	228274				1
黑色金属冶炼及压延加工业	32	21717	21717				
有色金属冶炼及压延加工业	33	25903	25903				
金属制品业	34	175355	175355				
通用设备制造业	35	232040	232040				
专用设备制造业	36	129759	129759				
交通运输设备制造业	37	100271	100270	1			
电气机械及器材制造业	39	130376	130376				
通信设备、计算机及其他电子设备制造业	40	68991	68989	1			1
仪器仪表及文化、办公用机械制造业	41	30790	30789	1			
工艺品及其他制造业	42	67542	67540				2
废弃资源和废旧材料回收加工业	43	10777	10777				
电力、燃气及水的生产和供应业	**D**	**66652**	**65488**	**568**			**596**
电力、热力的生产和供应业	44	44332	43759	226			347
燃气生产和供应业	45	4776	4714	12			50
水的生产和供应业	46	17544	17015	330			199
建筑业	**E**	**346026**	**346017**	**9**			
房屋和土木工程建筑业	47	123432	123423	9			
建筑安装业	48	66956	66956				
建筑装饰业	49	108682	108682				
其他建筑业	50	46956	46956				
交通运输、仓储和邮政业	**F**	**219630**	**209450**	**6596**			**3584**
铁路运输业	51	1561	1492	26			43
道路运输业	52	105576	98521	5246			1809

1-8 续表 2 单位：个

行业大类	代码	法 人 单位数	企业 法人	事业 法人	机关 法人	社会 团体	其他
城市公共交通业	53	8786	8573	98			115
水上运输业	54	10088	9467	451			170
航空运输业	55	1280	1199	57			24
管道运输业	56	179	172	2			5
装卸搬运和其他运输服务业	57	59849	58923	70			856
仓储业	58	22470	21611	521			338
邮政业	59	9841	9492	125			224
信息传输、计算机服务和软件业	**G**	**208867**	**199248**	**4000**			**5619**
电信和其他信息传输服务业	60	36427	31763	3261			1403
计算机服务业	61	108430	104112	648			3670
软件业	62	64010	63373	91			546
批发和零售业	**H**	**2276295**	**2276262**	**4**			**29**
批发业	63	1432318	1432293	1			24
零售业	65	843977	843969	3			5
住宿和餐饮业	**I**	**172070**	**166742**	**665**			**4663**
住宿业	66	62714	60903	525			1286
餐饮业	67	109356	105839	140			3377
金融业	**J**	**55513**	**52308**	**1003**	**342**		**1860**
银行业	68	12589	11553	408	342		286
证券业	69	2793	2634	54			105
保险业	70	13238	12834	113			291
其他金融活动	71	26893	25287	428			1178
房地产业	**K**	**323985**	**317582**	**2547**			**3856**
房地产业	72	323985	317582	2547			3856
租赁和商务服务业	**L**	**687575**	**610205**	**29995**			**47375**
租赁业	73	34267	33340	54			873
商务服务业	74	653308	576865	29941			46502

1-8　续表 3　　　　单位：个

行业大类	代码	法　人 单位数	企业 法人	事业 法人	机关 法人	社会 团体	其他
科学研究、技术服务和地质勘查业	**M**	**283777**	**203904**	**66130**			**13743**
研究与试验发展	75	36803	28595	5983			2225
专业技术服务业	76	135200	104452	27807			2941
科技交流和推广服务业	77	107015	67563	30969			8483
地质勘查业	78	4759	3294	1371			94
水利、环境和公共设施管理业	**N**	**69186**	**32870**	**33452**		**74**	**2790**
水利管理业	79	21675	2623	17798			1254
环境管理业	80	15911	7463	7756		74	618
公共设施管理业	81	31600	22784	7898			918
居民服务和其他服务业	**O**	**175813**	**158297**	**5840**			**11676**
居民服务业	82	77421	65177	4198			8046
其他服务业	83	98392	93120	1642			3630
教育	**P**	**346390**	**28678**	**220577**			**97135**
教育	84	346390	28678	220577			97135
卫生、社会保障和社会福利业	**Q**	**205173**	**17252**	**105088**		**1687**	**81146**
卫生	85	167699	15929	84547			67223
社会保障业	86	11964	393	10728			843
社会福利业	87	25510	930	9813		1687	13080
文化、体育和娱乐业	**R**	**102775**	**53663**	**36766**		**1999**	**10347**
新闻出版业	88	7224	3343	3582			299
广播、电视、电影和音像业	89	15935	8175	7304			456
文化艺术业	90	43199	15815	22209			5175
体育	91	9175	2609	2665		1999	1902
娱乐业	92	27242	23721	1006			2515
公共管理和社会组织	**S**	**1387111**		**195798**	**249513**	**205905**	**735895**
中国共产党机关	93	39423		2030	37393		
国家机构	94	399694		193465	206229		
人民政协和民主党派	95	6194		303	5891		
群众团体、社会团体和宗教组织	96	257071				205905	51166
基层群众自治组织	97	684729					684729

1-9 按行业(大类)、开业(成立)

行业大类	代码	法人单位数	1949年及以前	1950-1977年
总计		**9593729**	**85837**	**465189**
农、林、牧、渔业	A	**321086**	**119**	**5148**
农业	01	120841	44	946
林业	02	30440	29	1697
畜牧业	03	96831	15	286
渔业	04	23290	1	126
农、林、牧、渔服务业	05	49684	30	2093
采矿业	B	**105490**	**62**	**1304**
煤炭开采和洗选业	06	22881	30	695
石油和天然气开采业	07	1867	1	9
黑色金属矿采选业	08	18585	4	67
有色金属矿采选业	09	11767	5	100
非金属矿采选业	10	48603	22	429
其他采矿业	11	1787		4
制造业	C	**2240315**	**879**	**18592**
农副食品加工业	13	111085	35	1361
食品制造业	14	48544	30	481
饮料制造业	15	38430	59	598
烟草制品业	16	321	15	21
纺织业	17	129946	54	731
纺织服装、鞋、帽制造业	18	106343	15	465
皮革、毛皮、羽毛(绒)及其制品业	19	40161	12	180
木材加工及木、竹、藤、棕、草制品业	20	69231	8	301
家具制造业	21	45062	3	197
造纸及纸制品业	22	58094	30	367
印刷业和记录媒介的复制	23	60165	100	989
文教体育用品制造业	24	23779	10	124
石油加工及炼焦	25	7411	9	63
化学原料及化学制品制造业	26	110945	60	1103
医药制造业	27	19148	35	336
化学纤维制造业	28	5817	1	20
橡胶制品业	29	24987	11	215
塑料制品业	30	119050	9	420
非金属矿物制品业	31	228275	63	2634
黑色金属冶炼及压延加工业	32	21717	7	186
有色金属冶炼及压延加工业	33	25903	13	167
金属制品业	34	175355	25	1184
通用设备制造业	35	232040	85	2112

时间分组的法人单位数

单位：个

1978-1991年	1992-1995年	1996年	1997年	1998年	1999年	2000年	代码
802409	**373052**	**118285**	**119495**	**205003**	**192445**	**294455**	
6357	**2433**	**910**	**809**	**6209**	**2102**	**5004**	A
813	528	203	206	1721	480	1221	01
1536	413	139	139	705	307	787	02
557	381	184	185	1396	698	1589	03
278	211	67	76	636	201	382	04
3173	900	317	203	1751	416	1025	05
4636	**3884**	**1559**	**1411**	**2712**	**2173**	**3635**	B
1930	1380	565	511	773	589	852	06
21	53	15	18	92	40	57	07
385	366	173	113	273	255	513	08
456	421	179	161	251	247	396	09
1822	1648	622	601	1304	1025	1790	10
22	16	5	7	19	17	27	11
77415	**102299**	**34316**	**36763**	**62768**	**58234**	**90550**	C
3800	4908	1977	2170	4042	3629	5799	13
1854	2497	876	1033	1829	1509	2388	14
1989	2022	783	823	1609	1401	2008	15
41	23	5	6	10	11	11	16
3368	4928	1658	1934	3368	3351	6089	17
2073	3697	1193	1353	2004	2032	3725	18
1000	2043	674	612	941	956	1411	19
1459	1915	802	811	1606	1474	2628	20
926	1634	697	753	1263	1130	1787	21
2275	2930	1082	1077	1759	1690	2492	22
4804	4775	1472	1577	2378	1855	2877	23
807	1303	407	392	622	646	959	24
279	378	115	134	220	203	289	25
4714	6299	2030	2249	3806	3593	5338	26
764	1205	366	392	680	577	835	27
139	242	71	88	139	152	280	28
1088	1332	501	483	782	751	1080	29
3469	5348	1779	1965	3238	3254	5108	30
12839	12739	4349	3924	7553	6105	9600	31
728	989	329	327	552	553	799	32
783	1156	381	434	653	668	1023	33
5120	7041	2210	2556	4268	4268	6502	34
8280	10280	3394	3687	6422	5701	8793	35

1-9 续表 1

行业大类	代码	法人单位数	1949年及以前	1950-1977年
专用设备制造业	36	129759	50	1272
交通运输设备制造业	37	100271	73	1104
电气机械及器材制造业	39	130376	36	900
通信设备、计算机及其他电子设备制造业	40	68991	9	301
仪器仪表及文化、办公用机械制造业	41	30790	13	363
工艺品及其他制造业	42	67542	9	387
废弃资源和废旧材料回收加工业	43	10777		10
电力、燃气及水的生产和供应业	**D**	**66652**	**143**	**3438**
电力、热力的生产和供应业	44	44332	83	2427
燃气生产和供应业	45	4776	8	22
水的生产和供应业	46	17544	52	989
建筑业	**E**	**346026**	**103**	**5170**
房屋和土木工程建筑业	47	123432	83	4691
建筑安装业	48	66956	14	322
建筑装饰业	49	108682	4	60
其他建筑业	50	46956	2	97
交通运输、仓储和邮政业	**F**	**219630**	**264**	**5016**
铁路运输业	51	1561	1	19
道路运输业	52	105576	100	2544
城市公共交通业	53	8786	13	212
水上运输业	54	10088	12	502
航空运输业	55	1280	1	9
管道运输业	56	179		
装卸搬运和其他运输服务业	57	59849	31	464
仓储业	58	22470	74	1203
邮政业	59	9841	32	63
信息传输、计算机服务和软件业	**G**	**208867**	**43**	**612**
电信和其他信息传输服务业	60	36427	40	579
计算机服务业	61	108430	1	28
软件业	62	64010	2	5
批发和零售业	**H**	**2276295**	**1444**	**23394**
批发业	63	1432318	485	11126
零售业	65	843977	959	12268
住宿和餐饮业	**I**	**172070**	**86**	**1696**
住宿业	66	62714	47	1089
餐饮业	67	109356	39	607
金融业	**J**	**55513**	**160**	**830**
银行业	68	12589	117	808
证券业	69	2793	1	2
保险业	70	13238	41	7
其他金融活动	71	26893	1	13

单位：个

1978-1991年	1992-1995年	1996年	1997年	1998年	1999年	2000年	代码
3431	4664	1582	1789	3140	2923	4382	36
3732	4885	1532	1620	2741	2596	3637	37
3625	5645	1806	2013	3141	3288	4641	39
1142	2595	754	896	1346	1287	2103	40
1087	1926	564	641	926	922	1287	41
1622	2687	871	944	1571	1544	2396	42
177	213	56	80	159	165	283	43
7770	**3694**	**1202**	**1265**	**1923**	**1716**	**2312**	D
4837	2284	770	851	1297	1198	1455	44
151	188	58	54	105	120	167	45
2782	1222	374	360	521	398	690	46
12643	**15620**	**4511**	**4757**	**7933**	**7152**	**9613**	E
9172	7936	1980	2034	3588	2987	3865	47
1881	3070	959	1161	1708	1628	2072	48
1007	3626	1299	1255	2010	1937	2802	49
583	988	273	307	627	600	874	50
8208	**7459**	**2372**	**2652**	**4541**	**3877**	**5730**	F
83	44	13	11	27	15	29	51
3925	2982	985	1140	1871	1759	2637	52
445	965	267	317	385	354	420	53
823	522	130	161	267	199	290	54
46	65	13	20	36	27	39	55
7	10		2	6	1	13	56
1307	1533	598	586	930	860	1355	57
1493	1274	338	354	644	519	754	58
79	64	28	61	375	143	193	59
1462	**2044**	**798**	**1052**	**2013**	**2754**	**6208**	G
1030	742	218	242	473	690	1202	60
297	659	310	423	863	1175	3202	61
135	643	270	387	677	889	1804	62
34257	**47344**	**18644**	**21647**	**40561**	**40357**	**61993**	H
18834	27687	10857	12844	24902	24755	37055	63
15423	19657	7787	8803	15659	15602	24938	65
6664	**6429**	**2477**	**2618**	**4236**	**3952**	**6349**	I
4679	3606	1278	1285	1945	1665	2449	66
1985	2823	1199	1333	2291	2287	3900	67
2741	**1343**	**1049**	**628**	**598**	**492**	**669**	J
2293	659	614	297	213	171	180	68
32	190	48	48	33	49	54	69
227	182	301	190	153	69	148	70
189	312	86	93	199	203	287	71

1-9 续表 2

行业大类	代码	法人单位数	1949年及以前	1950-1977年
房地产业	K	**323985**	**84**	**3317**
房地产业	72	323985	84	3317
租赁和商务服务业	L	**687575**	**482**	**5225**
租赁业	73	34267	3	139
商务服务业	74	653308	479	5086
科学研究、技术服务和地质勘查业	M	**283777**	**293**	**12711**
研究与试验发展	75	36803	68	1894
专业技术服务业	76	135200	114	4671
科技交流和推广服务业	77	107015	101	5470
地质勘查业	78	4759	10	676
水利、环境和公共设施管理业	N	**69186**	**226**	**7027**
水利管理业	79	21675	121	5303
环境管理业	80	15911	44	912
公共设施管理业	81	31600	61	812
居民服务和其他服务业	O	**175813**	**65**	**1557**
居民服务业	82	77421	46	1147
其他服务业	83	98392	19	410
教育	P	**346390**	**26585**	**87869**
教育	84	346390	26585	87869
卫生、社会保障和社会福利业	Q	**205173**	**2241**	**52279**
卫生	85	167699	2119	50013
社会保障业	86	11964	15	135
社会福利业	87	25510	107	2131
文化、体育和娱乐业	R	**102775**	**921**	**9007**
新闻出版业	88	7224	113	416
广播、电视、电影和音像业	89	15935	112	2300
文化艺术业	90	43199	665	5643
体育	91	9175	17	547
娱乐业	92	27242	14	101
公共管理和社会组织	S	**1387111**	**51637**	**220997**
中国共产党机关	93	39423	2989	9960
国家机构	94	399694	8458	56558
人民政协和民主党派	95	6194	269	1423
群众团体、社会团体和宗教组织	96	257071	7232	14630
基层群众自治组织	97	684729	32689	138426

单位：个

1978-1991年	1992-1995年	1996年	1997年	1998年	1999年	2000年	代码
7563	**16420**	**3734**	**4348**	**7763**	**7247**	**10449**	K
7563	16420	3734	4348	7763	7247	10449	72
22700	**21848**	**6134**	**7129**	**10735**	**12406**	**18379**	L
371	651	248	254	399	425	669	73
22329	21197	5886	6875	10336	11981	17710	74
24703	**11909**	**3315**	**3273**	**4749**	**4623**	**7406**	M
2542	931	265	320	496	453	824	75
10663	6273	1931	1777	2560	2691	4013	76
11045	4491	1071	1128	1603	1391	2466	77
453	214	48	48	90	88	103	78
11198	**4184**	**1163**	**1232**	**1744**	**1460**	**2113**	N
6140	1727	430	428	521	375	494	79
2326	902	251	296	413	330	529	80
2732	1555	482	508	810	755	1090	81
4169	**4845**	**1775**	**2035**	**3352**	**3316**	**5314**	O
2097	2166	839	1038	1750	1675	2736	82
2072	2679	936	997	1602	1641	2578	83
55710	**19327**	**5980**	**5475**	**7817**	**6995**	**10795**	P
55710	19327	5980	5475	7817	6995	10795	84
39846	**14057**	**3962**	**3229**	**5134**	**3994**	**6731**	Q
31365	11172	3162	2587	4214	3126	5261	85
1889	1140	291	212	218	244	637	86
6592	1745	509	430	702	624	833	87
15316	**4968**	**1348**	**1324**	**1873**	**1641**	**2614**	R
1728	837	167	99	173	187	273	88
3060	997	248	228	308	228	388	89
8752	1910	515	538	688	528	878	90
1130	486	167	145	189	194	326	91
646	738	251	314	515	504	749	92
459051	**82945**	**23036**	**17848**	**28342**	**27954**	**38591**	S
13742	2569	747	638	591	367	660	93
113047	33964	9324	8404	10616	6941	10652	94
2822	291	107	102	144	72	119	95
52102	18173	5678	4360	7671	6543	9853	96
277338	27948	7180	4344	9320	14031	17307	97

1-9 续表 3

行业大类	代码	2001年	2002年	2003年	2004年
总计		**357832**	**396497**	**471194**	**490484**
农、林、牧、渔业	A	**5060**	**4241**	**5010**	**5266**
农业	01	1223	1189	1422	1376
林业	02	854	606	640	651
畜牧业	03	1570	1432	1582	1727
渔业	04	356	263	331	427
农、林、牧、渔服务业	05	1057	751	1035	1085
采矿业	B	**4634**	**4846**	**7156**	**8606**
煤炭开采和洗选业	06	1021	961	1594	1750
石油和天然气开采业	07	71	64	84	94
黑色金属矿采选业	08	706	771	1299	2104
有色金属矿采选业	09	475	495	685	829
非金属矿采选业	10	2323	2521	3445	3770
其他采矿业	11	38	34	49	59
制造业	C	**110348**	**122925**	**147985**	**148077**
农副食品加工业	13	6396	6753	7989	8087
食品制造业	14	2680	2661	3167	3216
饮料制造业	15	2149	2241	2572	2460
烟草制品业	16	14	7	19	12
纺织业	17	6716	9176	10453	9540
纺织服装、鞋、帽制造业	18	4511	5220	6344	6703
皮革、毛皮、羽毛(绒)及其制品业	19	1829	2011	2266	2288
木材加工及木、竹、藤、棕、草制品业	20	3367	3818	4817	5014
家具制造业	21	2083	2206	2793	2963
造纸及纸制品业	22	3076	3429	4001	3843
印刷业和记录媒介的复制	23	3430	3733	4563	4122
文教体育用品制造业	24	1175	1255	1612	1711
石油加工及炼焦	25	414	410	585	612
化学原料及化学制品制造业	26	6644	6897	7916	7703
医药制造业	27	1073	1114	1327	1371
化学纤维制造业	28	264	373	480	432
橡胶制品业	29	1380	1430	1730	1649
塑料制品业	30	6296	7534	8184	8236
非金属矿物制品业	31	11346	11683	14817	14514
黑色金属冶炼及压延加工业	32	1019	1213	1949	1995
有色金属冶炼及压延加工业	33	1273	1349	1618	1805
金属制品业	34	8089	9081	10919	10996
通用设备制造业	35	11085	12542	15360	15558

单位：个

2005年	2006年	2007年	2008年	2009年	2010年	2011年	无开业年份	代码
554889	**635831**	**638371**	**555931**	**811126**	**940678**	**958356**	**126370**	
7828	**10993**	**17892**	**23362**	**65610**	**66474**	**76833**	**3426**	A
2214	3072	5304	6984	24556	29591	36124	1624	01
890	1242	1487	1815	4641	5020	6547	295	02
2845	4098	7060	9306	22291	19306	19558	765	03
595	707	1356	1800	4266	4079	6729	403	04
1284	1874	2685	3457	9856	8478	7875	339	05
9508	**10431**	**9136**	**7697**	**7637**	**7073**	**6143**	**1247**	B
1899	1712	1393	1349	1426	1260	906	285	06
96	164	163	168	208	227	215	7	07
2197	2062	1899	1775	1209	1128	1035	251	08
1064	1453	1285	936	795	682	613	239	09
4167	4935	4306	3363	3660	3396	3010	444	10
85	105	90	106	339	380	364	21	11
158696	**185154**	**172387**	**136381**	**170147**	**200363**	**188109**	**17927**	C
8972	9284	8514	6811	7151	6615	6036	756	13
3505	3869	3748	3100	3274	3166	3308	353	14
2787	3014	2826	2194	2359	2176	2062	298	15
14	22	5	12	17	27	27	2	16
9941	11615	9493	6550	8602	10707	10772	900	17
7317	9051	8848	6820	9492	12588	12028	864	18
2622	3262	3175	2493	3245	4231	4443	467	19
5975	7241	7078	4643	4689	5781	5431	373	20
3190	3907	3767	2880	3554	4637	4266	426	21
4033	4678	4395	3335	4414	4771	4076	341	22
3821	4208	3510	2489	3089	3335	2873	165	23
1644	1981	1817	1461	1730	1876	2076	171	24
518	531	526	463	623	532	396	111	25
8371	9250	7639	6096	7189	7208	5934	906	26
1367	1321	1126	971	1358	1443	1292	195	27
408	575	461	288	372	517	469	46	28
1800	1940	1797	1477	1755	1880	1744	162	29
8864	10486	9652	7279	8985	9663	8381	900	30
15867	19620	18025	14413	14609	16051	15905	1619	31
1780	1743	1703	1475	1519	1455	1229	167	32
1931	2388	2408	1766	1842	1890	2144	211	33
12018	14144	13372	11071	15300	18459	17195	1537	34
16536	18544	17684	14073	17124	21312	21380	2088	35

1-9 续表 4

行业大类	代码	2001年	2002年	2003年	2004年
专用设备制造业	36	5708	6410	7906	8173
交通运输设备制造业	37	4437	5154	6411	6346
电气机械及器材制造业	39	5922	6547	7790	7772
通信设备、计算机及其他电子设备制造业	40	2927	3288	3809	4271
仪器仪表及文化、办公用机械制造业	41	1686	1688	2050	2018
工艺品及其他制造业	42	2985	3254	3895	3953
废弃资源和废旧材料回收加工业	43	374	448	643	714
电力、燃气及水的生产和供应业	D	**2748**	**3270**	**4510**	**4615**
电力、热力的生产和供应业	44	1845	2271	3290	3442
燃气生产和供应业	45	214	234	307	274
水的生产和供应业	46	689	765	913	899
建筑业	E	**13328**	**14453**	**16552**	**18424**
房屋和土木工程建筑业	47	5861	5810	5875	6138
建筑安装业	48	2722	2905	3424	3824
建筑装饰业	49	3492	4016	5239	6017
其他建筑业	50	1253	1722	2014	2445
交通运输、仓储和邮政业	F	**7553**	**8649**	**10927**	**13438**
铁路运输业	51	28	27	34	38
道路运输业	52	3741	4214	5117	6215
城市公共交通业	53	531	536	516	562
水上运输业	54	358	475	550	655
航空运输业	55	52	45	72	80
管道运输业	56	5	3	9	7
装卸搬运和其他运输服务业	57	1780	2150	3023	4181
仓储业	58	873	982	1311	1279
邮政业	59	185	217	295	421
信息传输、计算机服务和软件业	G	**7966**	**9839**	**13957**	**14873**
电信和其他信息传输服务业	60	1464	1513	2138	2281
计算机服务业	61	4337	5760	8434	8464
软件业	62	2165	2566	3385	4128
批发和零售业	H	**76102**	**87996**	**112224**	**117457**
批发业	63	46844	54848	70789	73662
零售业	65	29258	33148	41435	43795
住宿和餐饮业	I	**6723**	**7318**	**9350**	**10483**
住宿业	66	2418	2609	3294	3659
餐饮业	67	4305	4709	6056	6824
金融业	J	**856**	**1377**	**2081**	**1940**
银行业	68	147	109	179	220
证券业	69	95	76	64	61
保险业	70	232	623	966	928
其他金融活动	71	382	569	872	731

单位：个

2005年	2006年	2007年	2008年	2009年	2010年	2011年	无开业年份	代码
8787	10302	9602	7997	11798	14873	13823	1147	36
6742	8085	7820	6306	7705	9716	8684	945	37
8100	10000	9913	8560	11896	13915	13594	1272	39
4431	5408	5411	5042	6663	8887	7793	628	40
1981	2288	2178	1766	2072	2464	2641	229	41
4534	5377	4804	3683	6593	8923	7002	508	42
840	1020	1090	867	1128	1265	1105	140	43
4441	**4347**	**3692**	**3035**	**4111**	**4005**	**3594**	**821**	**D**
3273	2996	2402	1848	2497	2489	2218	559	44
270	313	282	269	557	584	516	83	45
898	1038	1008	918	1057	932	860	179	46
21239	**23895**	**23283**	**21085**	**35696**	**43166**	**44892**	**2511**	**E**
7192	7858	7165	6065	10422	12105	11785	820	47
4346	4811	4598	4042	7041	7774	8211	443	48
6956	7958	8491	8172	11979	15314	16307	741	49
2745	3268	3029	2806	6254	7973	8589	507	50
16255	**17749**	**17334**	**15056**	**21614**	**25274**	**24304**	**1358**	**F**
47	29	45	54	220	347	435	15	51
6836	8296	8222	7037	11228	12954	13071	702	52
534	532	479	353	469	429	442	25	53
694	692	772	559	819	821	727	60	54
67	86	77	66	138	179	154	8	55
7	6	1	7	27	35	30	3	56
6054	6015	5605	5061	5757	6085	6178	296	57
1518	1569	1507	1194	1676	1820	1888	200	58
498	524	626	725	1280	2604	1379	49	59
17880	**23544**	**22946**	**17891**	**20288**	**20926**	**21121**	**650**	**G**
2437	3049	2939	2646	4359	4536	3733	116	60
10576	14592	13852	9551	8768	8588	8338	212	61
4867	5903	6155	5694	7161	7802	9050	322	62
135287	**165131**	**169626**	**154166**	**274074**	**336794**	**346940**	**10857**	**H**
84046	102599	106564	96768	177141	220122	222915	7475	63
51241	62532	63062	57398	96933	116672	124025	3382	65
13057	**15463**	**16489**	**15597**	**13480**	**14665**	**14380**	**558**	**I**
4444	5192	5490	5256	3878	4267	3924	240	66
8613	10271	10999	10341	9602	10398	10456	318	67
2630	**3205**	**4090**	**4691**	**7854**	**8456**	**9510**	**313**	**J**
449	521	617	630	1227	1480	1623	35	68
48	71	104	147	394	501	752	23	69
1068	1155	1390	1516	1360	1172	1482	28	70
1065	1458	1979	2398	4873	5303	5653	227	71

1-9 续表 5

行业大类	代码	2001年	2002年	2003年	2004年
房地产业	K	**12987**	**14782**	**17991**	**18452**
房地产业	72	12987	14782	17991	18452
租赁和商务服务业	L	**21289**	**23637**	**31295**	**36246**
租赁业	73	963	1060	1302	1556
商务服务业	74	20326	22577	29993	34690
科学研究、技术服务和地质勘查业	M	**9694**	**11311**	**13538**	**14444**
研究与试验发展	75	1062	1104	1308	1501
专业技术服务业	76	5053	5962	7293	7823
科技交流和推广服务业	77	3426	4102	4770	4900
地质勘查业	78	153	143	167	220
水利、环境和公共设施管理业	N	**2508**	**2847**	**3334**	**3057**
水利管理业	79	617	651	567	488
环境管理业	80	622	695	856	783
公共设施管理业	81	1269	1501	1911	1786
居民服务和其他服务业	O	**6149**	**7003**	**9216**	**10340**
居民服务业	82	3093	3573	4601	5120
其他服务业	83	3056	3430	4615	5220
教育	P	**10904**	**11785**	**13298**	**13051**
教育	84	10904	11785	13298	13051
卫生、社会保障和社会福利业	Q	**6988**	**7010**	**8402**	**7605**
卫生	85	5447	5368	5858	5714
社会保障业	86	688	747	1423	786
社会福利业	87	853	895	1121	1105
文化、体育和娱乐业	R	**3069**	**3591**	**4517**	**4797**
新闻出版业	88	269	248	320	387
广播、电视、电影和音像业	89	469	655	595	674
文化艺术业	90	1152	1301	1614	1556
体育	91	369	426	532	535
娱乐业	92	810	961	1456	1645
公共管理和社会组织	S	**48926**	**49617**	**39851**	**39313**
中国共产党机关	93	1049	1149	609	397
国家机构	94	17022	20781	14354	12479
人民政协和民主党派	95	113	104	102	64
群众团体、社会团体和宗教组织	96	9199	10041	11256	12029
基层群众自治组织	97	21543	17542	13530	14344

单位：个

2005年	2006年	2007年	2008年	2009年	2010年	2011年	无开业年份	代码
20141	**23931**	**26614**	**19478**	**30196**	**40355**	**34902**	**3231**	K
20141	23931	26614	19478	30196	40355	34902	3231	72
44261	**49802**	**53008**	**52740**	**76244**	**89219**	**100862**	**3934**	L
1970	2351	2552	2539	4586	5431	6545	253	73
42291	47451	50456	50201	71658	83788	94317	3681	74
17707	**19043**	**19673**	**19375**	**26124**	**28411**	**29981**	**1494**	M
1846	2205	2310	2384	4355	5292	5385	258	75
9019	9695	9241	8261	11249	12593	13661	657	76
6586	6834	7753	8340	10182	10204	10605	547	77
256	309	369	390	338	322	330	32	78
3394	**3425**	**3396**	**3367**	**4128**	**4276**	**4574**	**533**	N
649	589	488	574	456	464	558	35	79
856	839	830	954	1122	1066	1148	137	80
1889	1997	2078	1839	2550	2746	2868	361	81
12019	**13835**	**14160**	**13050**	**20175**	**20996**	**21711**	**731**	O
5909	6577	6871	6180	7032	7006	7721	244	82
6110	7258	7289	6870	13143	13990	13990	487	83
14450	**13912**	**11794**	**9723**	**6929**	**6531**	**7256**	**204**	P
14450	13912	11794	9723	6929	6531	7256	204	84
9390	**9493**	**8436**	**6604**	**3120**	**3449**	**3074**	**129**	Q
7437	7372	5991	4791	2060	2527	2049	66	85
716	807	791	573	221	181	243	7	86
1237	1314	1654	1240	839	741	782	56	87
6067	**6701**	**6724**	**6103**	**6969**	**7266**	**7589**	**370**	R
352	294	260	247	278	303	265	8	88
821	776	718	652	750	923	966	67	89
2080	2208	2233	2055	2665	2873	3217	128	90
605	622	640	577	617	507	527	17	91
2209	2801	2873	2572	2659	2660	2614	150	92
40639	**35777**	**37691**	**26530**	**16730**	**12979**	**12581**	**76076**	S
418	308	277	150	61	69	53	2620	93
14859	11134	10120	7183	4358	4065	3390	21985	94
71	46	41	19	8	6	12	259	95
14755	16147	16714	12748	11577	7838	8388	137	96
10536	8142	10539	6430	726	1001	738	51075	97

1-10 按地区分组的法人单位数

单位：个

地 区	法人单位数(2010年)	#多产业法人单位	法人单位数(2011年)	#多产业法人单位
全 国	**8754588**	**387710**	**9593729**	**398534**
北 京	384525	16143	391503	17941
天 津	168535	4199	185899	4427
河 北	345762	10431	361028	10096
山 西	205152	18984	220371	19649
内蒙古	138466	6614	147105	6815
辽 宁	369014	10316	388515	10374
吉 林	118001	3672	124637	3615
黑龙江	175798	9211	184150	9232
上 海	399549	16847	422955	17914
江 苏	862205	17541	979237	18494
浙 江	685493	24744	778193	26728
安 徽	242591	13910	286915	14167
福 建	307811	19462	356207	20205
江 西	184559	8251	199355	8491
山 东	773550	23638	832499	23241
河 南	400721	11184	410810	11256
湖 北	345826	20778	382113	19608
湖 南	297153	13363	314853	13175
广 东	802824	37214	908008	40015
广 西	204970	15858	238512	16538
海 南	37648	1956	42715	2158
重 庆	177894	11013	223752	11394
四 川	353042	19028	366196	18982
贵 州	110274	6880	116423	6938
云 南	170893	13861	197322	14297
西 藏	16218	1205	16474	1194
陕 西	206664	12201	231354	12335
甘 肃	108433	8913	114200	8895
青 海	28326	2497	30446	2488
宁 夏	35963	1525	40053	1560
新 疆	96728	6271	101929	6312

1-11 农、林、牧、渔业按地区分组的法人单位数

单位：个

地区	法人单位数(2010年)	#多产业法人单位	法人单位数(2011年)	#多产业法人单位
全国	**242429**	**2527**	**321086**	**2719**
北京	3133	53	3111	61
天津	1803	7	2226	7
河北	11789	24	13822	32
山西	23340	54	27869	65
内蒙古	5740	93	7094	94
辽宁	11026	59	13025	59
吉林	4242	59	4998	57
黑龙江	4250	246	5157	245
上海	2815	31	3522	29
江苏	15525	53	20070	67
浙江	21038	142	28997	173
安徽	5435	48	9084	49
福建	11042	94	14630	102
江西	6774	70	8712	71
山东	16083	17	21777	22
河南	14315	57	15105	56
湖北	7392	59	10342	55
湖南	7708	25	9819	29
广东	9650	178	12030	209
广西	4486	157	10310	168
海南	1588	110	2115	115
重庆	13097	124	23935	152
四川	11580	129	14322	135
贵州	3365	47	4422	46
云南	10133	205	14416	218
西藏	26	2	35	3
陕西	6238	32	7982	28
甘肃	3425	54	4886	56
青海	1159	33	1773	34
宁夏	1390	16	1850	16
新疆	2842	249	3650	266

1-12 采矿业按地区分组的法人单位数

单位：个

地 区	法人单位数(2010年)	#多产业法人单位	法人单位数(2011年)	#多产业法人单位
全 国	**104065**	**1831**	**105490**	**1843**
北 京	188	7	186	8
天 津	87	7	88	8
河 北	8617	124	8318	133
山 西	7838	150	7515	151
内蒙古	4651	84	4735	84
辽 宁	5834	54	5949	50
吉 林	1490	16	1544	17
黑龙江	2365	56	2399	51
上 海	4	1	5	1
江 苏	1236	23	1067	16
浙 江	1526	19	1503	15
安 徽	3132	50	3108	48
福 建	2866	33	3038	33
江 西	4077	33	4052	33
山 东	5154	93	5210	69
河 南	7952	49	7933	47
湖 北	5026	91	5222	82
湖 南	8151	82	7947	80
广 东	2749	56	2975	66
广 西	3079	82	3396	87
海 南	254	3	258	3
重 庆	3101	154	3035	174
四 川	5698	216	5806	219
贵 州	4926	38	5269	42
云 南	5282	171	5645	180
西 藏	119	6	126	6
陕 西	3645	39	3741	40
甘 肃	1876	26	1932	23
青 海	650	20	728	20
宁 夏	626	5	672	7
新 疆	1866	43	2088	50

1-13 制造业按地区分组的法人单位数

单位：个

地区	法人单位数 (2010年)	#多产业法人单位	法人单位数 (2011年)	#多产业法人单位
全国	**2098370**	**31584**	**2240315**	**32870**
北京	35314	1391	35234	1497
天津	43003	964	44474	946
河北	89205	621	89874	644
山西	24367	518	24620	592
内蒙古	17223	366	17807	366
辽宁	89447	919	92284	913
吉林	21597	144	22750	148
黑龙江	30745	468	31252	456
上海	86565	2339	90046	2458
江苏	322605	2382	349839	2459
浙江	276974	5811	304763	6406
安徽	59271	688	65867	701
福建	76980	922	88371	1046
江西	40899	275	43365	303
山东	212151	2290	220014	2006
河南	115632	394	117274	418
湖北	61239	943	66246	896
湖南	60339	428	60303	426
广东	240121	5025	265396	5407
广西	24381	815	27108	862
海南	2684	50	2826	58
重庆	31729	964	37103	987
四川	53436	974	54709	964
贵州	10490	247	11444	247
云南	16215	724	17252	722
西藏	355	26	375	26
陕西	27634	298	29676	325
甘肃	12126	282	12468	265
青海	2493	72	2771	73
宁夏	4596	63	5155	65
新疆	8554	181	9649	188

1-14 电力、燃气及水的生产和供应业按地区分组的法人单位数

单位：个

地区	法人单位数(2010年)	#多产业法人单位	法人单位数(2011年)	#多产业法人单位
全国	**64151**	**3386**	**66652**	**3318**
北京	450	34	460	31
天津	393	23	414	25
河北	1341	71	1463	65
山西	1020	66	1112	65
内蒙古	1255	112	1344	109
辽宁	1762	113	1890	114
吉林	1146	68	1213	66
黑龙江	1124	130	1228	126
上海	294	21	307	20
江苏	3029	69	2665	68
浙江	3944	189	4032	188
安徽	2054	121	2210	121
福建	6230	152	6442	152
江西	3771	131	3776	131
山东	2151	159	2326	128
河南	1556	101	1599	102
湖北	2541	178	2890	170
湖南	4834	123	4996	126
广东	7978	286	8295	290
广西	2628	232	2700	239
海南	295	4	314	6
重庆	1968	157	2003	158
四川	5587	271	5675	270
贵州	1254	115	1307	111
云南	2085	207	2224	203
西藏	94	16	94	15
陕西	1225	57	1331	55
甘肃	1037	110	1057	88
青海	278	12	325	14
宁夏	197	12	238	14
新疆	630	46	722	48

1-15 建筑业按地区分组的法人单位数

单位：个

地 区	法人单位数(2010年)	#多产业法人单位	法人单位数(2011年)	#多产业法人单位
全 国	**302232**	**11116**	**346026**	**12509**
北 京	12321	709	12582	868
天 津	7607	198	8714	210
河 北	7954	221	9380	255
山 西	5658	232	6536	287
内蒙古	4031	142	4369	147
辽 宁	18548	521	20190	547
吉 林	4018	48	4625	44
黑龙江	7136	268	7895	268
上 海	20058	587	20388	664
江 苏	40517	1078	48874	1282
浙 江	17919	1366	21081	1549
安 徽	9946	284	12952	341
福 建	8925	662	10827	773
江 西	4857	166	6086	236
山 东	32419	412	36047	391
河 南	11522	206	12272	265
湖 北	15824	388	18251	423
湖 南	6935	200	7570	230
广 东	20172	1282	23165	1402
广 西	3950	288	5047	350
海 南	2505	43	3079	55
重 庆	6949	314	7936	363
四 川	9474	469	9987	505
贵 州	2144	137	2437	136
云 南	6395	259	8042	295
西 藏	380	5	416	4
陕 西	7664	163	10215	175
甘 肃	2464	148	2641	129
青 海	831	55	949	46
宁 夏	1154	62	1337	69
新 疆	1955	203	2136	200

1-16 交通运输、仓储和邮政业按地区分组的法人单位数

单位：个

地区	法人单位数(2010年)	#多产业法人单位	法人单位数(2011年)	#多产业法人单位
全国	**195829**	**9294**	**219630**	**10032**
北京	7755	438	7850	506
天津	7347	156	8376	169
河北	6529	153	7234	178
山西	4101	178	4763	216
内蒙古	3758	180	3920	189
辽宁	10230	305	10844	295
吉林	2562	70	2704	69
黑龙江	3811	149	4173	155
上海	14411	889	14940	998
江苏	18907	434	22010	492
浙江	12628	826	14218	900
安徽	6140	306	8114	313
福建	7383	349	8393	365
江西	4873	155	5846	167
山东	17174	328	19284	333
河南	5785	139	6060	137
湖北	7489	323	9176	323
湖南	4317	154	4703	152
广东	20038	1547	22784	1706
广西	4634	393	5459	423
海南	772	67	879	78
重庆	4527	349	5046	393
四川	6821	424	7209	434
贵州	1586	117	1740	118
云南	3178	268	3859	292
西藏	175	25	182	25
陕西	3756	167	4280	180
甘肃	1614	124	1765	125
青海	471	64	490	65
宁夏	615	35	693	40
新疆	2442	182	2636	196

1-17　信息传输、计算机服务和软件业按地区分组的法人单位数

单位：个

地区	法人单位数(2010年)	#多产业法人单位	法人单位数(2011年)	#多产业法人单位
全　国	**191182**	**4830**	**208867**	**5408**
北　京	20878	736	21135	1020
天　津	2314	32	2666	30
河　北	4875	81	4699	78
山　西	2770	87	2632	98
内蒙古	2009	83	2081	88
辽　宁	8721	145	9240	138
吉　林	1684	66	1778	68
黑龙江	3007	91	3253	94
上　海	12051	491	12645	523
江　苏	16029	220	18260	262
浙　江	14967	299	17387	351
安　徽	5499	78	6149	85
福　建	6537	125	7823	139
江　西	1884	74	2161	81
山　东	15138	193	16417	204
河　南	5266	73	5462	74
湖　北	7071	135	7334	129
湖　南	8381	89	8872	89
广　东	18622	803	21644	892
广　西	5997	123	6508	127
海　南	913	19	1083	25
重　庆	4051	148	5215	159
四　川	9162	177	9386	177
贵　州	2051	51	2136	52
云　南	3719	103	4320	111
西　藏	158	23	159	23
陕　西	3264	64	4078	67
甘　肃	1035	58	1120	64
青　海	403	37	423	39
宁　夏	697	25	740	25
新　疆	2029	101	2061	96

1-18 批发和零售业按地区分组的法人单位数

单位：个

地区	法人单位数(2010年)	#多产业法人单位	法人单位数(2011年)	#多产业法人单位
全国	**1965118**	**67087**	**2276295**	**70919**
北京	116396	5622	118485	5896
天津	51763	797	57462	907
河北	72724	1617	81073	1618
山西	39691	1909	45514	2167
内蒙古	31565	930	35563	1014
辽宁	88875	1677	95346	1694
吉林	25303	365	27609	327
黑龙江	43777	1263	46398	1286
上海	130212	7456	139449	7837
江苏	224964	5289	266216	5414
浙江	133480	6294	165076	6873
安徽	46945	1885	61007	1991
福建	66702	2649	84609	2903
江西	25660	562	31922	604
山东	194517	2667	219046	2615
河南	58769	1775	62431	1742
湖北	80274	2030	91518	1924
湖南	40943	651	50020	681
广东	205711	7806	248484	8722
广西	42383	3040	54824	3241
海南	7622	356	9096	404
重庆	37348	1964	53381	2154
四川	51501	2382	56426	2443
贵州	15592	841	17073	857
云南	39075	1950	48812	2167
西藏	923	68	1027	66
陕西	40581	836	50921	990
甘肃	19036	881	21209	886
青海	4080	228	4576	221
宁夏	8001	230	9941	231
新疆	20705	1067	21781	1044

1-19　住宿和餐饮业按地区分组的法人单位数

单位：个

地　区	法人单位数(2010年)	#多产业法人单位	法人单位数(2011年)	#多产业法人单位
全　国	**164762**	**7167**	**172070**	**7622**
北　京	12897	1034	13003	1068
天　津	3231	97	2841	116
河　北	4178	107	4069	104
山　西	3310	111	3382	123
内蒙古	3452	125	3354	131
辽　宁	6016	179	6064	184
吉　林	1738	32	1691	28
黑龙江	2983	68	2479	72
上　海	10687	692	11694	790
江　苏	10176	385	10858	406
浙　江	7549	1088	8300	1086
安　徽	4453	197	4889	218
福　建	5055	192	5848	228
江　西	3145	42	3062	51
山　东	16745	234	16409	221
河　南	8240	186	8381	186
湖　北	7576	189	7701	196
湖　南	7331	80	7277	74
广　东	16105	862	16672	977
广　西	2764	166	3177	174
海　南	1371	65	1354	84
重　庆	4795	242	7222	273
四　川	6726	277	7217	277
贵　州	1542	34	1664	36
云　南	3044	167	3324	176
西　藏	303	5	307	5
陕　西	4909	92	5343	123
甘　肃	2150	102	2107	105
青　海	595	28	602	26
宁　夏	644	16	718	15
新　疆	1052	73	1061	69

1-20 金融业按地区分组的法人单位数

单位：个

地 区	法人单位数(2010年)	#多产业法人单位	法人单位数(2011年)	#多产业法人单位
全 国	**45512**	**11515**	**55513**	**11912**
北 京	1298	187	1364	247
天 津	884	252	1493	258
河 北	1669	459	2230	477
山 西	1257	358	1530	369
内蒙古	1606	368	1687	375
辽 宁	2055	493	2371	504
吉 林	838	267	898	262
黑龙江	1244	360	1446	364
上 海	920	222	1128	249
江 苏	4190	573	5059	614
浙 江	2484	646	2607	682
安 徽	1979	421	2547	436
福 建	2596	379	3311	405
江 西	1132	340	1352	339
山 东	3901	710	4859	712
河 南	1694	517	1972	524
湖 北	1457	421	2410	424
湖 南	1223	425	1511	427
广 东	3207	889	3984	937
广 西	1249	374	1649	387
海 南	245	65	275	67
重 庆	1169	328	1250	350
四 川	1842	625	1979	633
贵 州	759	240	894	243
云 南	1541	449	2112	469
西 藏	115	65	116	64
陕 西	1104	345	1374	344
甘 肃	677	283	794	288
青 海	213	88	227	89
宁 夏	281	71	331	72
新 疆	683	295	753	301

1-21　房地产业按地区分组的法人单位数

单位：个

地　区	法人单位数(2010年)	#多产业法人单位	法人单位数(2011年)	#多产业法人单位
全　国	**284726**	**12205**	**323985**	**13681**
北　京	14162	1210	14384	1295
天　津	4735	241	5306	241
河　北	9066	199	10546	261
山　西	4988	148	5651	234
内蒙古	5322	67	5937	91
辽　宁	13737	314	14517	326
吉　林	3593	26	4136	25
黑龙江	5839	164	6613	166
上　海	13537	853	13860	876
江　苏	23761	802	27369	913
浙　江	16748	1166	19196	1350
安　徽	9396	335	11824	382
福　建	10014	590	11291	630
江　西	6077	100	7192	133
山　东	20209	266	22808	273
河　南	9330	68	10479	79
湖　北	12569	410	15300	408
湖　南	8182	68	9699	75
广　东	37573	2818	42356	3085
广　西	9014	388	10235	554
海　南	4022	94	4956	131
重　庆	7133	557	8470	668
四　川	10329	507	11056	538
贵　州	4614	133	5126	140
云　南	6826	291	8421	336
西　藏	102		103	
陕　西	6346	90	8599	127
甘　肃	2635	71	2960	70
青　海	856	39	933	43
宁　夏	1006	22	1157	31
新　疆	3005	168	3505	200

1-22 租赁和商务服务业按地区分组的法人单位数

单位：个

地 区	法人单位数(2010年)	#多产业法人单位	法人单位数(2011年)	#多产业法人单位
全 国	**590478**	**13479**	**687575**	**15556**
北 京	71741	1460	73752	1878
天 津	14482	177	18285	238
河 北	11434	241	13359	265
山 西	8404	291	9506	381
内蒙古	7531	149	8159	172
辽 宁	24503	341	26687	358
吉 林	6094	58	6518	59
黑龙江	10152	191	11304	200
上 海	50753	1579	55317	1722
江 苏	51979	851	65189	1012
浙 江	50294	1350	59494	1586
安 徽	12280	261	18656	309
福 建	20864	484	25715	543
江 西	7406	128	9839	153
山 东	39873	410	46418	453
河 南	13289	134	14815	146
湖 北	20117	324	24208	351
湖 南	11022	199	13344	213
广 东	72830	2708	84173	3064
广 西	15392	543	18798	604
海 南	3636	105	4340	138
重 庆	12963	273	16729	359
四 川	17363	364	18749	380
贵 州	5001	113	5622	124
云 南	10324	282	13450	352
西 藏	251	2	280	1
陕 西	9141	109	12242	125
甘 肃	3577	107	3961	112
青 海	1075	47	1148	47
宁 夏	1696	23	2025	24
新 疆	5011	175	5493	187

1-23 科学研究、技术服务和地质勘查业按地区分组的法人单位数

单位：个

地 区	法人单位数(2010年)	#多产业法人单位	法人单位数(2011年)	#多产业法人单位
全 国	**256865**	**7240**	**283777**	**8148**
北 京	33970	725	35568	935
天 津	7525	86	9357	98
河 北	5432	99	5877	107
山 西	4502	129	4810	169
内蒙古	3971	84	4100	88
辽 宁	12685	156	13455	165
吉 林	4026	48	4338	46
黑龙江	6083	162	6625	167
上 海	17544	460	19150	505
江 苏	17746	333	20893	424
浙 江	16517	622	19067	784
安 徽	5453	179	7337	196
福 建	7901	311	8801	362
江 西	3999	101	4187	107
山 东	14485	180	15966	183
河 南	6207	89	6533	100
湖 北	11958	328	13027	335
湖 南	7042	199	8151	203
广 东	23373	935	26966	1076
广 西	8397	543	9020	581
海 南	1178	72	1284	79
重 庆	4026	162	4486	178
四 川	11184	301	11302	305
贵 州	3213	89	3194	95
云 南	5710	381	6209	375
西 藏	169	16	182	15
陕 西	5433	105	6396	117
甘 肃	2172	113	2297	115
青 海	915	52	933	51
宁 夏	716	25	771	25
新 疆	3333	155	3495	162

1-24 水利、环境和公共设施管理业按地区分组的法人单位数

单位：个

地 区	法人单位数(2010年)	#多产业法人单位	法人单位数(2011年)	#多产业法人单位
全 国	**64794**	**2548**	**69186**	**2616**
北 京	2398	69	2422	82
天 津	1202	35	1319	36
河 北	1877	58	2018	65
山 西	1968	71	2144	76
内蒙古	1724	74	1785	73
辽 宁	2944	63	3098	64
吉 林	1254	23	1276	23
黑龙江	1594	73	1629	73
上 海	1994	52	1968	53
江 苏	5610	102	6053	104
浙 江	4024	188	4476	202
安 徽	1891	137	2322	137
福 建	2334	94	2667	98
江 西	1668	55	1760	57
山 东	3683	127	3876	125
河 南	2406	51	2496	56
湖 北	3794	171	4117	167
湖 南	2896	110	3012	112
广 东	4649	216	4967	222
广 西	2376	128	2571	130
海 南	311	17	351	18
重 庆	1504	76	1676	80
四 川	3239	113	3193	115
贵 州	1119	39	1167	39
云 南	1926	113	2102	111
西 藏	40	3	41	3
陕 西	2037	47	2244	47
甘 肃	877	112	906	113
青 海	304	11	316	11
宁 夏	263	18	289	18
新 疆	888	102	925	106

1-25 居民服务和其他服务业按地区分组的法人单位数

单位：个

地区	法人单位数(2010年)	#多产业法人单位	法人单位数(2011年)	#多产业法人单位
全国	**158152**	**3788**	**175813**	**4116**
北京	14613	632	14651	660
天津	6236	99	6707	111
河北	4331	86	4732	91
山西	3592	90	4181	98
内蒙古	2350	51	2533	54
辽宁	6686	77	7170	84
吉林	1914	10	2024	10
黑龙江	3426	50	3657	52
上海	13036	495	13396	508
江苏	13907	199	16561	242
浙江	7194	295	8345	333
安徽	3269	83	4352	91
福建	4856	144	5453	160
江西	3047	25	3614	34
山东	13944	131	15525	131
河南	4445	51	4543	48
湖北	7963	111	8639	104
湖南	5317	30	5450	27
广东	15975	588	17530	680
广西	2666	97	3417	104
海南	645	19	756	25
重庆	3408	104	5101	106
四川	4091	85	4327	94
贵州	1623	27	1770	27
云南	2407	74	2882	89
西藏	108	3	112	3
陕西	3368	34	4305	50
甘肃	1502	41	1639	45
青海	297	9	326	9
宁夏	527	7	638	8
新疆	1409	41	1477	38

1-26 教育按地区分组的法人单位数

单位：个

地 区	法人单位数(2010年)	#多产业法人单位	法人单位数(2011年)	#多产业法人单位
全 国	**342408**	**32400**	**346390**	**31811**
北 京	8192	253	8207	274
天 津	3233	254	3325	252
河 北	19003	1142	18168	1068
山 西	8762	1095	8755	1091
内蒙古	5491	342	5557	335
辽 宁	11459	1052	11481	1039
吉 林	5258	655	5248	651
黑龙江	7682	703	7737	700
上 海	5590	120	5615	118
江 苏	15415	848	16869	846
浙 江	16018	926	16742	896
安 徽	13065	1627	13538	1607
福 建	11898	1041	12276	1040
江 西	9741	1361	8914	1367
山 东	20774	2017	20908	2010
河 南	22900	2010	22915	2009
湖 北	16426	2229	16753	2083
湖 南	14810	2115	14847	2119
广 东	30779	1410	31500	1431
广 西	17126	1211	17497	1204
海 南	2139	240	2156	243
重 庆	7761	1606	8035	1470
四 川	19749	2664	19961	2511
贵 州	9592	1308	9650	1303
云 南	7618	1373	7962	1386
西 藏	1040	272	1045	270
陕 西	13871	887	13613	860
甘 肃	9123	846	9173	846
青 海	1236	218	1259	213
宁 夏	1391	164	1409	165
新 疆	5266	411	5275	404

1-27　卫生、社会保障和社会福利业按地区分组的法人单位数

单位：个

地　区	法人单位数(2010年)	#多产业法人单位	法人单位数(2011年)	#多产业法人单位
全　国	**205778**	**13695**	**205173**	**13555**
北　京	3044	210	3049	216
天　津	1406	205	1446	204
河　北	7170	309	6654	301
山　西	5124	452	5149	447
内蒙古	4479	255	4479	255
辽　宁	10128	334	10239	330
吉　林	3278	127	3285	127
黑龙江	4831	502	4868	500
上　海	2685	88	2818	88
江　苏	10020	974	10821	957
浙　江	6922	872	6921	845
安　徽	6077	817	6207	816
福　建	6161	378	6064	378
江　西	7984	363	7095	357
山　东	15810	1260	15893	1256
河　南	26174	224	25218	222
湖　北	10984	1082	11107	1032
湖　南	8274	756	8291	755
广　东	8949	871	9139	880
广　西	6445	395	6573	397
海　南	770	20	782	20
重　庆	5897	588	5933	573
四　川	14227	579	14169	556
贵　州	3988	313	4049	312
云　南	4332	844	4435	844
西　藏	504	25	504	25
陕　西	12415	232	12197	239
甘　肃	3497	304	3517	305
青　海	769	94	779	94
宁　夏	803	45	816	45
新　疆	2631	177	2676	179

1-28 文化、体育和娱乐业按地区分组的法人单位数

单位：个

地区	法人单位数(2010年)	#多产业法人单位	法人单位数(2011年)	#多产业法人单位
全　国	**95633**	**2521**	**102775**	**2672**
北　京	11762	284	12112	316
天　津	1428	54	1608	58
河　北	2272	56	2322	55
山　西	2579	82	2727	89
内蒙古	1801	33	1837	37
辽　宁	3782	62	3867	62
吉　林	1572	22	1599	22
黑龙江	1793	54	1856	53
上　海	4166	143	4453	150
江　苏	6312	105	7352	119
浙　江	5274	182	6044	209
安　徽	2280	63	2653	70
福　建	3829	125	4622	133
江　西	2303	34	2357	37
山　东	4992	108	5263	107
河　南	3750	51	3856	51
湖　北	4486	131	4806	128
湖　南	4199	68	4346	68
广　东	7010	292	7762	329
广　西	3005	104	3180	106
海　南	662	24	712	25
重　庆	2128	63	2394	64
四　川	4394	106	4576	105
贵　州	1480	19	1515	20
云　南	2561	90	2809	87
西　藏	169		172	
陕　西	2554	35	2794	43
甘　肃	1226	48	1283	50
青　海	394	20	404	19
宁　夏	329	13	333	13
新　疆	1141	50	1161	47

1-29　公共管理和社会组织按地区分组的法人单位数

单位：个

地　区	法人单位数（2010年）	#多产业法人单位	法人单位数（2011年）	#多产业法人单位
全　国	**1382104**	**149497**	**1387111**	**147227**
北　京	14013	1089	13948	1083
天　津	9856	515	9792	513
河　北	76296	4763	75190	4299
山　西	51881	12963	51975	12931
内蒙古	30507	3076	30764	3113
辽　宁	40576	3452	40798	3448
吉　林	26394	1568	26403	1566
黑龙江	33956	4213	34181	4204
上　海	12227	328	12254	325
江　苏	60277	2821	63212	2797
浙　江	69993	2463	69944	2300
安　徽	44026	6330	44099	6256
福　建	45638	10738	46026	10715
江　西	45262	4236	44063	4230
山　东	124347	12036	124453	12002
河　南	81489	5009	81466	4994
湖　北	61640	11235	63066	10378
湖　南	85249	7561	84695	7289
广　东	57333	8642	58186	8640
广　西	44998	6779	47043	6800
海　南	6036	583	6099	584
重　庆	24340	2840	24802	2733
四　川	106639	8365	106147	8321
贵　州	35935	2972	35944	2990
云　南	38522	5910	39046	5884
西　藏	11187	643	11198	640
陕　西	51479	8569	50023	8400
甘　肃	38384	5203	38485	5210
青　海	11307	1370	11484	1374
宁　夏	11031	673	10940	677
新　疆	31286	2552	31385	2531

第二部分

企业法人单位综合资料

2-1 按行业(中类)、

(2011年)

行业中类	代码	企业单位数	北京	天津	河北	山西	内蒙古
总计		**7331200**	**360799**	**166426**	**252808**	**140229**	**97871**
农、林、牧、渔业	A	**247456**	**2618**	**1834**	**11463**	**21189**	**5105**
农业	01	94777	1220	677	4009	6478	1566
谷物及其他作物的种植	011	23920	197	182	1165	2199	1043
蔬菜、园艺作物的种植	012	40159	714	402	1912	2781	407
水果、坚果、饮料和香料作物的种植	013	25526	286	91	803	1146	71
中药材的种植	014	5172	23	2	129	352	45
林业	02	24650	411	149	1036	2598	605
林木的培育和种植	021	22985	407	148	1003	2579	576
木材和竹材的采运	022	861	2	1	7	8	20
林产品的采集	023	804	2		26	11	9
畜牧业	03	80163	704	512	4473	9995	2289
牲畜的饲养	031	25337	244	200	1867	4786	1648
猪的饲养	032	27607	116	139	1382	2813	242
家禽的饲养	033	20317	233	131	816	1768	269
狩猎和捕捉动物	034	106			4	19	1
其他畜牧业	039	6796	111	42	404	609	129
渔业	04	20206	92	287	193	193	64
海洋渔业	041	5515	6	108	71	8	7
内陆渔业	042	14691	86	179	122	185	57
农、林、牧、渔服务业	05	27660	191	209	1752	1925	581
农业服务业	051	21810	113	158	1434	1658	411
林业服务业	052	1577	19	15	79	113	31
畜牧服务业	053	2795	49	15	162	142	126
渔业服务业	054	1478	10	21	77	12	13
采矿业	B	**105490**	**186**	**88**	**8318**	**7515**	**4735**
煤炭开采和洗选业	06	22881	26	6	698	4474	1021
烟煤和无烟煤的开采洗选	061	21477	25	1	648	4392	712
褐煤的开采洗选	062	631		3	21	29	261
其他煤炭采选	069	773	1	2	29	53	48
石油和天然气开采业	07	1867	17	30	28	32	66
天然原油和天然气开采	071	416	5	4	7	23	27
与石油和天然气开采有关的服务活动	079	1451	12	26	21	9	39
黑色金属矿采选业	08	18585	22	15	4907	1336	1245
铁矿采选	081	16457	21	12	4849	1308	1215
其他黑色金属矿采选	089	2128	1	3	58	28	30
有色金属矿采选业	09	11767	3	4	430	150	543
常用有色金属矿采选	091	8243	3	2	119	124	402
贵金属矿采选	092	2224		1	277	24	104
稀有稀土金属矿采选	093	1300		1	34	2	37

地区分组的企业法人单位数

单位：个

辽宁	吉林	黑龙江	上海	江苏	浙江	安徽	福建	江西	山东	代码
312648	**82914**	**130121**	**397868**	**865414**	**659000**	**214306**	**278412**	**130247**	**649565**	
10703	**3242**	**4044**	**2755**	**14868**	**19471**	**7095**	**12527**	**7121**	**17106**	A
3425	954	1367	1636	6386	10204	2511	5692	2647	6843	01
730	382	883	365	1516	2329	1010	1015	866	1863	011
1568	272	356	1036	3674	3664	962	2437	863	3217	012
892	77	59	230	1090	3798	399	2067	814	1597	013
235	223	69	5	106	413	140	173	104	166	014
812	466	539	372	1271	1331	933	1475	1147	857	02
794	419	447	371	1226	1257	887	1273	988	824	021
15	39	72	1	30	51	19	157	111	12	022
3	8	20		15	23	27	45	48	21	023
4062	1407	1363	296	3311	3122	2141	2287	1971	5011	03
1299	545	624	95	721	512	383	373	489	1464	031
1128	339	341	66	1008	988	764	1274	885	1364	032
1233	303	219	86	1282	1112	837	464	410	1578	033
5	3	2	3	5	3	5	4	3	6	034
397	217	177	46	295	507	152	172	184	599	039
1343	122	124	228	1833	2789	649	1978	627	1311	04
855		10	22	398	1160	13	885	11	1008	041
488	122	114	206	1435	1629	636	1093	616	303	042
1061	293	651	223	2067	2025	861	1095	729	3084	05
770	235	545	176	1657	1669	749	759	540	2532	051
33	17	23	20	76	87	26	143	83	75	052
171	41	68	11	137	172	55	67	65	323	053
87		15	16	197	97	31	126	41	154	054
5949	**1544**	**2399**	**5**	**1067**	**1503**	**3108**	**3038**	**4052**	**5210**	B
739	251	1324		63	14	251	336	763	648	06
699	198	1275		54	4	214	291	725	597	061
18	41	24		2		3		14	24	062
22	12	25		7	10	34	45	24	27	069
102	138	170	3	26	6	12	3	8	93	07
5	85	12	2	10	2	1			45	071
97	53	158	1	16	4	11	3	8	48	079
1761	213	82		100	21	539	335	352	724	08
1676	209	79		94	18	512	288	334	694	081
85	4	3		6	3	27	47	18	30	089
794	189	83		35	72	309	342	547	314	09
529	86	44		28	42	243	261	249	59	091
161	82	29		3	8	47	33	70	247	092
104	21	10		4	22	19	48	228	8	093

2-1 续表 1

行业中类	代码	企业单位数	北京	天津	河北	山西	内蒙古
非金属矿采选业	10	48603	117	27	2219	1470	1758
土砂石开采	101	40946	113	17	1714	1332	1432
化学矿采选	102	1646			10	37	35
采盐	103	852		8	112		12
石棉及其他非金属矿采选	109	5159	4	2	383	101	279
其他采矿业	11	1787	1	6	36	53	102
其他采矿业	110	1787	1	6	36	53	102
制造业	**C**	**2240288**	**35230**	**44473**	**89874**	**24620**	**17807**
农副食品加工业	13	111076	946	912	4435	1821	2236
谷物磨制	131	28868	62	90	1027	526	338
饲料加工	132	13280	339	238	793	226	328
植物油加工	133	10369	43	79	458	123	133
制糖	134	718	6	7	28	5	13
屠宰及肉类加工	135	17564	262	146	767	270	878
水产品加工	136	9689	13	69	244	4	2
蔬菜、水果和坚果加工	137	15172	105	124	476	278	221
其他农副食品加工	139	15416	116	159	642	389	323
食品制造业	14	48538	1077	968	2212	1047	901
焙烤食品制造	141	12064	338	152	433	247	265
糖果、巧克力及蜜饯制造	142	5125	84	121	549	193	10
方便食品制造	143	7477	132	97	288	106	89
液体乳及乳制品制造	144	2010	56	41	110	94	191
罐头制造	145	3394	25	77	171	62	26
调味品、发酵制品制造	146	7207	129	150	328	211	143
其他食品制造	149	11261	313	330	333	134	177
饮料制造业	15	38429	417	269	1218	589	651
酒精制造	151	494	2	7	14	13	21
酒的制造	152	14217	116	99	645	256	392
软饮料制造	153	13425	284	162	549	310	235
精制茶加工	154	10293	15	1	10	10	3
烟草制品业	16	321	1	2	3	3	2
烟叶复烤	161	116					
卷烟制造	162	103	1	1	3	2	2
其他烟草制品加工	169	102		1		1	
纺织业	17	129946	704	1221	5107	327	814
棉、化纤纺织及印染精加工	171	49829	98	331	2714	139	34
毛纺织和染整精加工	172	5780	32	73	672	18	350
麻纺织	173	1040			3	8	2
丝绢纺织及精加工	174	7782	10	23	27	10	3
纺织制成品制造	175	30206	272	421	1285	77	126
针织品、编织品及其制品制造	176	35309	292	373	406	75	299

单位：个

辽宁	吉林	黑龙江	上海	江苏	浙江	安徽	福建	江西	山东	代码
2509	710	708	2	825	1380	1968	1955	2253	3317	10
1904	613	629	1	714	1244	1713	1737	1974	2496	101
126	13	2		13	9	61	19	16	9	102
40				36	24	1	24	1	470	103
439	84	77	1	62	103	193	175	262	342	109
44	43	32		18	10	29	67	129	114	11
44	43	32		18	10	29	67	129	114	110
92284	**22750**	**31252**	**90046**	**349837**	**304743**	**65867**	**88371**	**43365**	**220014**	**C**
5618	2928	4542	788	6986	4586	5499	3948	3242	17539	13
869	1134	2233	41	1992	237	2438	375	1486	2312	131
1162	471	547	165	741	411	342	430	314	1554	132
256	114	410	46	455	208	698	175	323	1732	133
16	3	30	7	18	12	5	20	13	52	134
963	351	494	185	1137	610	785	426	362	2680	135
1181	70	25	59	1131	1470	85	1205	58	2445	136
718	296	261	83	720	1194	595	826	195	4644	137
453	489	542	202	792	444	551	491	491	2120	139
2132	847	1278	1269	3211	2039	1608	2500	1169	5815	14
631	248	250	378	774	486	528	590	253	1298	141
77	11	35	93	190	167	106	449	106	557	142
247	175	261	153	457	269	302	290	269	784	143
77	29	161	21	101	53	40	31	21	234	144
205	22	38	45	234	259	109	420	95	467	145
334	122	186	152	513	242	202	275	91	821	146
561	240	347	427	942	563	321	445	334	1654	149
1337	952	1190	267	1981	2391	1838	3702	978	3145	15
23	25	23	1	68	5	11	3	7	47	151
672	564	736	60	790	610	546	327	320	1519	152
634	357	423	188	735	800	465	506	374	1243	153
8	6	8	18	388	976	816	2866	277	336	154
6	17	12	2	10	10	10	12	12	22	16
1	9	8		1	1	3	7	5	10	161
4	6	2	2	3	4	3	2	5	7	162
1	2	2		6	5	4	3	2	5	169
2385	243	524	4282	35635	32191	2489	4052	1641	12673	17
617	55	83	821	15221	10700	883	1136	483	6487	171
52	19	13	166	1623	831	89	56	40	486	172
14	13	120	5	213	73	57	11	52	72	173
274	1	4	51	3686	2306	193	44	52	222	174
668	66	240	1310	8592	6707	686	913	270	2697	175
760	89	64	1929	6300	11574	581	1892	744	2709	176

2-1 续表 2

行业中类	代码	企业单位数	北京	天津	河北	山西	内蒙古
纺织服装、鞋、帽制造业	18	106343	2443	1585	2001	314	298
纺织服装制造	181	98657	2377	1509	1743	283	288
纺织面料鞋的制造	182	5623	44	51	178	27	7
制帽	183	2063	22	25	80	4	3
皮革、毛皮、羽毛(绒)及其制品业	19	40161	206	298	2692	75	173
皮革鞣制加工	191	3182	4	21	432	3	16
皮革制品制造	192	31105	169	234	1024	45	61
毛皮鞣制及制品加工	193	3832	28	32	1119	24	67
羽毛(绒)加工及制品制造	194	2042	5	11	117	3	29
木材加工及木、竹、藤、棕、草制品业	20	69231	686	607	1347	294	799
锯材、木片加工	201	23750	59	75	221	91	455
人造板制造	202	19642	95	94	638	69	170
木制品制造	203	17852	525	408	386	115	165
竹、藤、棕、草制品制造	204	7987	7	30	102	19	9
家具制造业	21	45062	1404	670	1340	253	174
木质家具制造	211	31911	1116	414	832	191	144
竹、藤家具制造	212	822	5		9	3	1
金属家具制造	213	5107	166	111	354	31	13
塑料家具制造	214	743	7	6	14	8	1
其他家具制造	219	6479	110	139	131	20	15
造纸及纸制品业	22	58094	966	1430	2372	466	230
纸浆制造	221	993	3	35	55	20	13
造纸	222	13380	169	344	719	163	59
纸制品制造	223	43721	794	1051	1598	283	158
印刷业和记录媒介的复制	23	60163	1696	1058	2331	721	582
印刷	231	54505	1415	888	1912	636	504
装订及其他印刷服务活动	232	5310	254	163	379	83	75
记录媒介的复制	233	348	27	7	40	2	3
文教体育用品制造业	24	23779	333	466	577	56	18
文化用品制造	241	6644	99	112	90	18	6
体育用品制造	242	6195	75	154	289	31	4
乐器制造	243	1628	92	173	133	2	6
玩具制造	244	8363	44	23	47	3	1
游艺器材及娱乐用品制造	245	949	23	4	18	2	1
石油加工及炼焦	25	7411	215	172	436	440	126
精炼石油产品的制造	251	5506	212	159	317	47	52
炼焦	252	1905	3	13	119	393	74
化学原料及化学制品制造业	26	110943	2258	2757	5275	1610	1133
基础化学原料制造	261	19238	160	462	1392	567	469
肥料制造	262	11464	139	132	561	236	181
农药制造	263	2890	37	65	168	66	17

单位：个

辽宁	吉林	黑龙江	上海	江苏	浙江	安徽	福建	江西	山东	代码
3919	314	323	6674	21115	14774	4134	8008	2982	9245	18
3728	301	298	6414	19610	13487	3940	7189	2800	8373	181
164	7	17	159	900	818	149	778	163	609	182
27	6	8	101	605	469	45	41	19	263	183
705	98	128	1068	2797	9631	890	4091	676	2560	19
33	10	32	16	139	573	80	214	50	291	191
515	41	64	988	2200	7792	461	3797	537	1780	192
113	23	15	28	208	935	45	25	27	375	193
44	24	17	36	250	331	304	55	62	114	194
2550	1684	3058	1685	7489	4732	2977	4371	2768	10076	20
764	850	1608	208	1544	519	1017	917	974	4157	201
543	350	673	236	3301	1020	876	1083	506	3549	202
1157	448	724	1189	2354	2049	588	960	437	1718	203
86	36	53	52	290	1144	496	1411	851	652	204
1271	410	681	3175	3489	4245	1384	1706	916	4531	21
1035	339	523	2265	2557	2332	1038	1110	674	3844	211
6	1	3	15	26	123	55	60	56	46	212
80	23	51	223	393	996	115	260	54	206	213
12	16	16	15	58	167	31	36	10	51	214
138	31	88	657	455	627	145	240	122	384	219
1706	370	542	2832	8024	8687	1290	2908	899	5409	22
22	14	34	11	93	32	33	39	36	93	221
384	117	194	350	1317	1524	322	748	326	1324	222
1300	239	314	2471	6614	7131	935	2121	537	3992	223
2121	872	1016	2749	6391	8391	1521	2585	972	4568	23
1962	789	926	2382	5837	7779	1442	2469	882	4096	231
153	74	85	349	531	597	70	108	81	442	232
6	9	5	18	23	15	9	8	9	30	233
322	61	153	1226	3866	5925	818	1109	390	1932	24
122	44	105	484	759	2568	145	237	188	324	241
107	6	24	254	1037	1420	171	513	81	818	242
54	9	11	148	261	167	11	37	8	151	243
24	2	11	299	1716	1451	483	303	108	611	244
15		2	41	93	319	8	19	5	28	245
1084	106	291	148	623	270	115	121	60	836	25
1021	89	243	143	572	268	93	115	41	725	251
63	17	48	5	51	2	22	6	19	111	252
5485	1312	1692	3611	14899	8398	3334	2992	4285	14500	26
1031	275	282	336	2980	1195	480	337	551	2588	261
672	241	410	60	797	224	459	277	223	1997	262
110	40	92	31	481	134	120	52	106	437	263

2-1 续表 3

行业中类	代码	企业单位数	北京	天津	河北	山西	内蒙古
涂料、油墨、颜料及类似产品制造	264	20434	820	776	908	171	98
合成材料制造	265	8057	117	156	318	60	48
专用化学产品制造	266	37764	679	832	1548	433	286
日用化学产品制造	267	11096	306	334	380	77	34
医药制造业	27	19148	617	432	633	298	191
化学药品原药制造	271	2729	33	63	124	32	35
化学药品制剂制造	272	2556	137	67	95	72	30
中药饮片加工	273	2462	59	27	77	33	36
中成药制造	274	3301	99	53	82	59	30
兽用药品制造	275	1587	50	37	108	54	19
生物、生化制品的制造	276	3468	162	96	71	26	34
卫生材料及医药用品制造	277	3045	77	89	76	22	7
化学纤维制造业	28	5817	38	54	225	21	14
纤维素纤维原料及纤维制造	281	1131	3	13	90	1	2
合成纤维制造	282	4686	35	41	135	20	12
橡胶制品业	29	24987	226	694	1966	174	59
轮胎制造	291	2250	18	97	95	15	13
橡胶板、管、带的制造	292	4743	41	103	642	50	8
橡胶零件制造	293	6709	72	173	499	47	14
再生橡胶制造	294	1163	3	26	162	30	11
日用及医用橡胶制品制造	295	1112	22	16	97	5	1
橡胶靴鞋制造	296	2262	8	53	33	1	
其他橡胶制品制造	299	6748	62	226	438	26	12
塑料制品业	30	119050	1509	2234	4333	603	480
塑料薄膜制造	301	10842	83	207	697	57	45
塑料板、管、型材的制造	302	16703	230	323	857	153	166
塑料丝、绳及编织品的制造	303	11104	89	174	425	112	87
泡沫塑料制造	304	5709	121	151	230	59	25
塑料人造革、合成革制造	305	1395	5	14	62	3	1
塑料包装箱及容器制造	306	13114	275	357	429	70	33
塑料零件制造	307	15496	108	253	425	15	10
日用塑料制造	308	15066	335	113	336	53	36
其他塑料制品制造	309	29621	263	642	872	81	77
非金属矿物制品业	31	228274	2805	1983	10887	5667	3552
水泥、石灰和石膏的制造	311	15972	143	111	1261	651	463
水泥及石膏制品制造	312	50953	883	522	1889	736	765
砖瓦、石材及其他建筑材料制造	313	101895	1005	774	3997	2592	1922
玻璃及玻璃制品制造	314	19543	460	285	1344	296	80
陶瓷制品制造	315	11690	49	36	411	154	26
耐火材料制品制造	316	12615	132	85	872	812	97
石墨及其他非金属矿物制品制造	319	15606	133	170	1113	426	199

单位：个

辽宁	吉林	黑龙江	上海	江苏	浙江	安徽	福建	江西	山东	代码
1013	197	263	1176	2945	2108	668	666	336	1902	264
329	92	84	315	1759	825	272	272	100	1290	265
1838	391	445	992	4905	2986	1096	851	2699	5421	266
492	76	116	701	1032	926	239	537	270	865	267
876	785	442	586	1994	1292	819	426	737	1747	27
107	20	36	88	454	322	86	35	96	282	271
138	71	74	103	258	132	111	52	83	216	272
163	260	54	28	70	108	211	37	71	122	273
132	286	107	50	82	103	153	77	170	200	274
60	26	37	28	106	66	37	19	60	257	275
181	70	88	169	423	213	129	142	72	380	276
95	52	46	120	601	348	92	64	185	290	277
131	25	29	139	2328	1206	120	185	58	474	28
33	8	8	31	360	112	28	42	18	135	281
98	17	21	108	1968	1094	92	143	40	339	282
1271	185	182	1182	3853	3512	656	1240	247	3014	29
93	25	25	50	209	152	59	98	44	725	291
312	44	33	159	690	804	142	96	36	581	292
490	62	52	386	1214	1303	229	148	34	536	293
35	11	9	24	129	60	33	36	41	138	294
30	8	4	55	209	170	32	62	18	92	295
56	2	3	47	183	524	28	529	14	104	296
255	33	56	461	1219	499	133	271	60	838	299
4189	851	1099	5538	18150	22128	3348	4699	1192	10758	30
413	84	106	460	1659	1359	273	477	104	1245	301
820	232	294	498	2735	2329	601	375	206	1980	302
798	104	144	199	1263	1871	530	253	185	1909	303
287	69	58	252	755	861	150	344	64	515	304
22	5	5	35	207	384	59	178	24	82	305
484	110	94	698	2345	1930	519	353	159	1295	306
227	56	42	758	2773	5535	319	273	56	640	307
572	61	114	426	1218	4005	393	1371	132	745	308
566	130	242	2212	5195	3854	504	1075	262	2347	309
9303	2815	3444	3177	18535	10104	8831	10880	7854	24266	31
615	236	280	97	823	624	587	533	532	1376	311
1368	513	631	668	3674	2388	2305	868	746	5158	312
3702	1638	2024	1080	5477	3372	4185	7295	3976	11364	313
776	143	189	859	3924	1829	837	397	398	2291	314
164	19	54	137	928	481	121	1449	1627	771	315
1883	90	91	135	1445	753	192	94	129	1237	316
795	176	175	201	2264	657	604	244	446	2069	319

2-1 续表 4

行业中类	代码	企业单位数	北京	天津	河北	山西	内蒙古
黑色金属冶炼及压延加工业	32	21717	152	1063	1685	637	554
炼铁	321	2647	9	17	291	329	142
炼钢	322	1052	2	24	96	53	19
钢压延加工	323	14542	135	1009	1211	165	130
铁合金冶炼	324	3476	6	13	87	90	263
有色金属冶炼及压延加工业	33	25903	238	507	1353	405	441
常用有色金属冶炼	331	6828	14	82	516	235	120
贵金属冶炼	332	819	2	1	40	10	41
稀有稀土金属冶炼	333	1527	7	12	19	24	116
有色金属合金制造	334	2938	40	54	181	35	52
有色金属压延加工	335	13791	175	358	597	101	112
金属制品业	34	175355	3667	6209	9360	1426	1201
结构性金属制品制造	341	59703	2229	2166	2578	596	764
金属工具制造	342	23325	196	431	709	142	73
集装箱及金属包装容器制造	343	6562	128	298	262	31	30
金属丝绳及其制品的制造	344	8201	54	663	1562	103	116
建筑、安全用金属制品制造	345	20682	299	636	1466	265	98
金属表面处理及热处理加工	346	12066	238	543	431	61	13
搪瓷制品制造	347	1419	5	27	47	4	6
不锈钢及类似日用金属制品制造	348	17189	269	380	291	61	23
其他金属制品制造	349	26208	249	1065	2014	163	78
通用设备制造业	35	232040	3020	5619	11150	3918	1121
锅炉及原动机制造	351	9112	175	230	424	279	128
金属加工机械制造	352	33297	399	950	1289	379	192
起重运输设备制造	353	7308	102	182	352	79	12
泵、阀门、压缩机及类似机械的制造	354	29816	420	1206	986	343	47
轴承、齿轮、传动和驱动部件的制造	355	15074	101	163	603	82	17
烘炉、熔炉及电炉制造	356	2147	51	54	60	14	6
风机、衡器、包装设备等通用设备制造	357	32377	577	683	1229	234	85
通用零部件制造及机械修理	358	70022	852	1718	3494	907	501
金属铸、锻加工	359	32887	343	433	2713	1601	133
专用设备制造业	36	129759	2474	3325	4914	1188	544
矿山、冶金、建筑专用设备制造	361	21771	272	554	1559	524	142
化工、木材、非金属加工专用设备制造	362	35878	330	989	708	106	62
食品、饮料、烟草及饲料生产专用设备制造	363	4369	92	74	158	12	26
印刷、制药、日化生产专用设备制造	364	8076	165	157	363	42	13
纺织、服装和皮革工业专用设备制造	365	10229	58	155	187	133	
电子和电工机械专用设备制造	366	10115	219	254	198	76	24
农、林、牧、渔专用机械制造	367	9499	85	99	417	71	169
医疗仪器设备及器械制造	368	7136	502	252	154	37	19
环保、社会公共安全及其他专用设备制造	369	22686	751	791	1170	187	89

单位：个

辽宁	吉林	黑龙江	上海	江苏	浙江	安徽	福建	江西	山东	代码
1402	148	183	353	3335	2268	484	499	272	1317	32
172	26	33	9	134	29	74	50	32	129	321
91	7	16	6	142	40	44	39	27	57	322
924	87	118	325	2860	2149	336	329	183	1037	323
215	28	16	13	199	50	30	81	30	94	324
1098	129	148	729	4439	2800	585	455	1190	1261	33
285	46	46	74	749	331	171	91	307	300	331
51	5	5	7	80	38	11	15	35	40	332
100	12	9	20	119	25	24	29	202	53	333
154	12	26	107	538	292	61	81	77	126	334
508	54	62	521	2953	2114	318	239	569	742	335
6499	1165	1772	10862	31662	22527	3971	4586	1680	15127	34
2995	642	859	3442	11830	4012	1972	1551	691	5999	341
561	127	271	1401	5001	4046	519	515	241	2323	342
421	58	72	325	1345	651	205	157	56	679	343
273	24	52	273	1903	877	178	99	48	489	344
632	145	216	1116	2384	5441	363	758	192	1292	345
876	33	73	841	2514	2394	189	275	51	631	346
30	5	5	65	169	289	29	189	21	119	347
248	45	87	1038	1817	3059	163	469	137	1007	348
463	86	137	2361	4699	1758	353	573	243	2588	349
16255	1664	2943	11326	52127	41797	5216	4281	1608	26012	35
658	182	448	260	1736	633	330	115	107	1442	351
1637	255	507	1782	8177	3523	788	662	325	4705	352
547	58	43	387	1616	1191	223	139	45	509	353
2479	124	154	1779	6127	8843	513	714	131	2484	354
1221	47	126	524	2552	4884	299	283	123	2061	355
102	8	41	88	796	286	28	18	11	144	356
1468	290	324	2190	9461	4813	490	518	202	3770	357
5461	468	1048	3615	15707	14108	1381	1084	473	6114	358
2682	232	252	701	5955	3516	1164	748	191	4783	359
6158	1193	1974	7091	29774	16305	3135	3368	1328	13168	36
2008	273	624	388	3954	987	687	477	282	3014	361
1294	209	221	3027	8229	5947	824	1105	219	2459	362
203	39	106	220	635	535	148	106	25	547	363
314	62	77	546	1660	1143	152	223	109	770	364
133	10	30	595	3100	3389	88	268	89	987	365
342	62	146	493	2570	765	296	339	151	895	366
388	222	347	118	1049	885	274	256	120	1630	367
279	96	83	564	1538	810	208	142	149	453	368
1197	220	340	1140	7039	1844	458	452	184	2413	369

2-1 续表 5

行业中类	代码	企业单位数	北京	天津	河北	山西	内蒙古
交通运输设备制造业	37	100270	1437	3208	4054	632	533
铁路运输设备制造	371	3444	154	82	253	97	39
汽车制造	372	67845	1150	1466	2899	502	482
摩托车制造	373	7749	7	52	186	5	
自行车制造	374	6242	25	1223	409	8	
船舶及浮动装置制造	375	12084	7	303	158		1
航空航天器制造	376	527	48	23	9	2	2
交通器材及其他交通运输设备制造	379	2379	46	59	140	18	9
电气机械及器材制造业	39	130376	2121	2362	4205	552	392
电机制造	391	13836	122	292	216	48	87
输配电及控制设备制造	392	42914	1027	900	1389	204	115
电线、电缆、光缆及电工器材制造	393	20390	247	513	1374	116	79
电池制造	394	5268	74	103	181	31	15
家用电力器具制造	395	16012	175	153	206	14	10
非电力家用器具制造	396	5417	136	60	208	34	29
照明器具制造	397	18529	210	114	195	49	17
其他电气机械及器材制造	399	8010	130	227	436	56	40
通信设备、计算机及其他电子设备制造业	40	68989	1455	1689	870	187	79
通信设备制造	401	7241	279	176	183	28	15
雷达及配套设备制造	402	161	8	6	2	1	
广播电视设备制造	403	1911	76	21	52	3	2
电子计算机制造	404	5770	268	94	81	11	11
电子器件制造	405	10138	265	163	83	30	4
电子元件制造	406	29426	286	881	321	76	28
家用视听设备制造	407	4172	36	40	8	2	2
其他电子设备制造	409	10170	237	308	140	36	17
仪器仪表及文化、办公用机械制造业	41	30789	1248	984	782	146	47
通用仪器仪表制造	411	14661	694	616	504	87	27
专用仪器仪表制造	412	5271	314	155	139	25	4
钟表与计时仪器制造	413	2158	11	40	16	2	
光学仪器及眼镜制造	414	4471	80	39	11	6	1
文化、办公用机械制造	415	2060	60	53	24	6	
其他仪器仪表的制造及修理	419	2168	89	81	88	20	15
工艺品及其他制造业	42	67540	787	1403	1745	599	347
工艺美术品制造	421	38235	449	658	831	191	115
日用杂品制造	422	9737	74	111	216	19	53
煤制品制造	423	4206	163	15	79	290	34
其他未列明的制造业	429	15362	101	619	619	99	145
废弃资源和废旧材料回收加工业	43	10777	84	292	366	151	115
金属废料和碎屑的加工处理	431	5476	40	265	181	62	61
非金属废料和碎屑的加工处理	432	5301	44	27	185	89	54

单位：个

辽宁	吉林	黑龙江	上海	江苏	浙江	安徽	福建	江西	山东	代码
4649	1868	1090	3613	15668	18203	3254	2994	1255	8580	37
447	92	138	53	563	132	80	16	35	278	371
2894	1730	871	2476	8463	12646	2604	2008	954	6143	372
14	11	3	106	913	1539	60	357	35	233	373
47	3	10	215	1529	1454	116	40	42	319	374
1152	8	19	627	3675	2122	307	528	133	1123	375
33	4	18	29	73	18	7	9	12	19	376
62	20	31	107	452	292	80	36	44	465	379
4994	779	1141	5957	23570	28381	3574	3998	1686	7710	39
489	79	181	574	2957	3136	287	1507	124	934	391
2434	355	468	2084	7971	10087	1033	852	489	2550	392
902	132	211	1032	4123	2813	908	321	303	1172	393
115	20	28	159	859	743	194	201	183	358	394
268	55	62	525	1485	4858	398	323	109	708	395
133	49	41	127	967	1025	222	108	73	636	396
367	37	47	744	3181	4951	358	519	318	537	397
286	52	103	712	2027	768	174	167	87	815	399
1223	193	330	2652	13864	8446	1368	2190	1020	3154	40
156	29	71	308	1242	829	119	263	111	382	401
9	1	1	4	27	4	8	3	2	6	402
61	4	11	61	302	366	28	101	27	59	403
108	30	51	216	894	308	75	173	91	187	404
221	40	42	517	2305	1059	266	435	156	409	405
402	40	61	936	6820	4850	643	756	447	1469	406
38	7	9	90	295	487	100	117	46	58	407
228	42	84	520	1979	543	129	342	140	584	409
1747	248	384	1969	5730	5650	655	879	425	1860	41
1212	143	238	947	3011	2609	328	220	131	1024	411
299	47	91	377	1167	688	241	106	47	339	412
37	2	5	95	68	196	11	189	21	99	413
44	27	8	207	742	1529	25	226	163	55	414
42	4	21	132	306	430	24	107	32	104	415
113	25	21	211	436	198	26	31	31	239	419
1522	366	550	4886	6691	12897	1386	5321	1325	7938	42
1078	156	190	1006	3452	8625	737	4046	622	5157	421
118	28	35	266	1098	3271	421	835	169	509	422
175	86	91	7	114	58	69	56	58	395	423
151	96	234	3607	2027	943	159	384	476	1877	429
326	122	111	210	1601	957	558	265	498	777	43
141	42	30	94	830	422	232	101	302	358	431
185	80	81	116	771	535	326	164	196	419	432

2-1 续表 6

行业中类	代码	企业单位数	北京	天津	河北	山西	内蒙古
电力、燃气及水的生产和供应业	D	**65488**	**449**	**402**	**1438**	**1042**	**1310**
电力、热力的生产和供应业	44	43759	298	211	787	541	888
电力生产	441	35662	50	43	409	326	399
电力供应	442	3947	11	15	159	66	170
热力生产和供应	443	4150	237	153	219	149	319
燃气生产和供应业	45	4714	43	72	206	183	118
燃气生产和供应业	450	4714	43	72	206	183	118
水的生产和供应业	46	17015	108	119	445	318	304
自来水的生产和供应	461	13605	51	51	267	226	228
污水处理及其再生利用	462	2647	48	33	158	65	56
其他水的处理、利用与分配	469	763	9	35	20	27	20
建筑业	E	**346017**	**12577**	**8714**	**9380**	**6536**	**4369**
房屋和土木工程建筑业	47	123423	2637	2739	4102	2289	1849
房屋工程建筑	471	73972	1314	1113	2284	1168	1163
土木工程建筑	472	49451	1323	1626	1818	1121	686
建筑安装业	48	66956	2549	2430	1765	1138	597
建筑安装业	480	66956	2549	2430	1765	1138	597
建筑装饰业	49	108682	6453	2406	2191	2062	1371
建筑装饰业	490	108682	6453	2406	2191	2062	1371
其他建筑业	50	46956	938	1139	1322	1047	552
工程准备	501	13301	319	164	461	308	163
提供施工设备服务	502	5531	110	129	153	189	128
其他未列明的建筑活动	509	28124	509	846	708	550	261
交通运输、仓储和邮政业	F	**209450**	**7836**	**8113**	**6666**	**4443**	**3511**
铁路运输业	51	1492	36	35	44	93	51
铁路旅客运输	511	121	5	3	1	1	1
铁路货物运输	512	663	19	18	18	39	20
铁路运输辅助活动	513	708	12	14	25	53	30
道路运输业	52	98521	3857	2190	3976	2812	2295
公路旅客运输	521	9300	17	82	280	229	166
道路货物运输	522	80139	3407	1977	3367	2307	1896
道路运输辅助活动	523	9082	433	131	329	276	233
城市公共交通业	53	8573	307	89	378	289	212
公共电汽车客运	531	2409	37	27	122	94	80
轨道交通	532	125	5	5	7	2	2
出租车客运	533	5471	257	48	234	178	114
城市轮渡	534	87			1		
其他城市公共交通	539	481	8	9	14	15	16
水上运输业	54	9467	18	248	121	15	5
水上旅客运输	541	1038	1	10	17	6	1
水上货物运输	542	5954	15	114	52	3	1
水上运输辅助活动	543	2475	2	124	52	6	3

单位：个

辽宁	吉林	黑龙江	上海	江苏	浙江	安徽	福建	江西	山东	代码
1834	**1200**	**1204**	**296**	**2649**	**3997**	**2170**	**6346**	**3700**	**2262**	**D**
1206	896	846	61	614	2679	905	5359	2951	1029	44
315	307	309	32	361	2499	702	5145	2670	462	441
139	103	163	8	90	112	168	191	247	219	442
752	486	374	21	163	68	35	23	34	348	443
203	113	96	50	345	173	170	88	174	437	45
203	113	96	50	345	173	170	88	174	437	450
425	191	262	185	1690	1145	1095	899	575	796	46
294	140	202	128	1206	673	982	800	501	493	461
116	40	47	38	419	258	102	83	55	227	462
15	11	13	19	65	214	11	16	19	76	469
20189	**4625**	**7895**	**20388**	**48874**	**21081**	**12952**	**10827**	**6086**	**36046**	**E**
6689	1976	3234	4902	15275	7655	4499	4399	2687	13899	47
3471	1152	2121	2110	8145	3634	2770	2620	1776	9385	471
3218	824	1113	2792	7130	4021	1729	1779	911	4514	472
5243	1077	1525	5179	11761	3140	2035	1590	881	7563	48
5243	1077	1525	5179	11761	3140	2035	1590	881	7563	480
5960	1069	2001	8730	15386	7723	4220	3075	1671	8049	49
5960	1069	2001	8730	15386	7723	4220	3075	1671	8049	490
2297	503	1135	1577	6452	2563	2198	1763	847	6535	50
1061	159	324	478	1759	1724	818	522	159	825	501
212	46	103	223	752	174	352	244	108	683	502
1024	298	708	876	3941	665	1028	997	580	5027	509
10497	**2538**	**3893**	**14899**	**21405**	**13898**	**7844**	**7967**	**5336**	**18313**	**F**
50	32	23	20	145	40	64	49	29	268	51
4	1	1	2	10	2	6	7	9	23	511
26	10	12	13	61	33	29	14	13	96	512
20	21	10	5	74	5	29	28	7	149	513
4624	1276	1919	3511	12128	6376	4546	3132	3684	7826	52
344	157	234	69	584	494	446	437	442	431	521
4006	903	1446	3261	10985	5284	3676	2319	2972	6831	522
274	216	239	181	559	598	424	376	270	564	523
567	162	346	206	527	406	286	235	285	453	53
89	54	94	43	114	104	86	90	132	111	531
4	3	2	9	10	6	5		5	9	532
462	101	229	141	347	257	177	113	119	299	533
		4	3	13	10	4	3	3	6	534
12	4	17	10	43	29	14	29	26	28	539
340	18	69	283	1396	1096	771	988	220	670	54
49	8	19	14	54	100	64	56	12	60	541
169	5	27	165	935	713	585	739	172	371	542
122	5	23	104	407	283	122	193	36	239	543

2-1 续表 7

行业中类	代码	企业单位数	北京	天津	河北	山西	内蒙古
航空运输业	55	1199	49	29	24	32	32
航空客货运输	551	440	17	11	7	6	11
通用航空服务	552	298	7	10	4	9	5
航空运输辅助活动	553	461	25	8	13	17	16
管道运输业	56	172	6	5	12	5	
管道运输业	560	172	6	5	12	5	
装卸搬运和其他运输服务业	57	58923	2176	4229	1214	584	472
装卸搬运	571	9683	123	158	447	272	128
运输代理服务	572	49240	2053	4071	767	312	344
仓储业	58	21611	874	1183	650	486	344
谷物、棉花等农产品仓储	581	5788	75	63	188	196	158
其他仓储	589	15823	799	1120	462	290	186
邮政业	59	9492	513	105	247	127	100
国家邮政	591	1879	4	23	54	36	30
其他寄递服务	599	7613	509	82	193	91	70
信息传输、计算机服务和软件业	**G**	**199248**	**21031**	**2502**	**4573**	**2323**	**1927**
电信和其他信息传输服务业	60	31763	3128	375	798	680	381
电信	601	9607	960	100	287	232	159
互联网信息服务	602	19598	1926	252	412	396	175
广播电视传输服务	603	2325	166	20	95	49	46
卫星传输服务	604	233	76	3	4	3	1
计算机服务业	61	104112	6356	1195	3137	1254	1214
计算机系统服务	611	23740	2495	430	359	280	205
数据处理	612	1229	254	30	22	12	12
计算机维修	613	3674	459	64	66	42	47
其他计算机服务	619	75469	3148	671	2690	920	950
软件业	62	63373	11547	932	638	389	332
公共软件服务	621	49039	9463	577	475	325	236
其他软件服务	629	14334	2084	355	163	64	96
批发和零售业	**H**	**2276262**	**118481**	**57462**	**81073**	**45514**	**35563**
批发业	63	1432293	60934	41669	48871	21882	19927
农畜产品批发	631	58838	936	789	2523	1176	2105
食品、饮料及烟草制品批发	632	105061	4538	2112	4064	1776	975
纺织、服装及日用品批发	633	154182	5638	2519	2561	756	651
文化、体育用品及器材批发	634	43108	4129	1293	814	367	223
医药及医疗器材批发	635	38121	2878	684	1403	482	349
矿产品、建材及化工产品批发	636	461754	13934	15358	21593	9637	8941
机械设备、五金交电及电子产品批发	637	392224	23964	10915	10909	5864	4416
贸易经纪与代理	638	49019	1551	844	421	397	538
其他批发	639	129986	3366	7155	4583	1427	1729

单位：个

辽宁	吉林	黑龙江	上海	江苏	浙江	安徽	福建	江西	山东	代码
57	30	49	60	72	47	28	41	12	64	55
23	8	9	23	22	27	3	14	2	24	551
12	15	16	6	19	4	8	6	4	21	552
22	7	24	31	31	16	17	21	6	19	553
7	6	3	5	19	1	1	2	9	24	56
7	6	3	5	19	1	1	2	9	24	560
3497	319	611	7405	4909	4460	1159	2599	563	5079	57
313	79	230	302	1338	766	491	336	267	754	571
3184	240	381	7103	3571	3694	668	2263	296	4325	572
1045	585	705	2362	1532	776	685	567	346	3167	58
318	412	406	38	334	96	348	107	185	690	581
727	173	299	2324	1198	680	337	460	161	2477	589
310	110	168	1047	677	696	304	354	188	762	59
50	17	28	7	57	36	40	72	36	207	591
260	93	140	1040	620	660	264	282	152	555	599
8678	**1674**	**3129**	**12553**	**17380**	**16925**	**5713**	**7114**	**1891**	**15573**	G
1548	440	574	873	1924	1233	1108	1425	560	3993	60
515	169	244	234	547	339	375	287	163	967	601
898	192	258	569	1253	807	622	1079	308	2924	602
131	75	68	63	111	78	101	52	88	90	603
4	4	4	7	13	9	10	7	1	12	604
3373	696	1432	7036	8874	9059	3367	3653	945	8464	61
765	260	310	2659	2509	2560	730	790	268	1463	611
69	13	28	73	158	59	21	31	17	77	612
164	63	52	299	404	237	88	135	29	247	613
2375	360	1042	4005	5803	6203	2528	2697	631	6677	619
3757	538	1123	4644	6582	6633	1238	2036	386	3116	62
2993	420	777	3025	4865	5771	932	1585	248	1964	621
764	118	346	1619	1717	862	306	451	138	1152	629
95346	**27609**	**46398**	**139449**	**266216**	**165050**	**61007**	**84608**	**31922**	**219046**	H
63790	13244	28750	101961	197014	127983	37027	58154	17116	134754	63
3260	2250	3602	499	4279	1975	2603	1452	1038	5791	631
5248	832	2159	4864	10120	9053	3722	7084	1468	11352	632
5074	509	1868	14591	24929	31917	2745	8744	967	11885	633
1553	236	606	4075	4203	4922	887	2391	365	3226	634
1542	591	1225	2541	2458	2345	1755	1083	783	3463	635
23625	4017	9224	28153	73906	37073	12579	17733	5148	44826	636
18479	3424	6388	35328	53184	29650	8963	13536	3022	31476	637
1481	303	1329	2689	5867	5223	1057	2148	808	4471	638
3528	1082	2349	9221	18068	5825	2716	3983	3517	18264	639

2-1 续表 8

行业中类	代码	企业单位数	北京	天津	河北	山西	内蒙古
零售业	65	843969	57547	15793	32202	23632	15636
综合零售	651	101593	3510	1297	3343	4629	1622
食品、饮料及烟草制品专门零售	652	66239	4691	1348	2196	1924	1016
纺织、服装及日用品专门零售	653	81456	6188	1551	2104	1854	1216
文化、体育用品及器材专门零售	654	49695	7831	1272	1313	1081	733
医药及医疗器材专门零售	655	74796	3772	889	2006	1150	853
汽车、摩托车、燃料及零配件专门零售	656	119034	3733	1759	7573	3577	3069
家用电器及电子产品专门零售	657	138031	14043	1864	4551	3156	2399
五金、家具及室内装修材料专门零售	658	105261	7821	2807	3218	3242	2677
无店铺及其他零售	659	107864	5958	3006	5898	3019	2051
住宿和餐饮业	**I**	**166742**	**12941**	**2530**	**4036**	**3244**	**3257**
住宿业	66	60903	3918	670	1795	1341	1323
旅游饭店	661	21609	1068	190	692	418	476
一般旅馆	662	34869	2612	372	978	826	782
其他住宿服务	669	4425	238	108	125	97	65
餐饮业	67	105839	9023	1860	2241	1903	1934
正餐服务	671	85470	7170	1416	1978	1710	1792
快餐服务	672	7363	725	164	121	81	90
饮料及冷饮服务	673	4538	643	48	41	26	10
其他餐饮服务	679	8468	485	232	101	86	42
金融业	**J**	**52308**	**1349**	**1469**	**2078**	**1439**	**1606**
银行业	68	11553	101	311	578	390	320
中央银行	681	141			8	4	6
商业银行	682	9596	94	298	491	293	265
其他银行	689	1816	7	13	79	93	49
证券业	69	2634	156	83	79	34	39
证券市场管理	691	153	3	8		4	1
证券经纪与交易	692	1133	55	54	50	17	16
证券投资	693	911	71	20	17	7	17
证券分析与咨询	694	437	27	1	12	6	5
保险业	70	12834	482	123	567	313	300
人寿保险	701	4910	65	23	218	122	99
非人寿保险	702	4830	59	23	216	121	135
保险辅助服务	703	3094	358	77	133	70	66
其他金融活动	71	25287	610	952	854	702	947
金融信托与管理	711	2938	52	155	59	69	62
金融租赁	712	605	35	25	10	27	17
财务公司	713	1157	37	12	14	23	27
邮政储蓄	714	947		20	60	16	19
典当	715	4696	138	113	169	129	162
其他未列明的金融活动	719	14944	348	627	542	438	660

单位：个

辽宁	吉林	黑龙江	上海	江苏	浙江	安徽	福建	江西	山东	代码
31556	14365	17648	37488	69202	37067	23980	26454	14806	84292	65
2832	1298	1788	3910	8252	1891	3729	2344	1764	12567	651
2487	1151	1248	3512	5655	2611	1777	3902	1140	6485	652
3793	1368	1506	5698	6735	4657	2083	3734	1177	6591	653
1637	747	820	3237	4429	2234	1090	1675	700	3362	654
4362	1419	2662	1653	4430	8832	1434	1493	1285	8959	655
5301	2541	2540	2616	9152	5612	4539	4142	2424	13092	656
4444	2044	2537	3902	12186	4817	4417	4050	2025	10040	657
4120	2187	2132	7297	8644	3273	2722	3139	1539	9395	658
2580	1610	2415	5663	9719	3140	2189	1975	2752	13801	659
5966	**1648**	**2381**	**11634**	**10707**	**8250**	**4677**	**5499**	**2886**	**15485**	**I**
2159	719	1141	2856	3345	3888	1659	2458	1486	3411	66
762	288	384	530	1238	1373	689	998	665	1048	661
1241	383	640	2064	1826	2340	861	1266	733	2017	662
156	48	117	262	281	175	109	194	88	346	669
3807	929	1240	8778	7362	4362	3018	3041	1400	12074	67
3240	827	1057	5987	5684	3253	2522	2367	1228	10417	671
266	44	92	638	592	364	211	273	55	997	672
105	19	19	844	265	369	131	166	25	110	673
196	39	72	1309	821	376	154	235	92	550	679
2229	**829**	**1362**	**1090**	**4693**	**2539**	**2363**	**3164**	**1268**	**4503**	**J**
453	204	413	154	450	348	448	474	365	1194	68
7	3	5		3		7	3	7	11	681
331	175	333	151	374	316	382	396	285	919	682
115	26	75	3	73	32	59	75	73	264	689
65	31	41	158	248	67	123	136	73	156	69
5	2	6	7	8	3	3	8	5	7	691
31	17	24	101	74	19	63	49	28	87	692
20	10	8	22	118	27	33	62	28	43	693
9	2	3	28	48	18	24	17	12	19	694
616	227	340	317	846	560	455	495	345	1565	70
230	88	150	52	333	199	214	205	170	737	701
206	99	145	60	310	242	184	178	138	510	702
180	40	45	205	203	119	57	112	37	318	703
1095	367	568	461	3149	1564	1337	2059	485	1588	71
119	41	54	17	483	127	215	157	55	196	711
22	11	8	41	89	16	34	53	16	27	712
34	26	40	13	167	17	110	79	21	58	713
30	30	37		15	15	14	58	29	181	714
308	99	179	191	400	356	156	235	81	215	715
582	160	250	199	1995	1033	808	1477	283	911	719

2-1 续表 9

行业中类	代码	企业单位数	北京	天津	河北	山西	内蒙古
房地产业	K	**317582**	**14247**	**5182**	**10353**	**5509**	**5774**
房地产业	72	317582	14247	5182	10353	5509	5774
房地产开发经营	721	147231	4078	1627	5865	3027	3691
物业管理	722	80727	4150	1578	2679	1585	1413
房地产中介服务	723	53136	3653	1088	1258	383	427
其他房地产活动	729	36488	2366	889	551	514	243
租赁和商务服务业	L	**610205**	**68960**	**17108**	**11942**	**7681**	**6770**
租赁业	73	33340	2502	1155	947	634	679
机械设备租赁	731	32237	2319	1137	927	622	668
文化及日用品出租	732	1103	183	18	20	12	11
商务服务业	74	576865	66458	15953	10995	7047	6091
企业管理服务	741	116900	8381	3822	1681	1278	991
法律服务	742	9459	563	250	349	133	106
咨询与调查	743	168698	28246	4846	2468	1565	1306
广告业	744	116533	11656	2782	2643	1613	1494
知识产权服务	745	4873	1062	67	75	34	40
职业中介服务	746	27124	1432	831	787	259	368
市场管理	747	17509	1151	401	309	342	240
旅行社	748	27541	1464	587	1115	773	700
其他商务服务	749	88228	12503	2367	1568	1050	846
科学研究、技术服务和地质勘查业	M	**203904**	**34157**	**8295**	**4075**	**2670**	**2123**
研究与试验发展	75	28595	2650	426	358	294	165
自然科学研究与试验发展	751	3170	223	48	39	31	32
工程和技术研究与试验发展	752	16859	1299	201	201	153	46
农业科学研究与试验发展	753	3490	157	51	77	80	65
医学研究与试验发展	754	4699	930	114	37	25	17
社会人文科学研究与试验发展	755	377	41	12	4	5	5
专业技术服务业	76	104452	11808	3337	2660	1620	1247
气象服务	761	1161	22	5	23	27	6
地震服务	762	98	14	1	2	6	2
海洋服务	763	234	9	36	10		
测绘服务	764	3778	137	48	232	113	159
技术检测	765	9618	557	249	483	253	157
环境监测	766	1619	98	31	62	40	43
工程技术与规划管理	767	46233	4253	810	1271	775	611
其他专业技术服务	769	41711	6718	2157	577	406	269
科技交流和推广服务业	77	67563	19461	4478	944	664	451
技术推广服务	771	48562	15651	3495	628	417	224
科技中介服务	772	6546	1111	198	175	90	79
其他科技服务	779	12455	2699	785	141	157	148
地质勘查业	78	3294	238	54	113	92	260
矿产地质勘查	781	1524	102	13	44	36	186
基础地质勘查	782	455	24	8	25	16	20
地质勘查技术服务	783	1315	112	33	44	40	54

单位：个

辽宁	吉林	黑龙江	上海	江苏	浙江	安徽	福建	江西	山东	代码
14099	**4032**	**6464**	**13820**	**27088**	**18825**	**11530**	**10882**	**6983**	**21876**	K
14099	4032	6464	13820	27088	18825	11530	10882	6983	21876	72
6683	2069	2911	4902	12122	7980	5881	5252	4425	11150	721
4256	1262	1835	3417	7240	3684	3116	2472	1392	5585	722
2289	413	1131	4373	4711	5093	1477	1637	645	3477	723
871	288	587	1128	3015	2068	1056	1521	521	1664	729
23182	**5544**	**9889**	**53750**	**59454**	**50013**	**16806**	**22295**	**8272**	**41313**	L
1146	354	642	1497	3095	2497	1546	1728	738	2592	73
1107	344	603	1434	2994	2441	1525	1692	724	2532	731
39	10	39	63	101	56	21	36	14	60	732
22036	5190	9247	52253	56359	47516	15260	20567	7534	38721	74
3153	610	1245	9532	12754	13094	2520	4827	1537	5939	741
388	177	284	427	879	586	286	226	142	905	742
6690	1147	2251	20510	15312	13533	3269	5068	1310	10931	743
4513	1312	2119	8126	10960	9197	4630	5313	1799	8005	744
174	47	95	301	444	579	112	190	33	227	745
1858	335	556	1716	4923	1471	1371	663	277	1777	746
1045	330	484	1157	2059	2170	427	271	105	1009	747
1325	468	653	1072	2048	1929	1088	1262	713	2300	748
2890	764	1560	9412	6980	4957	1557	2747	1618	7628	749
9778	**2456**	**4406**	**18414**	**15923**	**15879**	**5133**	**5459**	**1908**	**11318**	M
1854	353	668	2184	3464	1919	633	699	144	1372	75
262	79	118	128	343	166	82	108	21	200	751
1080	104	324	1166	2004	1315	339	298	56	635	752
281	109	168	38	305	236	101	206	39	281	753
210	52	47	842	762	181	102	80	18	220	754
21	9	11	10	50	21	9	7	10	36	755
4623	1244	2081	10440	8485	8027	2910	3658	1222	5774	76
25	11	20	22	69	46	49	46	34	85	761
5	1	2	4	13	3	4			12	762
17		1	11	25	25	2	10	1	43	763
221	98	147	54	300	325	155	163	86	214	764
558	195	292	330	866	894	391	308	156	618	765
83	20	58	88	225	146	58	50	20	94	766
2197	592	798	4360	3773	4251	1569	1916	529	2414	767
1517	327	763	5571	3214	2337	682	1165	396	2294	769
3157	794	1531	5764	3866	5879	1479	1019	475	3980	77
2325	412	805	4093	2149	4818	1163	665	236	2671	771
509	118	130	326	717	347	141	115	102	668	772
323	264	596	1345	1000	714	175	239	137	641	779
144	65	126	26	108	54	111	83	67	192	78
54	37	64	10	29	15	62	32	27	65	781
28	6	16	7	25	22	18	18	8	46	782
62	22	46	9	54	17	31	33	32	81	783

2-1 续表 10

行业中类	代码	企业单位数	北京	天津	河北	山西	内蒙古
水利、环境和公共设施管理业	N	**32870**	**1774**	**734**	**1123**	**873**	**619**
水利管理业	79	2623	58	53	70	126	66
防洪管理	791	211	3	6	3	4	5
水资源管理	792	1231	31	24	34	48	33
其他水利管理	799	1181	24	23	33	74	28
环境管理业	80	7463	330	126	190	204	144
自然保护	801	531	18	9	17	19	19
环境治理	802	6932	312	117	173	185	125
公共设施管理业	81	22784	1386	555	863	543	409
市政公共设施管理	811	3281	97	93	108	62	61
城市绿化管理	812	12675	989	404	385	272	198
游览景区管理	813	6828	300	58	370	209	150
居民服务和其他服务业	O	**158297**	**14219**	**5913**	**4346**	**3681**	**2222**
居民服务业	82	65177	6692	1623	1473	1396	1002
家庭服务	821	6443	641	215	161	95	97
托儿所	822	380	6	8	8	5	4
洗染服务	823	2521	454	76	54	63	30
理发及美容保健服务	824	17093	3017	202	267	188	125
洗浴服务	825	9859	632	106	223	273	184
婚姻服务	826	3777	383	118	107	79	82
殡葬服务	827	1994	54	26	45	36	55
摄影扩印服务	828	7421	865	143	198	173	108
其他居民服务	829	15689	640	729	410	484	317
其他服务业	83	93120	7527	4290	2873	2285	1220
修理与维护	831	40398	3600	915	1202	1025	489
清洁服务	832	16705	1786	510	504	239	175
其他未列明的服务	839	36017	2141	2865	1167	1021	556
教育	P	**28678**	**2860**	**374**	**686**	**562**	**447**
教育	84	28678	2860	374	686	562	447
学前教育	841	4696	132	32	81	71	37
初等教育	842	684	22	6	4	7	8
中等教育	843	1233	27	25	35	39	16
高等教育	844	273	28	7	1	3	
其他教育	849	21792	2651	304	565	442	386
卫生、社会保障和社会福利业	Q	**17252**	**1200**	**284**	**424**	**473**	**201**
卫生	85	15929	1139	251	389	442	185
医院	851	5371	275	100	188	227	74
卫生院及社区医疗活动	852	1891	11	12	76	66	20

单位：个

辽宁	吉林	黑龙江	上海	江苏	浙江	安徽	福建	江西	山东	代码
1267	**405**	**599**	**1529**	**3329**	**3117**	**1373**	**1445**	**639**	**2430**	N
108	39	57	80	280	179	72	149	54	215	79
8	1	8	8	25	25	11	11	3	9	791
48	25	21	31	90	90	23	94	29	85	792
52	13	28	41	165	64	38	44	22	121	799
238	83	122	358	814	710	266	366	142	423	80
14	4	17	13	47	28	10	25	10	31	801
224	79	105	345	767	682	256	341	132	392	802
921	283	420	1091	2235	2228	1035	930	443	1792	81
137	52	61	220	365	357	107	143	77	250	811
545	162	277	808	1415	1131	574	347	164	1048	812
239	69	82	63	455	740	354	440	202	494	813
6391	**1818**	**3184**	**12699**	**14650**	**7641**	**3874**	**4845**	**3149**	**13378**	O
3144	745	1600	6494	4706	2949	1735	2203	994	4359	82
268	74	138	369	407	461	170	236	114	281	821
8	1	34	1	20	10	6	10	4	41	822
98	23	51	181	159	186	49	84	21	170	823
674	105	276	3116	647	741	265	481	139	672	824
894	130	341	1088	1021	299	356	482	79	597	825
253	42	112	226	284	310	144	118	33	280	826
166	30	91	119	133	186	114	79	36	107	827
290	92	193	552	403	317	190	224	99	659	828
493	248	364	842	1632	439	441	489	469	1552	829
3247	1073	1584	6205	9944	4692	2139	2642	2155	9019	83
1735	562	694	2653	3432	2237	1075	1477	674	3309	831
499	157	322	1048	1704	1220	611	582	204	965	832
1013	354	568	2504	4808	1235	453	583	1277	4745	839
1185	**336**	**595**	**516**	**2381**	**1585**	**1041**	**1096**	**492**	**1777**	P
1185	336	595	516	2381	1585	1041	1096	492	1777	84
164	18	90	29	195	147	157	129	54	341	841
10	5	8	11	29	12	13	8	11	27	842
57	15	57	22	80	27	81	22	28	109	843
18	3	10	8	17	10	13	7	4	23	844
936	295	430	446	2060	1389	777	930	395	1277	849
1241	**237**	**394**	**729**	**987**	**905**	**498**	**582**	**251**	**1149**	Q
1134	203	344	656	874	827	452	544	233	1050	85
305	121	159	180	317	224	179	135	104	358	851
116	25	61	9	113	51	133	78	43	174	852

2-1 续表 11

行业中类	代码	企业单位数	北京	天津	河北	山西	内蒙古
门诊部医疗活动	853	6891	757	86	99	87	61
计划生育技术服务活动	854	205	1	4	1	4	
妇幼保健活动	855	106	5	2	1	5	1
专科疾病防治活动	856	319	16		9	6	4
疾病预防控制及防疫活动	857	167	7	2	3	1	8
其他卫生活动	859	979	67	45	12	46	17
社会保障业	86	393	13	26	7	13	5
社会保障业	860	393	13	26	7	13	5
社会福利业	87	930	48	7	28	18	11
提供住宿的社会福利	871	665	15	5	26	15	9
不提供住宿的社会福利	872	265	33	2	2	3	2
文化、体育和娱乐业	**R**	**53663**	**10684**	**949**	**960**	**915**	**525**
新闻出版业	88	3343	1031	62	56	62	39
新闻业	881	165	7	2	6	8	3
出版业	882	3178	1024	60	50	54	36
广播、电视、电影和音像业	89	8175	1651	118	202	168	115
广播	891	341	24	10	17	13	6
电视	892	2043	596	21	38	36	17
电影	893	4022	642	63	128	70	47
音像制作	894	1769	389	24	19	49	45
文化艺术业	90	15815	5594	351	213	286	136
文艺创作与表演	901	3287	506	55	71	95	31
艺术表演场馆	902	458	38	8	9	17	10
图书馆与档案馆	903	161	4	1	2	2	
文物及文化保护	904	253	19	2	11	23	5
博物馆	905	170	16	5	5	3	4
烈士陵园、纪念馆	906	44		1	2	2	
群众文化活动	907	1593	661	27	24	23	6
文化艺术经纪代理	908	3339	1396	66	26	19	26
其他文化艺术	909	6510	2954	186	63	102	54
体育	91	2609	592	69	32	42	17
体育组织	911	921	286	29	9	16	5
体育场馆	912	772	83	16	12	17	7
其他体育	919	916	223	24	11	9	5
娱乐业	92	23721	1816	349	457	357	218
室内娱乐活动	921	14116	679	188	218	215	127
游乐园	922	775	23	7	20	13	18
休闲健身娱乐活动	923	6183	977	100	133	86	43
其他娱乐活动	929	2647	137	54	86	43	30

单位：个

辽宁	吉林	黑龙江	上海	江苏	浙江	安徽	福建	江西	山东	代码
627	32	83	346	328	485	87	259	45	396	853
3	2	1	4	2	1	5	2		2	854
2	3	2	3	5	8	4	2	2	9	855
18	4	16	63	18	19	8	12	3	22	856
19	2	5	10	6	10	3	13	4	17	857
44	14	17	41	85	29	33	43	32	72	859
37	6	20	7	38	25	13	9	5	34	86
37	6	20	7	38	25	13	9	5	34	860
70	28	30	66	75	53	33	29	13	65	87
57	24	27	49	53	35	24	18	7	53	871
13	4	3	17	22	18	9	11	6	12	872
1830	**427**	**633**	**3296**	**3906**	**3578**	**1255**	**2347**	**926**	**2766**	**R**
145	63	46	164	163	106	78	65	56	147	88
5	6	7	2	14	4	3	5	8	9	881
140	57	39	162	149	102	75	60	48	138	882
265	92	104	289	589	768	235	223	155	373	89
6	4	11	4	22	9	6	11	14	23	891
62	18	27	76	123	403	31	44	52	43	892
142	52	38	150	337	301	139	122	74	228	893
55	18	28	59	107	55	59	46	15	79	894
461	89	208	488	1053	724	296	430	222	708	90
162	12	23	117	288	212	102	128	29	134	901
23	7	8	32	41	40	19	9	6	21	902
25	3	3	3	13	35	4	9	7	7	903
4	3	4		17	13	9	8	10	12	904
17			4	20	18	3	9	2	8	905
1	1		1	6	1		3	2	1	906
41	11	14	24	83	76	26	33	10	46	907
66	15	68	104	224	134	56	79	27	210	908
122	37	88	203	361	195	77	152	129	269	909
120	17	21	171	190	140	47	75	32	116	91
44	3	2	37	67	50	15	16	5	35	911
47	11	9	74	51	51	15	37	13	29	912
29	3	10	60	72	39	17	22	14	52	919
839	166	254	2184	1911	1840	599	1554	461	1422	92
496	76	117	1356	1123	1126	383	1043	278	794	921
29	13	27	14	54	52	19	43	11	69	922
231	43	67	670	425	512	121	335	97	301	923
83	34	43	144	309	150	76	133	75	258	929

2-1 续表 12

行业中类	代码	河南	湖北	湖南	广东	广西	海南
总计		**269535**	**273217**	**193955**	**788631**	**149865**	**32016**
农、林、牧、渔业	A	**12864**	**7988**	**7742**	**9332**	**8076**	**1555**
农业	01	1967	2432	3171	4185	2886	776
谷物及其他作物的种植	011	477	810	991	900	492	325
蔬菜、园艺作物的种植	012	1053	965	1105	1673	653	201
水果、坚果、饮料和香料作物的种植	013	343	514	874	1474	1575	242
中药材的种植	014	94	143	201	138	166	8
林业	02	942	822	1250	1023	1041	210
林木的培育和种植	021	907	795	1146	955	989	79
木材和竹材的采运	022	14	11	46	38	30	4
林产品的采集	023	21	16	58	30	22	127
畜牧业	03	7964	2330	1771	1684	2461	317
牲畜的饲养	031	1531	558	501	254	574	67
猪的饲养	032	4141	904	831	851	790	146
家禽的饲养	033	2009	653	289	432	884	84
狩猎和捕捉动物	034	3	4	6	2	3	
其他畜牧业	039	280	211	144	145	210	20
渔业	04	358	973	657	1094	1052	134
海洋渔业	041	10	86	13	482	195	71
内陆渔业	042	348	887	644	612	857	63
农、林、牧、渔服务业	05	1633	1431	893	1346	636	118
农业服务业	051	1316	1116	657	984	468	106
林业服务业	052	57	95	106	76	61	4
畜牧服务业	053	225	125	73	90	69	
渔业服务业	054	35	95	57	196	38	8
采矿业	B	**7933**	**5222**	**7947**	**2975**	**3396**	**258**
煤炭开采和洗选业	06	1469	511	1649	4	64	
烟煤和无烟煤的开采洗选	061	1446	455	1510		41	
褐煤的开采洗选	062	8		11	1	16	
其他煤炭采选	069	15	56	128	3	7	
石油和天然气开采业	07	13	30	7	27	10	1
天然原油和天然气开采	071	3	14	2	12	2	1
与石油和天然气开采有关的服务活动	079	10	16	5	15	8	
黑色金属矿采选业	08	1060	1024	994	413	608	13
铁矿采选	081	1043	967	377	387	209	10
其他黑色金属矿采选	089	17	57	617	26	399	3
有色金属矿采选业	09	1273	460	1139	256	674	132
常用有色金属矿采选	091	592	412	920	178	562	119
贵金属矿采选	092	431	35	91	19	80	8
稀有稀土金属矿采选	093	250	13	128	59	32	5

单位：个

重庆	四川	贵州	云南	西藏	陕西	甘肃	青海	宁夏	新疆	代码
176841	**206310**	**60595**	**135280**	**3265**	**147432**	**57616**	**14977**	**25476**	**57561**	
20841	**9328**	**3172**	**11177**	**19**	**5902**	**3509**	**1291**	**1392**	**2127**	A
9036	3184	1378	5677	7	1951	927	364	470	751	01
943	394	203	1268	1	279	464	157	134	337	011
4668	1758	469	1657	3	921	265	128	204	171	012
2564	775	500	2130	2	622	129	54	98	210	013
861	257	206	622	1	129	69	25	34	33	014
1462	894	320	1343	5	606	240	141	186	163	02
1403	837	298	1074	5	590	235	139	186	148	021
37	42	17	60		5	1	1		10	022
22	15	5	209		11	4	1		5	023
6255	3866	1235	3311	5	2393	1906	673	497	551	03
1605	797	365	1009	3	804	899	460	314	346	031
1705	1907	497	1298	1	907	551	110	69	50	032
2175	946	300	755	1	481	323	66	68	110	033
7	5	4	1		4	1		2	1	034
763	211	69	248		197	132	37	44	44	039
3113	397	106	195		147	41	17	52	37	04
49	7	6	14		9	3	4	2	2	041
3064	390	100	181		138	38	13	50	35	042
975	987	133	651	2	805	395	96	187	625	05
748	658	118	532	2	637	299	72	141	550	051
61	69	10	61		52	28	11	15	31	052
112	218	4	34		101	64	12	28	36	053
54	42	1	24		15	4	1	3	8	054
3035	**5806**	**5269**	**5645**	**126**	**3741**	**1932**	**728**	**672**	**2088**	B
1153	1737	2024	1574	2	949	324	84	325	398	06
1115	1709	1991	1430	2	867	296	81	318	381	061
11	4	10	105		12	10			3	062
27	24	23	39		70	18	3	7	14	069
19	77	4	13		740	38	4	52	98	07
11	28	1	5		40	9	3	47	10	071
8	49	3	8		700	29	1	5	88	079
204	419	282	604	22	287	286	76	17	624	08
29	383	117	470	14	225	254	61	15	587	081
175	36	165	134	8	62	32	15	2	37	089
39	602	401	1573	59	546	322	130	3	343	09
37	486	310	1451	56	353	212	111	1	252	091
	69	60	56	1	100	98	17	1	72	092
2	47	31	66	2	93	12	2	1	19	093

2-1 续表 13

行业中类	代码	河南	湖北	湖南	广东	广西	海南
非金属矿采选业	10	4064	3026	4071	2175	1908	97
土砂石开采	101	3613	2223	3739	1884	1566	78
化学矿采选	102	41	461	51	10	61	
采盐	103	7	3	3	44	6	5
石棉及其他非金属矿采选	109	403	339	278	237	275	14
其他采矿业	11	54	171	87	100	132	15
其他采矿业	110	54	171	87	100	132	15
制造业	**C**	**117274**	**66246**	**60303**	**265396**	**27108**	**2826**
农副食品加工业	13	12572	5804	5327	4380	1984	365
谷物磨制	131	6082	2381	2003	545	326	13
饲料加工	132	1309	443	553	636	324	25
植物油加工	133	1522	731	642	359	178	8
制糖	134	23	19	13	108	119	29
屠宰及肉类加工	135	1190	581	769	878	377	68
水产品加工	136	59	270	117	814	132	117
蔬菜、水果和坚果加工	137	708	433	431	466	155	34
其他农副食品加工	139	1679	946	799	574	373	71
食品制造业	14	3742	1822	1849	4494	1285	183
焙烤食品制造	141	990	538	547	1178	450	23
糖果、巧克力及蜜饯制造	142	255	86	166	1117	91	53
方便食品制造	143	901	387	430	438	223	6
液体乳及乳制品制造	144	148	38	39	52	25	6
罐头制造	145	170	148	151	181	99	8
调味品、发酵制品制造	146	604	233	143	555	127	18
其他食品制造	149	674	392	373	973	270	69
饮料制造业	15	2376	2353	1661	1684	964	109
酒精制造	151	42	27	16	24	53	2
酒的制造	152	772	487	462	495	237	31
软饮料制造	153	1153	725	641	982	361	67
精制茶加工	154	409	1114	542	183	313	9
烟草制品业	16	13	22	24	39	5	2
烟叶复烤	161	5	11	12	8	1	
卷烟制造	162	4	4	7	11	4	1
其他烟草制品加工	169	4	7	5	20		1
纺织业	17	4177	3466	1599	10903	809	45
棉、化纤纺织及印染精加工	171	2390	2004	439	2837	119	
毛纺织和染整精加工	172	160	51	35	555	110	1
麻纺织	173	65	71	109	41	17	1
丝绢纺织及精加工	174	50	57	17	206	132	1
纺织制成品制造	175	779	935	547	2525	121	21
针织品、编织品及其制品制造	176	733	348	452	4739	310	21

单位：个

重庆	四川	贵州	云南	西藏	陕西	甘肃	青海	宁夏	新疆	代码
1597	2892	2510	1795	40	1114	875	408	264	549	10
1484	2509	2167	1465	28	891	686	343	231	406	101
40	150	212	161	8	78	9	4	1	9	102
4	19		5		4	5	8	1	10	103
69	214	131	164	4	141	175	53	31	124	109
23	79	48	86	3	105	87	26	11	76	11
23	79	48	86	3	105	87	26	11	76	110
37103	**54709**	**11444**	**17252**	**375**	**29676**	**12468**	**2771**	**5155**	**9649**	**C**
2380	4249	925	1639	53	1816	1532	277	717	1030	13
381	594	121	104	23	415	342	27	161	190	131
285	632	108	258	3	301	155	34	78	75	132
255	435	170	118	7	193	103	57	61	277	133
22	26	16	78		4	7		2	17	134
528	1407	225	344	8	285	224	112	87	165	135
20	32	4	25		16	6	3	3	10	136
423	544	87	326	1	259	283	8	88	190	137
466	579	194	386	11	343	412	36	237	106	139
1091	2265	441	754	18	1216	538	92	236	439	14
222	422	71	200	4	306	101	13	64	64	141
62	154	26	46		217	77	1	8	18	142
247	439	76	106	1	169	70	4	34	27	143
15	52	13	38	7	113	69	20	40	75	144
43	106	15	28	2	26	22	2	9	129	145
295	642	148	120	2	198	132	23	35	33	146
207	450	92	216	2	187	67	29	46	93	149
986	3295	960	1446	28	705	378	57	124	378	15
5	18	6	13		7	5	1		5	151
528	2137	359	351	11	169	218	32	67	209	152
303	513	281	399	17	353	142	22	51	150	153
150	627	314	683		176	13	2	6	14	154
6	12	10	36		15	10		2	1	16
2	3	8	15		5			1		161
2	4	1	8		6	2		1	1	162
2	5	1	13		4	8				169
1734	1168	75	240	13	625	216	54	173	361	17
1126	417	18	51	1	349	70	9	7	190	171
23	49	2	5	7	31	49	14	140	28	172
24	31	1	16		3	7			11	173
122	211	4	42		26	4		1	3	174
253	294	32	84	4	135	45	12	20	69	175
186	166	18	42	1	81	41	19	5	60	176

2-1 续表 14

行业中类	代码	河南	湖北	湖南	广东	广西	海南
纺织服装、鞋、帽制造业	18	2213	3092	1117	18180	715	91
纺织服装制造	181	1887	2968	912	17117	681	91
纺织面料鞋的制造	182	293	108	193	804	28	
制帽	183	33	16	12	259	6	
皮革、毛皮、羽毛(绒)及其制品业	19	1661	328	740	8918	410	6
皮革鞣制加工	191	398	44	87	473	48	
皮革制品制造	192	736	243	603	8138	287	3
毛皮鞣制及制品加工	193	356	24	12	177	10	1
羽毛(绒)加工及制品制造	194	171	17	38	130	65	2
木材加工及木、竹、藤、棕、草制品业	20	6877	1661	3719	3912	2850	158
锯材、木片加工	201	4085	636	1470	1024	1184	85
人造板制造	202	2011	434	963	1015	909	33
木制品制造	203	574	403	466	1415	389	29
竹、藤、棕、草制品制造	204	207	188	820	458	368	11
家具制造业	21	3689	1199	1409	8193	543	98
木质家具制造	211	3122	908	1149	4610	406	64
竹、藤家具制造	212	42	29	97	133	39	3
金属家具制造	213	335	88	41	1166	26	5
塑料家具制造	214	31	33	8	158	9	
其他家具制造	219	159	141	114	2126	63	26
造纸及纸制品业	22	1914	1158	1666	10247	956	86
纸浆制造	221	37	73	54	155	44	1
造纸	222	672	296	701	2013	439	25
纸制品制造	223	1205	789	911	8079	473	60
印刷业和记录媒介的复制	23	1908	1760	1428	10485	936	160
印刷	231	1734	1536	1319	9722	818	146
装订及其他印刷服务活动	232	164	210	99	698	111	12
记录媒介的复制	233	10	14	10	65	7	2
文教体育用品制造业	24	369	209	274	5102	142	6
文化用品制造	241	120	87	104	795	37	2
体育用品制造	242	42	36	57	964	17	1
乐器制造	243	52	25	6	250	2	1
玩具制造	244	126	50	103	2801	83	1
游艺器材及娱乐用品制造	245	29	11	4	292	3	1
石油加工及炼焦	25	326	157	144	396	66	14
精炼石油产品的制造	251	233	142	69	371	60	14
炼焦	252	93	15	75	25	6	
化学原料及化学制品制造业	26	5301	3491	5882	10360	1787	187
基础化学原料制造	261	1066	766	909	589	239	9
肥料制造	262	697	685	396	365	403	60
农药制造	263	203	125	105	104	90	10

单位：个

重庆	四川	贵州	云南	西藏	陕西	甘肃	青海	宁夏	新疆	代码
1004	849	100	165	11	371	97	42	42	125	18
946	812	94	153	11	358	86	37	41	123	181
54	34	6	11		13	6		1	1	182
4	3		1			5	5		1	183
655	817	40	53	7	79	151	35	101	72	19
29	51		12		11	59	9	21	26	191
558	619	36	32	3	47	46	15	9	22	192
23	38	1	5	3	17	35	9	40	17	193
45	109	3	4	1	4	11	2	31	7	194
1058	1602	450	913	17	447	158	34	53	199	20
305	565	191	473	11	119	58	20	11	54	201
132	367	150	152	2	126	30	6	14	95	202
339	407	77	229	4	177	52	4	18	46	203
282	263	32	59		25	18	4	10	4	204
1424	1441	154	274	9	560	175	20	71	154	21
1076	1103	103	199	7	407	147	19	56	121	211
24	32	4	6		2	1		1		212
80	105	28	30	1	87	12		5	22	213
17	13	4	6		9	1		3	3	214
227	188	15	33	1	55	14	1	6	8	219
787	1262	226	416	2	716	192	12	92	231	22
3	41	4	10		15	12		3	8	221
185	427	74	132		190	46	2	41	77	222
599	794	148	274	2	511	134	10	48	146	223
955	1817	404	657	14	982	473	79	195	336	23
859	1660	373	576	13	840	430	72	179	309	231
91	151	30	70	1	138	41	7	16	27	232
5	6	1	11		4	2				233
113	129	23	32		70	29	4	6	19	24
42	60	10	19		29	18	3	4	13	241
25	34	3	3		16	5		2	6	242
10	4	3	5		6	1				243
31	23	7	3		9					244
5	8		2		10	5	1			245
85	186	134	129		355	67	12	66	231	25
59	127	15	20		105	53	5	21	115	251
26	59	119	109		250	14	7	45	116	252
1338	3141	870	1175	17	1687	719	235	426	786	26
217	845	229	286	2	332	211	90	204	139	261
187	568	284	388	1	263	166	100	51	241	262
39	77	13	24		110	15	1	6	12	263

2-1 续表 15

行业中类	代码	河南	湖北	湖南	广东	广西	海南
涂料、油墨、颜料及类似产品制造	264	911	480	391	3138	170	13
合成材料制造	265	237	180	156	976	36	12
专用化学产品制造	266	1806	998	3733	2369	665	50
日用化学产品制造	267	381	257	192	2819	184	33
医药制造业	27	1174	875	645	1140	468	124
化学药品原药制造	271	155	180	100	74	53	17
化学药品制剂制造	272	140	120	61	166	36	57
中药饮片加工	273	148	74	97	173	56	5
中成药制造	274	207	152	124	224	153	21
兽用药品制造	275	168	36	61	109	63	6
生物、生化制品的制造	276	149	161	137	216	66	13
卫生材料及医药用品制造	277	207	152	65	178	41	5
化学纤维制造业	28	112	81	64	331	13	8
纤维素纤维原料及纤维制造	281	44	33	19	74	3	
合成纤维制造	282	68	48	45	257	10	8
橡胶制品业	29	819	438	360	3233	181	41
轮胎制造	291	100	64	53	111	31	1
橡胶板、管、带的制造	292	232	83	65	342	36	6
橡胶零件制造	293	143	90	93	635	26	2
再生橡胶制造	294	93	36	31	108	11	1
日用及医用橡胶制品制造	295	28	18	20	171	15	4
橡胶靴鞋制造	296	73	24	36	461	5	
其他橡胶制品制造	299	150	123	62	1405	57	27
塑料制品业	30	3707	2457	1563	22629	928	89
塑料薄膜制造	301	279	334	150	1979	101	13
塑料板、管、型材的制造	302	857	473	303	1492	155	9
塑料丝、绳及编织品的制造	303	687	331	225	527	170	10
泡沫塑料制造	304	213	134	47	893	50	10
塑料人造革、合成革制造	305	20	14	21	220	4	1
塑料包装箱及容器制造	306	337	294	180	2211	115	18
塑料零件制造	307	122	168	68	3271	30	6
日用塑料制造	308	364	253	196	3641	131	8
其他塑料制品制造	309	828	456	373	8395	172	14
非金属矿物制品业	31	29401	11058	12533	12397	4286	415
水泥、石灰和石膏的制造	311	1162	1001	1112	728	629	36
水泥及石膏制品制造	312	10851	3651	3274	1301	591	112
砖瓦、石材及其他建筑材料制造	313	10942	5126	6163	4193	2429	229
玻璃及玻璃制品制造	314	931	453	343	2011	116	14
陶瓷制品制造	315	654	102	744	3059	207	8
耐火材料制品制造	316	2914	253	351	172	41	3
石墨及其他非金属矿物制品制造	319	1947	472	546	933	273	13

单位：个

重庆	四川	贵州	云南	西藏	陕西	甘肃	青海	宁夏	新疆	代码
308	423	57	85	1	194	96	6	26	88	264
76	138	20	31		73	36	3	15	31	265
363	820	213	262	2	582	139	28	105	227	266
148	270	54	99	11	133	56	7	19	48	267
277	846	236	281	28	688	275	64	48	104	27
50	98	3	22		126	16	5	6	11	271
43	123	26	29		92	11	1	4	8	272
37	179	20	52	4	78	144	12	7	20	273
45	142	143	101	21	155	52	35	13	30	274
21	93	5	9	1	30	8	1	7	5	275
45	151	18	42	1	146	29	9	10	19	276
36	60	21	26	1	61	15	1	1	11	277
19	58	3	3		35	11	3	3	26	28
6	22	1	1		17	3			24	281
13	36	2	2		18	8	3	3	2	282
346	392	103	148		322	57	6	26	54	29
39	52	14	16		23	11		6	11	291
46	60	11	29		45	14	2	10	21	292
144	98	45	19		137	3	1	3	11	293
18	47	12	14		26	10	2	2	4	294
4	15		1		10			4	1	295
28	21	10	5		8	4	1		1	296
67	99	11	64		73	15		1	5	299
1276	2002	325	591	4	795	447	61	192	873	30
113	214	20	65		85	68	3	20	129	301
236	424	88	154	3	175	106	8	53	368	302
117	280	70	143	1	131	90	21	58	100	303
65	106	15	29		71	35	13	10	77	304
8	14	2	1		3	1				305
165	296	33	71		121	50	8	15	49	306
142	117	17	8		32	14	2	2	7	307
127	197	31	38		78	32	3	7	50	308
303	354	49	82		99	51	3	27	93	309
4478	11377	2835	3097	64	4682	3578	775	1216	1979	31
320	710	336	392	16	463	317	89	113	216	311
1351	2721	618	551	19	1307	585	188	239	480	312
2144	6268	1481	1781	24	2408	2313	433	487	1071	313
362	688	97	84	2	158	53	12	19	92	314
101	202	27	42		83	21	4	3	6	315
84	363	99	50		91	77	13	20	37	316
116	425	177	197	3	172	212	36	335	77	319

2-1 续表 16

行业中类	代码	河南	湖北	湖南	广东	广西	海南
黑色金属冶炼及压延加工业	32	986	604	1184	1204	460	17
炼铁	321	141	97	338	95	64	4
炼钢	322	39	87	40	58	13	3
钢压延加工	323	559	357	218	1018	117	10
铁合金冶炼	324	247	63	588	33	266	
有色金属冶炼及压延加工业	33	1717	604	1674	2280	438	18
常用有色金属冶炼	331	495	204	819	275	258	8
贵金属冶炼	332	42	14	177	42	21	3
稀有稀土金属冶炼	333	169	58	148	52	22	2
有色金属合金制造	334	292	72	188	236	20	3
有色金属压延加工	335	719	256	342	1675	117	2
金属制品业	34	5275	3849	2304	30525	972	104
结构性金属制品制造	341	2942	2051	926	5885	374	52
金属工具制造	342	479	404	515	3813	161	9
集装箱及金属包装容器制造	343	233	263	78	765	33	10
金属丝绳及其制品的制造	344	350	130	68	531	22	2
建筑、安全用金属制品制造	345	513	279	184	3315	95	11
金属表面处理及热处理加工	346	131	135	95	1860	43	3
搪瓷制品制造	347	52	20	23	234	17	
不锈钢及类似日用金属制品制造	348	234	205	168	6802	123	8
其他金属制品制造	349	341	362	247	7320	104	9
通用设备制造业	35	8884	4891	3938	11584	1229	40
锅炉及原动机制造	351	303	432	224	219	80	1
金属加工机械制造	352	942	1015	833	2285	178	5
起重运输设备制造	353	889	172	125	341	40	1
泵、阀门、压缩机及类似机械的制造	354	869	373	386	826	75	3
轴承、齿轮、传动和驱动部件的制造	355	618	216	197	392	45	3
烘炉、熔炉及电炉制造	356	82	42	54	109	7	
风机、衡器、包装设备等通用设备制造	357	815	647	471	2531	137	2
通用零部件制造及机械修理	358	1946	1159	809	3904	337	16
金属铸、锻加工	359	2420	835	839	977	330	9
专用设备制造业	36	5917	3283	2316	13813	1028	55
矿山、冶金、建筑专用设备制造	361	2076	756	529	420	202	3
化工、木材、非金属加工专用设备制造	362	582	653	295	7193	160	7
食品、饮料、烟草及饲料生产专用设备制造	363	357	186	136	314	82	2
印刷、制药、日化生产专用设备制造	364	348	211	158	1147	66	1
纺织、服装和皮革工业专用设备制造	365	194	114	67	467	8	
电子和电工机械专用设备制造	366	218	376	228	1662	65	4
农、林、牧、渔专用机械制造	367	1417	209	344	187	252	18
医疗仪器设备及器械制造	368	211	181	151	783	69	11
环保、社会公共安全及其他专用设备制造	369	514	597	408	1640	124	9

单位：个

重庆	四川	贵州	云南	西藏	陕西	甘肃	青海	宁夏	新疆	代码
397	761	354	403		323	248	104	164	156	32
20	87	72	94		32	35	6	26	60	321
10	43	6	16		52	10	3	1	8	322
289	412	50	195		147	66	7	28	71	323
78	219	226	98		92	137	88	109	17	324
333	625	294	746	7	963	162	84	74	106	33
102	241	179	515	2	154	69	47	45	48	331
4	15	14	24		32	17	5	1	27	332
17	71	43	77		70	9	3	10	5	333
52	103	16	22		66	11	10	7	4	334
158	195	42	108	5	641	56	19	11	22	335
2531	2944	477	922	9	1759	757	245	316	652	34
1078	1418	205	447	3	819	441	119	196	421	341
453	367	90	80	1	265	71	14	17	30	342
68	167	20	42		74	37	3	11	40	343
58	84	34	33	2	37	28	73	10	25	344
196	273	37	81		228	72	18	21	56	345
204	217	20	41		97	26	9	5	17	346
23	19	3	1		14	2		1		347
202	154	24	51	1	75	18	3	9	18	348
249	245	44	146	2	150	62	6	46	45	349
2717	4707	505	826	1	3311	551	111	290	398	35
116	235	10	20		149	74	16	25	61	351
431	794	117	173		740	95	22	58	39	352
69	78	7	23	1	37	6	1	14	19	353
153	468	35	28		184	46	2	9	9	354
152	173	29	22		89	25	3	20	4	355
38	22	10	5		63	3	2	2	1	356
322	392	54	115		420	44	18	27	48	357
1063	1845	161	257		1243	109	29	70	143	358
373	700	82	183		386	149	18	65	74	359
1391	2179	256	430	3	2216	417	51	142	323	36
227	660	91	101		688	131	13	45	84	361
400	439	44	43		240	51	6	17	19	362
44	142	10	52		82	17	2	3	14	363
67	95	10	20		119	22	3	6	7	364
27	21		2	1	89	8	1		8	365
91	185	22	22		367	26	1	9	9	366
255	191	29	53	2	155	79	12	28	138	367
70	154	10	31		121	30	4	11	13	368
210	292	40	106		355	53	9	23	31	369

2-1 续表 17

行业中类	代码	河南	湖北	湖南	广东	广西	海南
交通运输设备制造业	37	3372	5216	1781	5155	1431	222
铁路运输设备制造	371	218	187	179	31	23	
汽车制造	372	2609	4493	1373	3173	1206	168
摩托车制造	373	269	45	45	533	5	5
自行车制造	374	167	36	14	449	33	
船舶及浮动装置制造	375	26	382	112	829	141	45
航空航天器制造	376	7	13	8	20	3	
交通器材及其他交通运输设备制造	379	76	60	50	120	20	4
电气机械及器材制造业	39	2932	2413	1756	25068	701	49
电机制造	391	317	347	210	1170	82	2
输配电及控制设备制造	392	969	797	574	6019	236	17
电线、电缆、光缆及电工器材制造	393	705	433	335	3451	127	8
电池制造	394	210	129	115	1287	34	3
家用电力器具制造	395	150	136	146	5746	58	3
非电力家用器具制造	396	177	131	73	756	54	3
照明器具制造	397	272	190	120	5811	55	10
其他电气机械及器材制造	399	132	250	183	828	55	3
通信设备、计算机及其他电子设备制造业	40	621	1238	1126	24136	479	27
通信设备制造	401	88	315	128	1979	70	9
雷达及配套设备制造	402	1	4	5	30	2	
广播电视设备制造	403	27	21	25	571	13	
电子计算机制造	404	41	97	98	2564	55	3
电子器件制造	405	106	237	130	3199	40	5
电子元件制造	406	239	280	518	9366	199	7
家用视听设备制造	407	21	30	25	2696	23	
其他电子设备制造	409	98	254	197	3731	77	3
仪器仪表及文化、办公用机械制造业	41	735	777	444	4069	125	8
通用仪器仪表制造	411	435	426	224	832	50	3
专用仪器仪表制造	412	148	165	103	451	24	2
钟表与计时仪器制造	413	12	9	7	1304	9	1
光学仪器及眼镜制造	414	90	58	42	768	19	1
文化、办公用机械制造	415	28	27	26	556	8	
其他仪器仪表的制造及修理	419	22	92	42	158	15	1
工艺品及其他制造业	42	3574	1513	1303	9159	731	85
工艺美术品制造	421	1672	816	480	5618	554	56
日用杂品制造	422	480	136	267	1233	74	3
煤制品制造	423	1293	130	412	34	28	1
其他未列明的制造业	429	129	431	144	2274	75	25
废弃资源和废旧材料回收加工业	43	910	427	473	1380	186	14
金属废料和碎屑的加工处理	431	484	229	303	672	127	3
非金属废料和碎屑的加工处理	432	426	198	170	708	59	11

单位：个

重庆	四川	贵州	云南	西藏	陕西	甘肃	青海	宁夏	新疆	代码
6725	2252	581	725	19	997	354	103	125	174	37
32	129	15	11		125	25	3		7	371
3114	1824	515	664	17	731	313	98	110	149	372
3213	100	2	3		5	1		1	1	373
14	64	2	3		11	1	1	2	5	374
310	51	11	5		6	3				375
2	38	28	5		91	6				376
40	46	8	34	2	28	5	1	12	12	379
1073	1816	235	380	5	1735	342	67	114	268	39
150	186	8	23		243	31	6	13	15	391
299	690	72	103	1	830	153	10	41	145	392
182	362	55	97	1	271	41	9	15	52	393
43	93	10	21		27	8	14	6	4	394
106	141	40	11		91	16	5	1	13	395
38	88	20	79	2	60	47	13	15	13	396
124	143	17	21		79	16	6	4	17	397
131	113	13	25	1	134	30	4	19	9	399
455	1027	68	62		944	59	4	9	14	40
66	163	11	16		184	13		3	5	401
	19	3			12	2		1		402
7	47	1	2		21	1			1	403
57	101	4	14		134	2	1	1		404
56	188	13	11		134	20	2	1	1	405
169	368	28	6		216	10			4	406
7	25	3			3		1	1	2	407
93	116	5	13		240	11		2	1	409
633	394	41	133		552	62	4	37	21	41
319	174	21	31		285	34	3	24	9	411
67	100	6	11		135	12		3	5	412
9	6	2			7					413
149	60	5	70		39	4	1	2		414
17	21	3	6		10	7		3	3	415
72	33	4	15		76	5		5	4	419
696	780	239	441	43	561	344	122	78	108	42
363	292	156	201	39	298	195	73	33	76	421
107	100	12	38		32	23	1	2	6	422
82	254	32	28	1	76	82	36	19	8	423
144	134	39	174	3	155	44	12	24	18	429
140	316	80	135	3	149	69	14	17	31	43
62	164	47	82	1	79	31	8	8	15	431
78	152	33	53	2	70	38	6	9	16	432

2-1 续表 18

行业中类	代码	河南	湖北	湖南	广东	广西	海南
电力、燃气及水的生产和供应业	D	**1554**	**2817**	**4951**	**8152**	**2638**	**303**
电力、热力的生产和供应业	44	685	1498	3870	6524	1940	187
电力生产	441	457	1152	3525	6273	1748	154
电力供应	442	165	297	324	204	172	30
热力生产和供应	443	63	49	21	47	20	3
燃气生产和供应业	45	184	262	157	252	71	31
燃气生产和供应业	450	184	262	157	252	71	31
水的生产和供应业	46	685	1057	924	1376	627	85
自来水的生产和供应	461	563	949	836	1081	554	69
污水处理及其再生利用	462	108	85	70	260	56	12
其他水的处理、利用与分配	469	14	23	18	35	17	4
建筑业	E	**12272**	**18251**	**7570**	**23165**	**5047**	**3079**
房屋和土木工程建筑业	47	6358	6423	3982	5996	1817	571
房屋工程建筑	471	4576	4103	2803	3660	1131	289
土木工程建筑	472	1782	2320	1179	2336	686	282
建筑安装业	48	1548	3394	974	4984	688	487
建筑安装业	480	1548	3394	974	4984	688	487
建筑装饰业	49	2838	5098	1576	9719	1918	1615
建筑装饰业	490	2838	5098	1576	9719	1918	1615
其他建筑业	50	1528	3336	1038	2466	624	406
工程准备	501	281	778	233	922	164	256
提供施工设备服务	502	167	386	168	254	124	28
其他未列明的建筑活动	509	1080	2172	637	1290	336	122
交通运输、仓储和邮政业	F	**5695**	**8592**	**4395**	**22147**	**4926**	**809**
铁路运输业	51	57	93	21	77	47	4
铁路旅客运输	511	5	11	3	5	5	2
铁路货物运输	512	24	36	6	32	21	2
铁路运输辅助活动	513	28	46	12	40	21	
道路运输业	52	3108	4470	2220	7603	2499	265
公路旅客运输	521	427	809	524	675	314	72
道路货物运输	522	2251	3216	1398	6144	1932	181
道路运输辅助活动	523	430	445	298	784	253	12
城市公共交通业	53	404	375	489	546	253	56
公共电汽车客运	531	108	94	184	175	87	17
轨道交通	532	5	7	5	11	2	
出租车客运	533	284	242	265	327	135	34
城市轮渡	534	1	13	8	6	4	
其他城市公共交通	539	6	19	27	27	25	5
水上运输业	54	86	553	218	1118	412	114
水上旅客运输	541	17	105	57	115	62	15
水上货物运输	542	61	308	113	637	285	81
水上运输辅助活动	543	8	140	48	366	65	18

单位：个

重庆	四川	贵州	云南	西藏	陕西	甘肃	青海	宁夏	新疆	代码
1979	**5659**	**1297**	**2195**	**90**	**1296**	**1006**	**312**	**234**	**706**	D
1188	3466	950	1657	74	721	818	250	154	506	44
1114	3216	825	1444	62	553	537	223	82	268	441
68	242	118	204	12	94	100	7	16	33	442
6	8	7	9		74	181	20	56	205	443
177	626	48	87	4	174	55	15	32	68	45
177	626	48	87	4	174	55	15	32	68	450
614	1567	299	451	12	401	133	47	48	132	46
540	1453	271	394	11	336	108	40	42	116	461
62	98	21	49		46	16	2	4	13	462
12	16	7	8	1	19	9	5	2	3	469
7935	**9987**	**2437**	**8042**	**416**	**10215**	**2641**	**949**	**1337**	**2135**	E
2947	4480	885	3184	372	3965	1456	514	639	1003	47
2274	3224	617	2036	287	2505	1008	288	386	559	471
673	1256	268	1148	85	1460	448	226	253	444	472
928	1464	280	869	13	1636	437	152	221	408	48
928	1464	280	869	13	1636	437	152	221	408	480
2448	2745	969	2654	14	3169	537	187	375	453	49
2448	2745	969	2654	14	3169	537	187	375	453	490
1612	1298	303	1335	17	1445	211	96	102	271	50
128	264	93	256	1	427	69	45	36	104	501
206	183	32	65	3	221	22	14	14	38	502
1278	851	178	1014	13	797	120	37	52	129	509
4874	**6690**	**1537**	**3514**	**135**	**3940**	**1536**	**372**	**650**	**2479**	F
13	32	23	30	1	55	17	9	6	28	51
	3		2		2	4	1	1	1	511
7	13	12	16	1	33	8	4	2	25	512
6	16	11	12		20	5	4	3	2	513
2738	3991	854	1851	64	2163	723	187	397	1236	52
274	596	216	252	21	270	154	40	65	179	521
2220	2840	530	1294	34	1648	453	109	314	938	522
244	555	108	305	9	245	116	38	18	119	523
139	437	128	192	28	369	163	35	54	157	53
40	117	38	48	2	89	48	9	14	62	531
2	8		6		4				1	532
83	284	74	121	26	264	108	24	37	87	533
4	3				1					534
10	25	16	17		11	7	2	3	7	539
409	173	49	50		16	3	3	5		54
71	65	17	29		10	1	3			541
288	72	24	11		4	1		3		542
50	36	8	10		2	1		2		543

2-1 续表 19

行业中类	代码	河南	湖北	湖南	广东	广西	海南
航空运输业	55	20	32	26	153	39	20
航空客货运输	551	6	8	9	92	17	5
通用航空服务	552	8	8	8	33	9	4
航空运输辅助活动	553	6	16	9	28	13	11
管道运输业	56	2	10	10	8	5	2
管道运输业	560	2	10	10	8	5	2
装卸搬运和其他运输服务业	57	656	1900	935	9833	955	232
装卸搬运	571	263	653	326	737	258	27
运输代理服务	572	393	1247	609	9096	697	205
仓储业	58	1214	606	309	1315	497	65
谷物、棉花等农产品仓储	581	686	195	130	184	216	17
其他仓储	589	528	411	179	1131	281	48
邮政业	59	148	553	167	1494	219	51
国家邮政	591	36	201	46	451	61	17
其他寄递服务	599	112	352	121	1043	158	34
信息传输、计算机服务和软件业	**G**	**4946**	**6589**	**8464**	**21047**	**6067**	**1037**
电信和其他信息传输服务业	60	531	1242	927	3505	1111	164
电信	601	212	427	279	901	360	49
互联网信息服务	602	217	674	479	2437	712	101
广播电视传输服务	603	87	125	160	153	37	13
卫星传输服务	604	15	16	9	14	2	1
计算机服务业	61	3625	3933	6591	7740	4378	624
计算机系统服务	611	413	1079	579	2505	430	106
数据处理	612	20	47	19	139	12	9
计算机维修	613	82	120	48	415	70	34
其他计算机服务	619	3110	2687	5945	4681	3866	475
软件业	62	790	1414	946	9802	578	249
公共软件服务	621	626	1125	714	7992	434	185
其他软件服务	629	164	289	232	1810	144	64
批发和零售业	**H**	**62431**	**91518**	**50020**	**248484**	**54824**	**9096**
批发业	63	31899	47631	27402	162495	28419	4618
农畜产品批发	631	3536	7398	1386	2174	1493	201
食品、饮料及烟草制品批发	632	2565	3630	2695	10443	2249	571
纺织、服装及日用品批发	633	1470	3368	1716	21658	1704	433
文化、体育用品及器材批发	634	616	1150	648	6972	654	190
医药及医疗器材批发	635	1006	1384	1099	4061	937	443
矿产品、建材及化工产品批发	636	12441	13493	8680	34631	10432	1317
机械设备、五金交电及电子产品批发	637	7581	11003	7239	57283	5973	960
贸易经纪与代理	638	418	1533	900	11732	2505	92
其他批发	639	2266	4672	3039	13541	2472	411

单位：个

重庆	四川	贵州	云南	西藏	陕西	甘肃	青海	宁夏	新疆	代码
26	46	19	63	5	55	34	4	8	23	55
5	14	8	29	4	14	11		5	6	551
8	14	3	12	1	24	9	2	1	8	552
13	18	8	22		17	14	2	2	9	553
1	4		4		14			2	5	56
1	4		4		14			2	5	560
1039	1421	224	713	13	538	290	53	84	761	57
350	398	76	198		143	73	20	39	118	571
689	1023	148	515	13	395	217	33	45	643	572
361	383	155	236	3	602	242	53	53	210	58
45	108	62	35		246	142	28	27	53	581
316	275	93	201	3	356	100	25	26	157	589
148	203	85	375	21	128	64	28	41	59	59
88	51	24	95	10	28	28	12	12	22	591
60	152	61	280	11	100	36	16	29	37	599
4963	**8998**	**1965**	**4083**	**134**	**3943**	**1001**	**383**	**701**	**1941**	G
940	1098	442	899	51	784	419	83	87	440	60
407	325	161	261	32	247	147	44	39	138	601
478	539	245	582	19	458	255	27	33	271	602
52	231	36	53		74	15	12	13	31	603
3	3		3		5	2		2		604
2316	6524	1305	2355	81	2001	471	254	541	1318	61
400	604	145	504	12	542	64	31	71	172	611
13	28	4	13		33	4		1	11	612
119	140	27	45	2	72	27	7	24	46	613
1784	5752	1129	1793	67	1354	376	216	445	1089	619
1707	1376	218	829	2	1158	111	46	73	183	62
1057	1139	141	664	2	1006	73	41	67	117	621
650	237	77	165		152	38	5	6	66	629
53381	**56426**	**17073**	**48810**	**1027**	**50921**	**21209**	**4576**	**9941**	**21781**	H
25150	34691	8958	29462	219	24262	11734	2291	5210	14776	63
1472	2068	342	773	23	937	1066	125	345	1221	631
2370	3454	876	2220	44	1828	1115	211	338	1085	632
1802	2022	399	1392	5	1323	483	85	185	783	633
599	649	250	662	6	657	294	63	109	299	634
821	1393	361	863	18	954	533	128	127	411	635
8919	12651	3623	9227	35	8173	4456	935	2132	4862	636
6871	9369	2232	5689	56	8055	3062	521	1422	5390	637
537	371	105	419	4	857	82	69	46	222	638
1759	2714	770	8217	28	1478	643	154	506	503	639

2-1 续表 20

行业中类	代码	河南	湖北	湖南	广东	广西	海南
零售业	65	30532	43887	22618	85989	26405	4478
综合零售	651	5975	10827	4067	6740	2761	434
食品、饮料及烟草制品专门零售	652	2655	2998	1512	5302	2000	290
纺织、服装及日用品专门零售	653	3188	3417	1951	8891	1817	605
文化、体育用品及器材专门零售	654	1616	1942	1002	5038	1116	314
医药及医疗器材专门零售	655	1828	3319	2430	7064	6045	196
汽车、摩托车、燃料及零配件专门零售	656	4862	5184	3655	9162	2991	501
家用电器及电子产品专门零售	657	5242	6738	3428	19426	3760	839
五金、家具及室内装修材料专门零售	658	2990	4042	2200	12564	2402	774
无店铺及其他零售	659	2176	5420	2373	11802	3513	525
住宿和餐饮业	**I**	**8071**	**7223**	**7125**	**16169**	**3046**	**1295**
住宿业	66	2698	2434	2760	6390	1636	847
旅游饭店	661	831	919	1010	2356	697	554
一般旅馆	662	1711	1262	1554	3615	805	261
其他住宿服务	669	156	253	196	419	134	32
餐饮业	67	5373	4789	4365	9779	1410	448
正餐服务	671	4516	4063	3674	7401	1047	356
快餐服务	672	530	265	166	918	103	13
饮料及冷饮服务	673	59	121	245	489	60	41
其他餐饮服务	679	268	340	280	971	200	38
金融业	**J**	**1818**	**2222**	**1459**	**3857**	**1561**	**259**
银行业	68	441	551	363	583	551	66
中央银行	681	5	18	13	4	6	
商业银行	682	395	419	310	489	457	46
其他银行	689	41	114	40	90	88	20
证券业	69	64	158	108	391	95	15
证券市场管理	691	3	10	18	16	9	2
证券经纪与交易	692	24	54	60	133	20	5
证券投资	693	22	60	23	150	56	5
证券分析与咨询	694	15	34	7	92	10	3
保险业	70	523	600	451	1043	348	66
人寿保险	701	209	289	194	263	151	27
非人寿保险	702	232	235	196	342	151	19
保险辅助服务	703	82	76	61	438	46	20
其他金融活动	71	790	913	537	1840	567	112
金融信托与管理	711	156	114	82	250	78	5
金融租赁	712	9	21	12	24	22	
财务公司	713	45	42	18	131	22	4
邮政储蓄	714	18	131	22	34	43	1
典当	715	97	171	193	288	104	74
其他未列明的金融活动	719	465	434	210	1113	298	28

单位：个

重庆	四川	贵州	云南	西藏	陕西	甘肃	青海	宁夏	新疆	代码
28231	21735	8115	19348	808	26659	9475	2285	4731	7005	65
3217	2547	868	2562	77	3701	1600	238	546	657	651
2635	1851	753	1305	123	1847	789	252	294	490	652
4305	1883	375	956	47	1979	741	149	372	525	653
1285	1024	417	888	56	1390	581	166	271	428	654
1328	2146	553	1127	87	1959	626	293	240	356	655
3179	4883	1815	3452	99	3783	1306	352	808	1332	656
4996	3778	1564	2368	102	4868	1806	379	802	1460	657
4721	2108	880	1468	57	3792	1113	172	645	1120	658
2565	1515	890	5222	160	3340	913	284	753	637	659
7061	**7049**	**1569**	**3179**	**277**	**5256**	**2011**	**561**	**683**	**1026**	**I**
1453	2925	885	1988	231	2076	1011	350	318	732	66
463	1023	356	840	133	762	273	105	114	354	661
864	1736	478	996	92	1150	652	219	177	356	662
126	166	51	152	6	164	86	26	27	22	669
5608	4124	684	1191	46	3180	1000	211	365	294	67
4638	3364	575	925	32	2647	848	169	329	238	671
215	136	23	49	3	123	53	3	10	40	672
170	279	36	44	6	125	21	11	8	2	673
585	345	50	173	5	285	78	28	18	14	679
1152	**1837**	**846**	**2020**	**103**	**1252**	**724**	**191**	**310**	**716**	**J**
489	514	204	511	80	320	294	94	54	235	68
	5		8	2	4	4	6		2	681
438	464	166	406	61	279	253	77	38	195	682
51	45	38	97	17	37	37	11	16	38	689
38	68	23	73	2	75	17	4	6	8	69
3	2		12	1	5	2				691
10	41	14	31	1	33	12	4	1	5	692
14	17	5	27		19	2		5	3	693
11	8	4	3		18	1				694
163	527	152	550	15	363	211	33	54	184	70
69	222	56	221	6	120	80	12	17	69	701
57	198	78	256	9	170	116	19	29	97	702
37	107	18	73		73	15	2	8	18	703
462	728	467	886	6	494	202	60	196	289	71
41	77	40	92	2	72	27	8	5	28	711
8	15	4	29		19	5		3	3	712
39	40	23	42		28	11	5	5	24	713
63	24	13	25	1	9	20	4	7	8	714
77	161	158	145	2	95	42	16	56	86	715
234	411	229	553	1	271	97	27	120	140	719

2-1 续表 21

行业中类	代码	河南	湖北	湖南	广东	广西	海南
房地产业	K	**10357**	**14771**	**9614**	**41620**	**10115**	**4922**
房地产业	72	10357	14771	9614	41620	10115	4922
房地产开发经营	721	6757	5827	6300	12389	5980	3098
物业管理	722	2096	4112	2142	11769	1866	814
房地产中介服务	723	1055	2303	602	7428	1408	786
其他房地产活动	729	449	2529	570	10034	861	224
租赁和商务服务业	L	**12606**	**21098**	**11061**	**73431**	**13630**	**4091**
租赁业	73	780	1078	492	1868	710	275
机械设备租赁	731	743	1047	467	1753	686	259
文化及日用品出租	732	37	31	25	115	24	16
商务服务业	74	11826	20020	10569	71563	12920	3816
企业管理服务	741	1661	3993	2473	22372	3218	610
法律服务	742	267	264	367	1014	176	51
咨询与调查	743	3543	4896	2077	21638	2350	891
广告业	744	2998	4433	2066	11174	2980	827
知识产权服务	745	93	122	65	666	41	13
职业中介服务	746	506	1054	508	1811	469	134
市场管理	747	338	558	535	1437	379	48
旅行社	748	966	1202	941	1638	796	430
其他商务服务	749	1454	3498	1537	9813	2511	812
科学研究、技术服务和地质勘查业	M	**3330**	**7448**	**3742**	**23755**	**3314**	**919**
研究与试验发展	75	301	967	1034	6556	269	132
自然科学研究与试验发展	751	38	310	162	394	38	19
工程和技术研究与试验发展	752	124	415	614	5498	93	31
农业科学研究与试验发展	753	83	145	160	227	87	44
医学研究与试验发展	754	51	83	78	407	43	35
社会人文科学研究与试验发展	755	5	14	20	30	8	3
专业技术服务业	76	2070	4128	1614	13254	1952	600
气象服务	761	24	351	30	48	28	10
地震服务	762	4	2	5	7	1	1
海洋服务	763		2	1	26	9	4
测绘服务	764	132	86	43	205	144	28
技术检测	765	229	357	185	921	295	57
环境监测	766	37	51	30	120	27	9
工程技术与规划管理	767	1158	1673	802	5213	998	340
其他专业技术服务	769	486	1606	518	6714	450	151
科技交流和推广服务业	77	861	2257	1031	3846	997	155
技术推广服务	771	609	1408	574	2700	611	93
科技中介服务	772	139	192	170	431	119	22
其他科技服务	779	113	657	287	715	267	40
地质勘查业	78	98	96	63	99	96	32
矿产地质勘查	781	32	33	31	29	63	21
基础地质勘查	782	9	13	9	26	7	4
地质勘查技术服务	783	57	50	23	44	26	7

单位：个

重庆	四川	贵州	云南	西藏	陕西	甘肃	青海	宁夏	新疆	代码
8310	**10919**	**4986**	**8294**	**98**	**8483**	**2899**	**922**	**1138**	**3470**	K
8310	10919	4986	8294	98	8483	2899	922	1138	3470	72
3581	5592	2957	4685	56	3747	1683	531	625	1760	721
2045	3012	968	1564	38	2312	842	277	344	862	722
2091	1584	433	1464	1	945	322	68	136	455	723
593	731	628	581	3	1479	52	46	33	393	729
15494	**16311**	**4688**	**12213**	**240**	**11193**	**3362**	**994**	**1794**	**5020**	L
1501	1391	532	634	43	1170	345	96	275	398	73
1461	1361	502	621	38	1148	334	91	271	386	731
40	30	30	13	5	22	11	5	4	12	732
13993	14920	4156	11579	197	10023	3017	898	1519	4622	74
1478	2989	789	2764	24	1675	321	164	140	865	741
227	492	96	210	3	215	126	31	40	179	742
4107	3339	752	2494	38	2199	528	111	218	1065	743
4348	3244	909	2056	50	2932	708	151	477	1018	744
90	96	24	50	1	73	4	3	20	32	745
918	1115	255	357	4	572	230	68	151	348	746
452	909	144	498	3	190	210	72	80	156	747
602	834	354	680	44	604	352	167	107	327	748
1771	1902	833	2470	30	1563	538	131	286	632	749
2709	**4378**	**1202**	**3173**	**66**	**4185**	**902**	**372**	**466**	**1949**	M
334	537	115	547	6	371	95	20	27	101	75
36	60	10	145		38	13	6	3	18	751
160	270	39	168	1	143	32	4	12	34	752
58	115	35	147	2	114	26	8	8	37	753
69	84	30	77	3	65	20	2	3	12	754
11	8	1	10		11	4		1		755
1639	2694	840	1886	41	2199	608	259	342	1190	76
6	20	33	37	2	42	11		8	21	761
		3	1		1	2	2			762
					1				1	763
38	189	52	200	1	95	27	13	15	58	764
137	227	108	195	8	210	69	38	52	223	765
38	44	22	30	2	54	10	5	9	15	766
814	1514	391	973	24	960	326	166	208	554	767
606	700	231	450	4	836	163	35	50	318	769
674	1006	172	554	10	1447	146	62	81	322	77
355	696	93	302	7	968	102	31	65	196	771
127	144	29	77		162	15	23	9	61	772
192	166	50	175	3	317	29	8	7	65	779
62	141	75	186	9	168	53	31	16	336	78
18	50	35	114	6	99	32	20	12	153	781
15	28	9	17		14	5	4	2	6	782
29	63	31	55	3	55	16	7	2	177	783

2-1 续表 22

行业中类	代码	河南	湖北	湖南	广东	广西	海南
水利、环境和公共设施管理业	N	**1013**	**1401**	**786**	**2721**	**761**	**179**
水利管理业	79	63	171	79	163	61	13
防洪管理	791	9	10	9	16	8	
水资源管理	792	19	80	38	95	31	9
其他水利管理	799	35	81	32	52	22	4
环境管理业	80	148	349	166	812	180	43
自然保护	801	19	39	21	39	15	1
环境治理	802	129	310	145	773	165	42
公共设施管理业	81	802	881	541	1746	520	123
市政公共设施管理	811	84	162	86	284	71	14
城市绿化管理	812	366	431	224	1046	191	55
游览景区管理	813	352	288	231	416	258	54
居民服务和其他服务业	O	**3864**	**7526**	**5058**	**15752**	**3089**	**694**
居民服务业	82	2246	2500	3061	6527	1060	305
家庭服务	821	155	272	229	757	116	39
托儿所	822	14	16	23	98	12	
洗染服务	823	66	82	86	194	34	4
理发及美容保健服务	824	374	461	1261	2139	284	79
洗浴服务	825	671	223	389	850	56	12
婚姻服务	826	121	171	83	219	57	6
殡葬服务	827	83	51	59	119	27	10
摄影扩印服务	828	444	287	278	742	142	67
其他居民服务	829	318	937	653	1409	332	88
其他服务业	83	1618	5026	1997	9225	2029	389
修理与维护	831	913	1832	1149	4285	908	133
清洁服务	832	328	594	283	2368	319	140
其他未列明的服务	839	377	2600	565	2572	802	116
教育	P	**1123**	**1346**	**1172**	**3775**	**757**	**168**
教育	84	1123	1346	1172	3775	757	168
学前教育	841	302	275	381	1150	178	14
初等教育	842	154	37	20	204	16	
中等教育	843	100	71	75	129	34	4
高等教育	844	5	8	10	50	6	1
其他教育	849	562	955	686	2242	523	149
卫生、社会保障和社会福利业	Q	**1131**	**945**	**512**	**1830**	**420**	**58**
卫生	85	1095	858	474	1702	392	52
医院	851	224	206	206	290	100	18
卫生院及社区医疗活动	852	84	126	89	178	43	7

单位：个

重庆	四川	贵州	云南	西藏	陕西	甘肃	青海	宁夏	新疆	代码
1025	**959**	**355**	**802**	**14**	**918**	**185**	**62**	**128**	**305**	N
84	84	62	62	2	82	29	9	10	43	79
6	4	4	4		7				4	791
49	53	35	23	2	36	18	3	6	28	792
29	27	23	35		39	11	6	4	11	799
336	292	70	191	3	218	39	21	18	61	80
19	24	6	20	1	20	5	7	4	10	801
317	268	64	171	2	198	34	14	14	51	802
605	583	223	549	9	618	117	32	100	201	81
66	83	22	86		72	28	6	4	23	811
349	335	67	282	5	378	52	14	61	100	812
190	165	134	181	4	168	37	12	35	78	813
4622	**3701**	**1536**	**2642**	**86**	**4089**	**1437**	**280**	**589**	**1322**	O
2516	1617	615	850	31	1429	573	120	180	432	82
356	266	83	127	1	180	53	9	25	48	821
19	9	1	4		5	2	1	1	9	822
158	61	15	33		56	19	1	4	9	823
701	294	97	126	6	199	79	14	19	45	824
157	194	91	117	6	200	85	30	24	49	825
202	126	19	33	1	106	22	6	13	21	826
88	77	55	45		40	20	10	15	18	827
284	137	53	99	2	206	94	14	25	41	828
551	453	201	266	15	437	199	35	54	192	829
2106	2084	921	1792	55	2660	864	160	409	890	83
1001	1227	459	702	39	1320	499	72	230	550	831
618	428	132	289	5	383	126	34	45	87	832
487	429	330	801	11	957	239	54	134	253	839
786	**1247**	**415**	**545**	**24**	**650**	**272**	**64**	**80**	**321**	P
786	1247	415	545	24	650	272	64	80	321	84
116	307	67	50	7	115	12	5	7	33	841
6	10	12	8	1	30	1			4	842
25	51	18	20	1	33	17	4	2	9	843
4	9		17		3	6	1		1	844
635	870	318	450	15	469	236	54	71	274	849
267	**693**	**391**	**457**	**10**	**472**	**137**	**46**	**76**	**252**	Q
225	654	385	426	9	442	131	45	76	240	85
92	353	241	302	3	117	47	23	47	156	851
40	107	64	36	1	45	26	14	9	34	852

2-1 续表 23

行业中类	代码	河南	湖北	湖南	广东	广西	海南
门诊部医疗活动	853	751	424	129	953	182	10
计划生育技术服务活动	854	1	25	1	129	1	
妇幼保健活动	855	3	6	2	11	3	3
专科疾病防治活动	856	7	8	6	40	6	5
疾病预防控制及防疫活动	857	4	7	5	12	10	1
其他卫生活动	859	21	56	36	89	47	8
社会保障业	86	6	34	10	37	8	2
社会保障业	860	6	34	10	37	8	2
社会福利业	87	30	53	28	91	20	4
提供住宿的社会福利	871	25	43	20	58	12	2
不提供住宿的社会福利	872	5	10	8	33	8	2
文化、体育和娱乐业	**R**	**1253**	**2014**	**2034**	**5023**	**1090**	**468**
新闻出版业	88	64	171	89	279	55	35
新闻业	881	9	14	5	15	8	1
出版业	882	55	157	84	264	47	34
广播、电视、电影和音像业	89	211	338	208	658	175	75
广播	891	12	29	10	39	8	1
电视	892	35	47	45	142	16	11
电影	893	111	165	107	311	119	45
音像制作	894	53	97	46	166	32	18
文化艺术业	90	359	676	429	995	245	131
文艺创作与表演	901	174	96	93	292	63	28
艺术表演场馆	902	14	11	25	40	5	4
图书馆与档案馆	903	4	5	3	15	5	3
文物及文化保护	904	26	14	8	15	5	1
博物馆	905	4	5		12	3	3
烈士陵园、纪念馆	906	2	5	9	3	1	
群众文化活动	907	24	104	32	142	23	6
文化艺术经纪代理	908	46	96	102	217	58	44
其他文化艺术	909	65	340	157	259	82	42
体育	91	49	97	54	381	50	38
体育组织	911	28	24	20	105	17	14
体育场馆	912	6	14	15	173	21	10
其他体育	919	15	59	19	103	12	14
娱乐业	92	570	732	1254	2710	565	189
室内娱乐活动	921	371	376	818	1655	376	71
游乐园	922	39	45	24	132	15	10
休闲健身娱乐活动	923	106	196	291	725	98	70
其他娱乐活动	929	54	115	121	198	76	38

单位：个

重庆	四川	贵州	云南	西藏	陕西	甘肃	青海	宁夏	新疆	代码
62	145	52	60	4	239	43	5	15	39	853
3	3		4	1	1	3		1		854
4	4	2	4		7	2			1	855
2	8	5	3		4	2	1		4	856
2	6	1	1		6	1		1		857
20	28	20	16		23	7	2	3	6	859
	9	3	15		6	2			3	86
	9	3	15		6	2			3	860
42	30	3	16	1	24	4	1		9	87
28	22	2	10	1	18	2			5	871
14	8	1	6		6	2	1		4	872
1304	**1613**	**413**	**1237**	**25**	**1300**	**385**	**103**	**130**	**274**	**R**
84	78	17	31		107	20	2	7	21	88
5	6	2	5		3	1			2	881
79	72	15	26		104	19	2	7	19	882
159	254	89	198	3	274	49	30	28	79	89
8	14	3	12		13	2	2	3	5	891
22	42	16	27		33	5	6	1	8	892
67	134	62	83	2	172	34	15	18	44	893
62	64	8	76	1	56	8	7	6	22	894
398	270	89	404	4	408	69	18	12	49	90
151	94	26	98	2	158	22	5	6	14	901
12	10	3	13		24	3		1	5	902
2	2		2		1		1			903
8	4	4	7		18	1	1		1	904
6	5	2	6		5	1			4	905
			1		2					906
27	36	7	34		43	6			4	907
55	52	19	45	1	61	9	3	2	13	908
137	67	28	198	1	96	27	8	3	8	909
55	61	20	66		31	8	5	3	10	91
25	25	7	16		11	2	3	1	4	911
14	18	3	7		7	6	1	2	3	912
16	18	10	43		13		1		3	919
608	950	198	538	18	480	239	48	80	115	92
424	705	126	334	9	311	165	39	49	68	921
13	25	4	16	1	18	5	1	7	8	922
95	154	40	93	1	103	32	3	12	23	923
76	66	28	95	7	48	37	5	12	16	929

2-2 按行业(中类)、东中西部以及东北地区分组的企业法人单位数

(2011年) 单位：个

行业中类	代码	企业单位数	东部地区	中部地区	西部地区	东北地区
总计		**7331200**	**4450939**	**1221489**	**1133089**	**525683**
农、林、牧、渔业	**A**	**247456**	**93529**	**63999**	**71939**	**17989**
农业	01	94777	41628	19206	28197	5746
谷物及其他作物的种植	011	23920	9857	6353	5715	1995
蔬菜、园艺作物的种植	012	40159	18930	7729	11304	2196
水果、坚果、饮料和香料作物的种植	013	25526	11678	4090	8730	1028
中药材的种植	014	5172	1163	1034	2448	527
林业	02	24650	8135	7692	7006	1817
林木的培育和种植	021	22985	7543	7302	6480	1660
木材和竹材的采运	022	861	303	209	223	126
林产品的采集	023	804	289	181	303	31
畜牧业	03	80163	21717	26172	25442	6832
牲畜的饲养	031	25337	5797	8248	8824	2468
猪的饲养	032	27607	7334	10338	8127	1808
家禽的饲养	033	20317	6218	5966	6378	1755
狩猎和捕捉动物	034	106	27	40	29	10
其他畜牧业	039	6796	2341	1580	2084	791
渔业	04	20206	9939	3457	5221	1589
海洋渔业	041	5515	4211	141	298	865
内陆渔业	042	14691	5728	3316	4923	724
农、林、牧、渔服务业	05	27660	12110	7472	6073	2005
农业服务业	051	21810	9588	6036	4636	1550
林业服务业	052	1577	594	480	430	73
畜牧服务业	053	2795	1026	685	804	280
渔业服务业	054	1478	902	271	203	102
采矿业	**B**	**105490**	**22648**	**35777**	**37173**	**9892**
煤炭开采和洗选业	06	22881	1795	9117	9655	2314
烟煤和无烟煤的开采洗选	061	21477	1620	8742	8943	2172
褐煤的开采洗选	062	631	51	65	432	83
其他煤炭采选	069	773	124	310	280	59
石油和天然气开采业	07	1867	234	102	1121	410
天然原油和天然气开采	071	416	88	43	183	102
与石油和天然气开采有关的服务活动	079	1451	146	59	938	308
黑色金属矿采选业	08	18585	6550	5305	4674	2056
铁矿采选	081	16457	6373	4541	3579	1964
其他黑色金属矿采选	089	2128	177	764	1095	92
有色金属矿采选业	09	11767	1588	3878	5235	1066
常用有色金属矿采选	091	8243	811	2540	4233	659
贵金属矿采选	092	2224	596	698	658	272
稀有稀土金属矿采选	093	1300	181	640	344	135

2-2　续表 1

单位：个

行业中类	代码	企业单位数	东部地区	中部地区	西部地区	东北地区
非金属矿采选业	10	48603	12114	16852	15710	3927
土砂石开采	101	40946	9998	14594	13208	3146
化学矿采选	102	1646	70	667	768	141
采盐	103	852	723	15	74	40
石棉及其他非金属矿采选	109	5159	1323	1576	1660	600
其他采矿业	11	1787	367	523	778	119
其他采矿业	110	1787	367	523	778	119
制造业	**C**	**2240288**	**1490810**	**377675**	**225517**	**146286**
农副食品加工业	13	111076	44885	34265	18838	13088
谷物磨制	131	28868	6694	14916	3022	4236
饲料加工	132	13280	5332	3187	2581	2180
植物油加工	133	10369	3563	4039	1987	780
制糖	134	718	287	78	304	49
屠宰及肉类加工	135	17564	7159	3957	4640	1808
水产品加工	136	9689	7567	593	253	1276
蔬菜、水果和坚果加工	137	15172	8672	2640	2585	1275
其他农副食品加工	139	15416	5611	4855	3466	1484
食品制造业	14	48538	23768	11237	9276	4257
焙烤食品制造	141	12064	5650	3103	2182	1129
糖果、巧克力及蜜饯制造	142	5125	3380	912	710	123
方便食品制造	143	7477	2914	2395	1485	683
液体乳及乳制品制造	144	2010	705	380	658	267
罐头制造	145	3394	1887	735	507	265
调味品、发酵制品制造	146	7207	3183	1484	1898	642
其他食品制造	149	11261	6049	2228	1836	1148
饮料制造业	15	38429	15183	9795	9972	3479
酒精制造	151	494	173	116	134	71
酒的制造	152	14217	4692	2843	4710	1972
软饮料制造	153	13425	5516	3668	2827	1414
精制茶加工	154	10293	4802	3168	2301	22
烟草制品业	16	321	103	84	99	35
烟叶复烤	161	116	27	36	35	18
卷烟制造	162	103	35	25	31	12
其他烟草制品加工	169	102	41	23	33	5
纺织业	17	129946	106813	13699	6282	3152
棉、化纤纺织及印染精加工	171	49829	40345	6338	2391	755
毛纺织和染整精加工	172	5780	4495	393	808	84
麻纺织	173	1040	419	362	112	147
丝绢纺织及精加工	174	7782	6576	379	548	279
纺织制成品制造	175	30206	24743	3294	1195	974
针织品、编织品及其制品制造	176	35309	30235	2933	1228	913

2-2 续表 2

单位：个

行业中类	代码	企业单位数	东部地区	中部地区	西部地区	东北地区
纺织服装、鞋、帽制造业	18	106343	84116	13852	3819	4556
纺织服装制造	181	98657	77910	12790	3630	4327
纺织面料鞋的制造	182	5623	4341	933	161	188
制帽	183	2063	1865	129	28	41
皮革、毛皮、羽毛(绒)及其制品业	19	40161	32267	4370	2593	931
皮革鞣制加工	191	3182	2163	662	282	75
皮革制品制造	192	31105	26125	2625	1735	620
毛皮鞣制及制品加工	193	3832	2928	488	265	151
羽毛(绒)加工及制品制造	194	2042	1051	595	311	85
木材加工及木、竹、藤、棕、草制品业	20	69231	35063	18296	8580	7292
锯材、木片加工	201	23750	8809	8273	3446	3222
人造板制造	202	19642	11064	4859	2153	1566
木制品制造	203	17852	11033	2583	1907	2329
竹、藤、棕、草制品制造	204	7987	4157	2581	1074	175
家具制造业	21	45062	28851	8850	4999	2362
木质家具制造	211	31911	19144	7082	3788	1897
竹、藤家具制造	212	822	420	282	110	10
金属家具制造	213	5107	3880	664	409	154
塑料家具制造	214	743	512	121	66	44
其他家具制造	219	6479	4895	701	626	257
造纸及纸制品业	22	58094	42961	7393	5122	2618
纸浆制造	221	993	517	253	153	70
造纸	222	13380	8533	2480	1672	695
纸制品制造	223	43721	33911	4660	3297	1853
印刷业和记录媒介的复制	23	60163	40414	8310	7430	4009
印刷	231	54505	36646	7549	6633	3677
装订及其他印刷服务活动	232	5310	3533	707	758	312
记录媒介的复制	233	348	235	54	39	20
文教体育用品制造业	24	23779	20542	2116	585	536
文化用品制造	241	6644	5470	662	241	271
体育用品制造	242	6195	5525	418	115	137
乐器制造	243	1628	1413	104	37	74
玩具制造	244	8363	7296	873	157	37
游艺器材及娱乐用品制造	245	949	838	59	35	17
石油加工及炼焦	25	7411	3231	1242	1457	1481
精炼石油产品的制造	251	5506	2896	625	632	1353
炼焦	252	1905	335	617	825	128
化学原料及化学制品制造业	26	110943	65237	23903	13314	8489
基础化学原料制造	261	19238	10048	4339	3263	1588
肥料制造	262	11464	4612	2696	2833	1323
农药制造	263	2890	1519	725	404	242

2-2 续表 3 单位：个

行业中类	代码	企业单位数	东部地区	中部地区	西部地区	东北地区
涂料、油墨、颜料及类似产品制造	264	20434	14452	2957	1552	1473
合成材料制造	265	8057	6040	1005	507	505
专用化学产品制造	266	37764	20633	10765	3692	2674
日用化学产品制造	267	11096	7933	1416	1063	684
医药制造业	27	19148	8991	4548	3506	2103
化学药品原药制造	271	2729	1492	649	425	163
化学药品制剂制造	272	2556	1283	587	403	283
中药饮片加工	273	2462	706	634	645	477
中成药制造	274	3301	991	865	920	525
兽用药品制造	275	1587	786	416	262	123
生物、生化制品的制造	276	3468	1885	674	570	339
卫生材料及医药用品制造	277	3045	1848	723	281	193
化学纤维制造业	28	5817	4988	456	188	185
纤维素纤维原料及纤维制造	281	1131	860	143	79	49
合成纤维制造	282	4686	4128	313	109	136
橡胶制品业	29	24987	18961	2694	1694	1638
轮胎制造	291	2250	1556	335	216	143
橡胶板、管、带的制造	292	4743	3464	608	282	389
橡胶零件制造	293	6709	4968	636	501	604
再生橡胶制造	294	1163	687	264	157	55
日用及医用橡胶制品制造	295	1112	898	121	51	42
橡胶靴鞋制造	296	2262	1942	176	83	61
其他橡胶制品制造	299	6748	5446	554	404	344
塑料制品业	30	119050	92067	12870	7974	6139
塑料薄膜制造	301	10842	8179	1197	863	603
塑料板、管、型材的制造	302	16703	10828	2593	1936	1346
塑料丝、绳及编织品的制造	303	11104	6720	2070	1268	1046
泡沫塑料制造	304	5709	4132	667	496	414
塑料人造革、合成革制造	305	1395	1188	141	34	32
塑料包装箱及容器制造	306	13114	9911	1559	956	688
塑料零件制造	307	15496	14042	748	381	325
日用塑料制造	308	15066	12198	1391	730	747
其他塑料制品制造	309	29621	24869	2504	1310	938
非金属矿物制品业	31	228274	95449	75344	41919	15562
水泥、石灰和石膏的制造	311	15972	5732	5045	4064	1131
水泥及石膏制品制造	312	50953	17463	21563	9415	2512
砖瓦、石材及其他建筑材料制造	313	101895	38786	32984	22761	7364
玻璃及玻璃制品制造	314	19543	13414	3258	1763	1108
陶瓷制品制造	315	11690	7329	3402	722	237
耐火材料制品制造	316	12615	4928	4651	972	2064
石墨及其他非金属矿物制品制造	319	15606	7797	4441	2222	1146

2-2 续表 4

单位：个

行业中类	代码	企业单位数	东部地区	中部地区	西部地区	东北地区
黑色金属冶炼及压延加工业	32	21717	11893	4167	3924	1733
炼铁	321	2647	767	1011	638	231
炼钢	322	1052	467	290	181	114
钢压延加工	323	14542	10083	1818	1512	1129
铁合金冶炼	324	3476	576	1048	1593	259
有色金属冶炼及压延加工业	33	25903	14080	6175	4273	1375
常用有色金属冶炼	331	6828	2440	2231	1780	377
贵金属冶炼	332	819	268	289	201	61
稀有稀土金属冶炼	333	1527	338	625	443	121
有色金属合金制造	334	2938	1658	725	363	192
有色金属压延加工	335	13791	9376	2305	1486	624
金属制品业	34	175355	134629	18505	12785	9436
结构性金属制品制造	341	59703	39744	9178	6285	4496
金属工具制造	342	23325	18444	2300	1622	959
集装箱及金属包装容器制造	343	6562	4620	866	525	551
金属丝绳及其制品的制造	344	8201	6453	877	522	349
建筑、安全用金属制品制造	345	20682	16718	1796	1175	993
金属表面处理及热处理加工	346	12066	9730	662	692	982
搪瓷制品制造	347	1419	1144	149	86	40
不锈钢及类似日用金属制品制造	348	17189	15140	968	701	380
其他金属制品制造	349	26208	22636	1709	1177	686
通用设备制造业	35	232040	166956	28455	15767	20862
锅炉及原动机制造	351	9112	5235	1675	914	1288
金属加工机械制造	352	33297	23777	4282	2839	2399
起重运输设备制造	353	7308	4820	1533	307	648
泵、阀门、压缩机及类似机械的制造	354	29816	23388	2615	1056	2757
轴承、齿轮、传动和驱动部件的制造	355	15074	11566	1535	579	1394
烘炉、熔炉及电炉制造	356	2147	1606	231	159	151
风机、衡器、包装设备等通用设备制造	357	32377	25774	2859	1662	2082
通用零部件制造及机械修理	358	70022	50612	6675	5758	6977
金属铸、锻加工	359	32887	20178	7050	2493	3166
专用设备制造业	36	129759	94287	17167	8980	9325
矿山、冶金、建筑专用设备制造	361	21771	11628	4854	2384	2905
化工、木材、非金属加工专用设备制造	362	35878	29994	2679	1481	1724
食品、饮料、烟草及饲料生产专用设备制造	363	4369	2683	864	474	348
印刷、制药、日化生产专用设备制造	364	8076	6175	1020	428	453
纺织、服装和皮革工业专用设备制造	365	10229	9206	685	165	173
电子和电工机械专用设备制造	366	10115	7399	1345	821	550
农、林、牧、渔专用机械制造	367	9499	4744	2435	1363	957
医疗仪器设备及器械制造	368	7136	5209	937	532	458
环保、社会公共安全及其他专用设备制造	369	22686	17249	2348	1332	1757

2-2 续表 5

单位：个

行业中类	代码	企业单位数	东部地区	中部地区	西部地区	东北地区
交通运输设备制造业	37	100270	63134	15510	14019	7607
铁路运输设备制造	371	3444	1562	796	409	677
汽车制造	372	67845	40592	12535	9223	5495
摩托车制造	373	7749	3931	459	3331	28
自行车制造	374	6242	5663	383	136	60
船舶及浮动装置制造	375	12084	9417	960	528	1179
航空航天器制造	376	527	248	49	175	55
交通器材及其他交通运输设备制造	379	2379	1721	328	217	113
电气机械及器材制造业	39	130376	103421	12913	7128	6914
电机制造	391	13836	10910	1333	844	749
输配电及控制设备制造	392	42914	32896	4066	2695	3257
电线、电缆、光缆及电工器材制造	393	20390	15054	2800	1291	1245
电池制造	394	5268	3968	862	275	163
家用电力器具制造	395	16012	14182	953	492	385
非电力家用器具制造	396	5417	4026	710	458	223
照明器具制造	397	18529	16272	1307	499	451
其他电气机械及器材制造	399	8010	6113	882	574	441
通信设备、计算机及其他电子设备制造业	40	68989	58483	5560	3200	1746
通信设备制造	401	7241	5650	789	546	256
雷达及配套设备制造	402	161	90	21	39	11
广播电视设备制造	403	1911	1609	131	95	76
电子计算机制造	404	5770	4788	413	380	189
电子器件制造	405	10138	8440	925	470	303
电子元件制造	406	29426	25692	2203	1028	503
家用视听设备制造	407	4172	3827	224	67	54
其他电子设备制造	409	10170	8387	854	575	354
仪器仪表及文化、办公用机械制造业	41	30789	23179	3182	2049	2379
通用仪器仪表制造	411	14661	10460	1631	977	1593
专用仪器仪表制造	412	5271	3738	729	367	437
钟表与计时仪器制造	413	2158	2019	62	33	44
光学仪器及眼镜制造	414	4471	3658	384	350	79
文化、办公用机械制造	415	2060	1772	143	78	67
其他仪器仪表的制造及修理	419	2168	1532	233	244	159
工艺品及其他制造业	42	67540	50912	9700	4490	2438
工艺美术品制造	421	38235	29898	4518	2395	1424
日用杂品制造	422	9737	7616	1492	448	181
煤制品制造	423	4206	922	2252	680	352
其他未列明的制造业	429	15362	12476	1438	967	481
废弃资源和废旧材料回收加工业	43	10777	5946	3017	1255	559
金属废料和碎屑的加工处理	431	5476	2966	1612	685	213
非金属废料和碎屑的加工处理	432	5301	2980	1405	570	346

2-2 续表 6 单位：个

行业中类	代码	企业单位数	东部地区	中部地区	西部地区	东北地区
电力、燃气及水的生产和供应业	D	**65488**	**26294**	**16234**	**18722**	**4238**
电力、热力的生产和供应业	44	43759	17749	10450	12612	2948
电力生产	441	35662	15428	8832	10471	931
电力供应	442	3947	1039	1267	1236	405
热力生产和供应	443	4150	1282	351	905	1612
燃气生产和供应业	45	4714	1697	1130	1475	412
燃气生产和供应业	450	4714	1697	1130	1475	412
水的生产和供应业	46	17015	6848	4654	4635	878
自来水的生产和供应	461	13605	4819	4057	4093	636
污水处理及其再生利用	462	2647	1536	485	423	203
其他水的处理、利用与分配	469	763	493	112	119	39
建筑业	E	**346017**	**194131**	**63667**	**55510**	**32709**
房屋和土木工程建筑业	47	123423	62175	26238	23111	11899
房屋工程建筑	471	73972	34554	17196	15478	6744
土木工程建筑	472	49451	27621	9042	7633	5155
建筑安装业	48	66956	41448	9970	7693	7845
建筑安装业	480	66956	41448	9970	7693	7845
建筑装饰业	49	108682	65347	17465	16840	9030
建筑装饰业	490	108682	65347	17465	16840	9030
其他建筑业	50	46956	25161	9994	7866	3935
工程准备	501	13301	7430	2577	1750	1544
提供施工设备服务	502	5531	2750	1370	1050	361
其他未列明的建筑活动	509	28124	14981	6047	5066	2030
交通运输、仓储和邮政业	F	**209450**	**122053**	**36305**	**34164**	**16928**
铁路运输业	51	1492	718	357	312	105
铁路旅客运输	511	121	60	35	20	6
铁路货物运输	512	663	306	147	162	48
铁路运输辅助活动	513	708	352	175	130	51
道路运输业	52	98521	50864	20840	18998	7819
公路旅客运输	521	9300	3141	2877	2547	735
道路货物运输	522	80139	43756	15820	14208	6355
道路运输辅助活动	523	9082	3967	2143	2243	729
城市公共交通业	53	8573	3203	2128	2167	1075
公共电汽车客运	531	2409	840	698	634	237
轨道交通	532	125	62	29	25	9
出租车客运	533	5471	2057	1265	1357	792
城市轮渡	534	87	42	29	12	4
其他城市公共交通	539	481	202	107	139	33
水上运输业	54	9467	6052	1863	1125	427
水上旅客运输	541	1038	442	261	259	76
水上货物运输	542	5954	3822	1242	689	201
水上运输辅助活动	543	2475	1788	360	177	150

2-2 续表 7

单位：个

行业中类	代码	企业单位数	东部地区	中部地区	西部地区	东北地区
航空运输业	55	1199	559	150	354	136
航空客货运输	551	440	242	34	124	40
通用航空服务	552	298	114	45	96	43
航空运输辅助活动	553	461	203	71	134	53
管道运输业	56	172	84	37	35	16
管道运输业	560	172	84	37	35	16
装卸搬运和其他运输服务业	57	58923	42136	5797	6563	4427
装卸搬运	571	9683	4988	2272	1801	622
运输代理服务	572	49240	37148	3525	4762	3805
仓储业	58	21611	12491	3646	3139	2335
谷物、棉花等农产品仓储	581	5788	1792	1740	1120	1136
其他仓储	589	15823	10699	1906	2019	1199
邮政业	59	9492	5946	1487	1471	588
国家邮政	591	1879	928	395	461	95
其他寄递服务	599	7613	5018	1092	1010	493
信息传输、计算机服务和软件业	**G**	**199248**	**119735**	**29926**	**36106**	**13481**
电信和其他信息传输服务业	60	31763	17418	5048	6735	2562
电信	601	9607	4671	1688	2320	928
互联网信息服务	602	19598	11760	2696	3794	1348
广播电视传输服务	603	2325	841	610	600	274
卫星传输服务	604	233	146	54	21	12
计算机服务业	61	104112	56138	19715	22758	5501
计算机系统服务	611	23740	15876	3349	3180	1335
数据处理	612	1229	852	136	131	110
计算机维修	613	3674	2360	409	626	279
其他计算机服务	619	75469	37050	15821	18821	3777
软件业	62	63373	46179	5163	6613	5418
公共软件服务	621	49039	35902	3970	4977	4190
其他软件服务	629	14334	10277	1193	1636	1228
批发和零售业	**H**	**2276262**	**1388965**	**342412**	**375532**	**169353**
批发业	63	1432293	938453	182957	205099	105784
农畜产品批发	631	58838	20619	17137	11970	9112
食品、饮料及烟草制品批发	632	105061	64201	15856	16765	8239
纺织、服装及日用品批发	633	154182	124875	11022	10834	7451
文化、体育用品及器材批发	634	43108	32215	4033	4465	2395
医药及医疗器材批发	635	38121	21359	6509	6895	3358
矿产品、建材及化工产品批发	636	461754	288524	61978	74386	36866
机械设备、五金交电及电子产品批发	637	392224	267205	43672	53056	28291
贸易经纪与代理	638	49019	35038	5113	5755	3113
其他批发	639	129986	84417	17637	20973	6959

2-2 续表 8 单位：个

行业中类	代码	企业单位数	东部地区	中部地区	西部地区	东北地区
零售业	65	843969	450512	159455	170433	63569
综合零售	651	101593	44288	30991	20396	5918
食品、饮料及烟草制品专门零售	652	66239	35992	12006	13355	4886
纺织、服装及日用品专门零售	653	81456	46754	13670	14365	6667
文化、体育用品及器材专门零售	654	49695	30705	7431	8355	3204
医药及医疗器材专门零售	655	74796	39294	11446	15613	8443
汽车、摩托车、燃料及零配件专门零售	656	119034	57342	24241	27069	10382
家用电器及电子产品专门零售	657	138031	75718	25006	28282	9025
五金、家具及室内装修材料专门零售	658	105261	58932	16735	21155	8439
无店铺及其他零售	659	107864	61487	17929	21843	6605
住宿和餐饮业	I	**166742**	**88546**	**33226**	**34975**	**9995**
住宿业	66	60903	29578	12378	14928	4019
旅游饭店	661	21609	10047	4532	5596	1434
一般旅馆	662	34869	17351	6947	8307	2264
其他住宿服务	669	4425	2180	899	1025	321
餐饮业	67	105839	58968	20848	20047	5976
正餐服务	671	85470	46029	17713	16604	5124
快餐服务	672	7363	4805	1308	848	402
饮料及冷饮服务	673	4538	3016	607	772	143
其他餐饮服务	679	8468	5118	1220	1823	307
金融业	J	**52308**	**25001**	**10569**	**12318**	**4420**
银行业	68	11553	4259	2558	3666	1070
中央银行	681	141	29	54	43	15
商业银行	682	9596	3574	2084	3099	839
其他银行	689	1816	656	420	524	216
证券业	69	2634	1489	560	448	137
证券市场管理	691	153	62	43	35	13
证券经纪与交易	692	1133	627	246	188	72
证券投资	693	911	535	173	165	38
证券分析与咨询	694	437	265	98	60	14
保险业	70	12834	6064	2687	2900	1183
人寿保险	701	4910	2122	1198	1122	468
非人寿保险	702	4830	1959	1106	1315	450
保险辅助服务	703	3094	1983	383	463	265
其他金融活动	71	25287	13189	4764	5304	2030
金融信托与管理	711	2938	1501	691	532	214
金融租赁	712	605	320	119	125	41
财务公司	713	1157	532	259	266	100
邮政储蓄	714	947	384	230	236	97
典当	715	4696	2179	827	1104	586
其他未列明的金融活动	719	14944	8273	2638	3041	992

2-2 续表 9

单位：个

行业中类	代码	企业单位数	东部地区	中部地区	西部地区	东北地区
房地产业	K	**317582**	**168815**	**58764**	**65408**	**24595**
房地产业	72	317582	168815	58764	65408	24595
房地产开发经营	721	147231	68463	32217	34888	11663
物业管理	722	80727	43388	14443	15543	7353
房地产中介服务	723	53136	33504	6465	9334	3833
其他房地产活动	729	36488	23460	5639	5643	1746
租赁和商务服务业	L	**610205**	**402357**	**77524**	**91709**	**38615**
租赁业	73	33340	18156	5268	7774	2142
机械设备租赁	731	32237	17488	5128	7567	2054
文化及日用品出租	732	1103	668	140	207	88
商务服务业	74	576865	384201	72256	83935	36473
企业管理服务	741	116900	83012	13462	15418	5008
法律服务	742	9459	5250	1459	1901	849
咨询与调查	743	168698	123443	16660	18507	10088
广告业	744	116533	70683	17539	20367	7944
知识产权服务	745	4873	3624	459	474	316
职业中介服务	746	27124	15545	3975	4855	2749
市场管理	747	17509	10012	2305	3333	1859
旅行社	748	27541	13845	5683	5567	2446
其他商务服务	749	88228	58787	10714	13513	5214
科学研究、技术服务和地质勘查业	M	**203904**	**138194**	**24231**	**24839**	**16640**
研究与试验发展	75	28595	19760	3373	2587	2875
自然科学研究与试验发展	751	3170	1668	644	399	459
工程和技术研究与试验发展	752	16859	12648	1701	1002	1508
农业科学研究与试验发展	753	3490	1622	608	702	558
医学研究与试验发展	754	4699	3608	357	425	309
社会人文科学研究与试验发展	755	377	214	63	59	41
专业技术服务业	76	104452	68043	13564	14897	7948
气象服务	761	1161	376	515	214	56
地震服务	762	98	57	21	12	8
海洋服务	763	234	199	6	11	18
测绘服务	764	3778	1706	615	991	466
技术检测	765	9618	5283	1571	1719	1045
环境监测	766	1619	923	236	299	161
工程技术与规划管理	767	46233	28601	6506	7539	3587
其他专业技术服务	769	41711	30898	4094	4112	2607
科技交流和推广服务业	77	67563	49392	6767	5922	5482
技术推广服务	771	48562	36963	4407	3650	3542
科技中介服务	772	6546	4110	834	845	757
其他科技服务	779	12455	8319	1526	1427	1183
地质勘查业	78	3294	999	527	1433	335
矿产地质勘查	781	1524	360	221	788	155
基础地质勘查	782	455	205	73	127	50
地质勘查技术服务	783	1315	434	233	518	130

2-2 续表 10 单位：个

行业中类	代码	企业单位数	东部地区	中部地区	西部地区	东北地区
水利、环境和公共设施管理业	N	**32870**	**18381**	**6085**	**6133**	**2271**
水利管理业	79	2623	1260	565	594	204
防洪管理	791	211	106	46	42	17
水资源管理	792	1231	583	237	317	94
其他水利管理	799	1181	571	282	235	93
环境管理业	80	7463	4172	1275	1573	443
自然保护	801	531	228	118	150	35
环境治理	802	6932	3944	1157	1423	408
公共设施管理业	81	22784	12949	4245	3966	1624
市政公共设施管理	811	3281	1931	578	522	250
城市绿化管理	812	12675	7628	2031	2032	984
游览景区管理	813	6828	3390	1636	1412	390
居民服务和其他服务业	O	**158297**	**94137**	**27152**	**25615**	**11393**
居民服务业	82	65177	37331	11932	10425	5489
家庭服务	821	6443	3567	1035	1361	480
托儿所	822	380	202	68	67	43
洗染服务	823	2521	1562	367	420	172
理发及美容保健服务	824	17093	11361	2688	1989	1055
洗浴服务	825	9859	5310	1991	1193	1365
婚姻服务	826	3777	2051	631	688	407
殡葬服务	827	1994	878	379	450	287
摄影扩印服务	828	7421	4170	1471	1205	575
其他居民服务	829	15689	8230	3302	3052	1105
其他服务业	83	93120	56806	15220	15190	5904
修理与维护	831	40398	23243	6668	7496	2991
清洁服务	832	16705	10827	2259	2641	978
其他未列明的服务	839	36017	22736	6293	5053	1935
教育	P	**28678**	**15218**	**5736**	**5608**	**2116**
教育	84	28678	15218	5736	5608	2116
学前教育	841	4696	2250	1240	934	272
初等教育	842	684	323	242	96	23
中等教育	843	1233	480	394	230	129
高等教育	844	273	152	43	47	31
其他教育	849	21792	12013	3817	4301	1661
卫生、社会保障和社会福利业	Q	**17252**	**8148**	**3810**	**3422**	**1872**
卫生	85	15929	7484	3554	3210	1681
医院	851	5371	2085	1146	1555	585
卫生院及社区医疗活动	852	1891	709	541	439	202

2-2　续表 11　　　　　　　　　　　　　　　　　　　　　　　　　单位：个

行业中类	代码	企　业 单位数	东部 地区	中部 地区	西部 地区	东北 地区
门诊部医疗活动	853	6891	3719	1523	907	742
计划生育技术服务活动	854	205	146	36	17	6
妇幼保健活动	855	106	49	22	28	7
专科疾病防治活动	856	319	204	38	39	38
疾病预防控制及防疫活动	857	167	81	24	36	26
其他卫生活动	859	979	491	224	189	75
社会保障业	86	393	198	81	51	63
社会保障业	860	393	198	81	51	63
社会福利业	87	930	466	175	161	128
提供住宿的社会福利	871	665	314	134	109	108
不提供住宿的社会福利	872	265	152	41	52	20
文化、体育和娱乐业	**R**	**53663**	**33977**	**8397**	**8399**	**2890**
新闻出版业	88	3343	2108	520	461	254
新闻业	881	165	65	47	35	18
出版业	882	3178	2043	473	426	236
广播、电视、电影和音像业	89	8175	4946	1315	1453	461
广播	891	341	160	84	76	21
电视	892	2043	1497	246	193	107
电影	893	4022	2327	666	797	232
音像制作	894	1769	962	319	387	101
文化艺术业	90	15815	10687	2268	2102	758
文艺创作与表演	901	3287	1831	589	670	197
艺术表演场馆	902	458	242	92	86	38
图书馆与档案馆	903	161	92	25	13	31
文物及文化保护	904	253	98	90	54	11
博物馆	905	170	100	17	36	17
烈士陵园、纪念馆	906	44	18	20	4	2
群众文化活动	907	1593	1122	219	186	66
文化艺术经纪代理	908	3339	2500	346	344	149
其他文化艺术	909	6510	4684	870	709	247
体育	91	2609	1804	321	326	158
体育组织	911	921	648	108	116	49
体育场馆	912	772	536	80	89	67
其他体育	919	916	620	133	121	42
娱乐业	92	23721	14432	3973	4057	1259
室内娱乐活动	921	14116	8253	2441	2733	689
游乐园	922	775	424	151	131	69
休闲健身娱乐活动	923	6183	4248	897	697	341
其他娱乐活动	929	2647	1507	484	496	160

2-3 按行业(大类)、直辖市和省会城市

(2011年)

行业大类	代码	企业单位数	北京	天津	石家庄	太原	呼和浩特
总计		**7331200**	**360799**	**166426**	**35636**	**32025**	**15949**
农、林、牧、渔业	A	**247456**	**2618**	**1834**	**1313**	**1952**	**452**
农业	01	94777	1220	677	481	844	119
林业	02	24650	411	149	137	253	72
畜牧业	03	80163	704	512	543	706	178
渔业	04	20206	92	287	21	12	6
农、林、牧、渔服务业	05	27660	191	209	131	137	77
采矿业	B	**105490**	**186**	**88**	**540**	**701**	**291**
煤炭开采和洗选业	06	22881	26	6	117	450	65
石油和天然气开采业	07	1867	17	30		3	
黑色金属矿采选业	08	18585	22	15	193	169	79
有色金属矿采选业	09	11767	3	4	12	1	20
非金属矿采选业	10	48603	117	27	218	76	116
其他采矿业	11	1787	1	6		2	11
制造业	C	**2240288**	**35230**	**44473**	**13089**	**4241**	**1955**
农副食品加工业	13	111076	946	912	932	134	146
食品制造业	14	48538	1077	968	358	178	136
饮料制造业	15	38429	417	269	166	53	66
烟草制品业	16	321	1	2	1	1	1
纺织业	17	129946	704	1221	1539	45	155
纺织服装、鞋、帽制造业	18	106343	2443	1585	425	49	74
皮革、毛皮、羽毛(绒)及其制品业	19	40161	206	298	810	5	20
木材加工及木、竹、藤、棕、草制品业	20	69231	686	607	240	40	23
家具制造业	21	45062	1404	670	261	64	30
造纸及纸制品业	22	58094	966	1430	413	82	39
印刷业和记录媒介的复制	23	60163	1696	1058	302	206	116
文教体育用品制造业	24	23779	333	466	23	10	5
石油加工及炼焦	25	7411	215	172	75	44	5
化学原料及化学制品制造业	26	110943	2258	2757	1379	269	99
医药制造业	27	19148	617	432	229	54	62
化学纤维制造业	28	5817	38	54	61	7	1
橡胶制品业	29	24987	226	694	88	28	10
塑料制品业	30	119050	1509	2234	529	131	59
非金属矿物制品业	31	228274	2805	1983	1416	438	334
黑色金属冶炼及压延加工业	32	21717	152	1063	136	84	37
有色金属冶炼及压延加工业	33	25903	238	507	121	71	31

以及计划单列市分组的企业法人单位数

单位：个

沈阳	长春	哈尔滨	上海	南京	杭州	合肥	福州	南昌	济南	郑州	武汉	长沙	代码
86561	**36236**	**60260**	**397868**	**91869**	**150744**	**57072**	**53548**	**23765**	**76898**	**49056**	**115101**	**48617**	
2495	**959**	**1552**	**2755**	**1215**	**2488**	**1019**	**1866**	**754**	**948**	**744**	**1531**	**1172**	A
988	274	561	1636	516	1092	278	778	220	370	229	529	669	01
124	123	118	372	199	301	248	154	57	59	88	207	74	02
1038	430	536	296	227	342	311	236	252	286	348	288	244	03
130	45	42	228	129	481	95	610	119	12	19	248	39	04
215	87	295	223	144	272	87	88	106	221	60	259	146	05
154	**224**	**323**	**5**	**210**	**340**	**230**	**295**	**108**	**247**	**621**	**121**	**425**	B
25	32	10		1	1		1	3	19	254	2	48	06
	9	8	3	3	1	3			6	1	4	4	07
11	1	9		17	5	31	6	1	30	11	3	22	08
4	3	9		5	22	20	5		5	41	1	15	09
110	173	270	2	183	310	173	280	100	185	310	103	323	10
4	6	17		1	1	3	3	4	2	4	8	13	11
21824	**8653**	**13369**	**90046**	**18933**	**43040**	**11448**	**12068**	**6685**	**15104**	**11523**	**17595**	**11491**	C
918	880	1496	788	350	749	619	830	730	898	517	633	597	13
471	314	548	1269	266	542	304	389	271	342	430	476	378	14
243	298	423	267	97	483	116	293	89	180	164	148	202	15
2	9	2	2	2	4	1	1	1	2	2	4	6	16
297	65	240	4282	347	4588	327	1059	507	286	139	494	171	17
565	138	164	6674	1151	2901	513	581	593	298	270	1134	161	18
262	26	64	1068	147	712	125	169	47	47	28	77	99	19
465	272	868	1685	269	760	147	361	299	301	138	309	261	20
499	193	321	3175	330	722	365	293	84	316	148	448	262	21
441	126	199	2832	464	1966	243	395	125	296	302	342	323	22
685	398	559	2749	518	1226	403	406	271	503	388	705	471	23
99	18	103	1226	260	935	89	81	107	95	48	75	55	24
135	39	56	148	45	77	17	24	10	65	29	57	30	25
1085	390	594	3611	1018	2089	517	405	297	785	861	753	1827	26
236	170	262	586	219	254	155	107	204	226	193	290	242	27
16	6	13	139	24	192	41	39	7	20	21	24	4	28
375	83	78	1182	169	356	107	113	39	117	86	121	58	29
1020	361	433	5538	782	2582	600	1016	216	501	357	708	360	30
1467	940	1178	3177	1409	2042	1252	1342	674	1607	3302	1578	1494	31
177	41	78	353	117	180	51	69	48	102	91	129	60	32
280	34	94	729	204	268	35	44	114	71	256	150	168	33

2-3 续表 1

行业大类	代码	企业单位数	北京	天津	石家庄	太原	呼和浩特
金属制品业	34	175355	3667	6209	820	465	155
通用设备制造业	35	232040	3020	5619	1102	741	92
专用设备制造业	36	129759	2474	3325	460	366	62
交通运输设备制造业	37	100270	1437	3208	236	140	60
电气机械及器材制造业	39	130376	2121	2362	519	186	72
通信设备、计算机及其他电子设备制造业	40	68989	1455	1689	113	89	24
仪器仪表及文化、办公用机械制造业	41	30789	1248	984	65	99	7
工艺品及其他制造业	42	67540	787	1403	223	143	24
废弃资源和废旧材料回收加工业	43	10777	84	292	47	19	10
电力、燃气及水的生产和供应业	**D**	**65488**	**449**	**402**	**136**	**61**	**140**
电力、热力的生产和供应业	44	43759	298	211	75	23	96
燃气生产和供应业	45	4714	43	72	17	15	16
水的生产和供应业	46	17015	108	119	44	23	28
建筑业	**E**	**346017**	**12577**	**8714**	**1285**	**2200**	**875**
房屋和土木工程建筑业	47	123423	2637	2739	511	557	349
建筑安装业	48	66956	2549	2430	337	515	153
建筑装饰业	49	108682	6453	2406	292	734	287
其他建筑业	50	46956	938	1139	145	394	86
交通运输、仓储和邮政业	**F**	**209450**	**7836**	**8113**	**1065**	**654**	**499**
铁路运输业	51	1492	36	35	6	13	6
道路运输业	52	98521	3857	2190	618	364	349
城市公共交通业	53	8573	307	89	59	24	24
水上运输业	54	9467	18	248	1	3	1
航空运输业	55	1199	49	29	8	24	3
管道运输业	56	172	6	5			
装卸搬运和其他运输服务业	57	58923	2176	4229	182	97	58
仓储业	58	21611	874	1183	148	103	43
邮政业	59	9492	513	105	43	26	15
信息传输、计算机服务和软件业	**G**	**199248**	**21031**	**2502**	**756**	**995**	**378**
电信和其他信息传输服务业	60	31763	3128	375	153	210	72
计算机服务业	61	104112	6356	1195	403	501	190
软件业	62	63373	11547	932	200	284	116
批发和零售业	**H**	**2276262**	**118481**	**57462**	**11323**	**12903**	**6282**
批发业	63	1432293	60934	41669	7749	6986	2736
零售业	65	843969	57547	15793	3574	5917	3546

单位：个

沈阳	长春	哈尔滨	上海	南京	杭州	合肥	福州	南昌	济南	郑州	武汉	长沙	代码
1619	586	1000	10862	2050	3190	946	536	381	1019	537	1734	556	34
4204	753	1576	11326	2557	5285	1123	633	303	3365	883	1740	1050	35
1739	472	858	7091	1486	2106	744	501	350	1178	1174	1325	829	36
1113	1188	528	3613	1237	2042	796	544	286	837	309	988	498	37
2049	397	708	5957	1382	3123	998	494	270	573	486	1037	497	39
439	123	269	2652	983	1344	400	356	127	261	119	712	363	40
453	118	293	1969	625	872	223	176	57	312	111	524	203	41
426	171	322	4886	346	1312	140	775	142	453	94	749	209	42
44	44	42	210	79	138	51	36	36	48	40	131	57	43
361	**243**	**282**	**296**	**174**	**469**	**174**	**566**	**90**	**161**	**123**	**187**	**201**	D
266	167	163	61	31	323	35	406	30	60	52	59	121	44
33	36	29	50	36	26	22	22	15	48	32	32	25	45
62	40	90	185	107	120	117	138	45	53	39	96	55	46
5800	**2088**	**4186**	**20388**	**7153**	**6712**	**4750**	**2371**	**1532**	**4312**	**3137**	**10127**	**1886**	E
1418	704	1188	4902	2129	2094	1072	867	504	1511	840	2655	680	47
1919	542	927	5179	1895	1036	878	434	318	948	601	2401	278	48
1864	545	1280	8730	2219	2782	1715	685	423	1201	999	2854	553	49
599	297	791	1577	910	800	1085	385	287	652	697	2217	375	50
2349	**1090**	**1658**	**14899**	**2418**	**3005**	**1465**	**1874**	**444**	**1241**	**859**	**3200**	**785**	F
9	12	6	20	22		14	10	5	11	11	15	7	51
1405	563	938	3511	1137	1869	934	578	203	653	332	1814	354	52
199	26	146	206	67	100	31	36	19	47	54	110	57	53
7	1	24	283	192	93	59	621	17	17	4	149	15	54
26	19	38	60	20	17	14	13	7	9	10	13	14	55
2	1	2	5	2		1		2	8	2	2	2	56
381	148	195	7405	667	589	207	418	108	317	250	776	253	57
228	290	236	2362	254	166	162	130	67	148	160	240	54	58
92	30	73	1047	57	171	43	68	16	31	36	81	29	59
2876	**897**	**1659**	**12553**	**3673**	**7728**	**2511**	**1931**	**624**	**3288**	**1633**	**3574**	**1769**	G
566	189	293	873	482	559	418	419	82	279	156	469	341	60
979	399	595	7036	1384	3011	1191	864	342	1571	857	1897	695	61
1331	309	771	4644	1807	4158	902	648	200	1438	620	1208	733	62
30274	**13537**	**20978**	**139449**	**33498**	**46936**	**19395**	**18798**	**7304**	**34247**	**16892**	**45723**	**17153**	H
21600	5870	12722	101961	21371	38117	12226	12986	5436	22080	10404	25239	11686	63
8674	7667	8256	37488	12127	8819	7169	5812	1868	12167	6488	20484	5467	65

2-3 续表 2

行业大类	代码	企业单位数	北京	天津	石家庄	太原	呼和浩特
住宿和餐饮业	I	**166742**	**12941**	**2530**	**479**	**865**	**512**
住宿业	66	60903	3918	670	238	321	176
餐饮业	67	105839	9023	1860	241	544	336
金融业	J	**52308**	**1349**	**1469**	**277**	**300**	**251**
银行业	68	11553	101	311	62	75	57
证券业	69	2634	156	83	17	15	17
保险业	70	12834	482	123	84	76	55
其他金融活动	71	25287	610	952	114	134	122
房地产业	K	**317582**	**14247**	**5182**	**1674**	**1714**	**1034**
房地产业	72	317582	14247	5182	1674	1714	1034
租赁和商务服务业	L	**610205**	**68960**	**17108**	**2010**	**2490**	**1852**
租赁业	73	33340	2502	1155	88	164	116
商务服务业	74	576865	66458	15953	1922	2326	1736
科学研究、技术服务和地质勘查业	M	**203904**	**34157**	**8295**	**737**	**1083**	**552**
研究与试验发展	75	28595	2650	426	90	168	59
专业技术服务业	76	104452	11808	3337	483	681	288
科技交流和推广服务业	77	67563	19461	4478	151	205	135
地质勘查业	78	3294	238	54	13	29	70
水利、环境和公共设施管理业	N	**32870**	**1774**	**734**	**167**	**154**	**121**
水利管理业	79	2623	58	53	10	24	14
环境管理业	80	7463	330	126	11	41	31
公共设施管理业	81	22784	1386	555	146	89	76
居民服务和其他服务业	O	**158297**	**14219**	**5913**	**480**	**1028**	**488**
居民服务业	82	65177	6692	1623	180	417	216
其他服务业	83	93120	7527	4290	300	611	272
教育	P	**28678**	**2860**	**374**	**77**	**183**	**73**
教育	84	28678	2860	374	77	183	73
卫生、社会保障和社会福利业	Q	**17252**	**1200**	**284**	**86**	**211**	**38**
卫生	85	15929	1139	251	85	200	36
社会保障业	86	393	13	26		5	
社会福利业	87	930	48	7	1	6	2
文化、体育和娱乐业	R	**53663**	**10684**	**949**	**142**	**290**	**156**
新闻出版业	88	3343	1031	62	25	44	23
广播、电视、电影和音像业	89	8175	1651	118	38	55	41
文化艺术业	90	15815	5594	351	33	89	59
体育	91	2609	592	69	4	12	6
娱乐业	92	23721	1816	349	42	90	27

单位：个

沈阳	长春	哈尔滨	上海	南京	杭州	合肥	福州	南昌	济南	郑州	武汉	长沙	代码
1104	**668**	**1045**	**11634**	**2317**	**2640**	**1361**	**1388**	**485**	**1754**	**1010**	**2400**	**1124**	I
496	270	482	2856	661	1093	361	522	242	361	418	734	449	66
608	398	563	8778	1656	1547	1000	866	243	1393	592	1666	675	67
573	**305**	**482**	**1090**	**590**	**635**	**534**	**398**	**175**	**408**	**397**	**499**	**370**	J
97	57	173	154	41	59	89	45	31	79	50	54	48	68
28	16	15	158	54	30	40	14	18	25	16	36	34	69
153	69	96	317	141	140	104	92	53	190	104	118	97	70
295	163	198	461	354	406	301	247	73	114	227	291	191	71
3629	**1412**	**2782**	**13820**	**3328**	**5203**	**2991**	**2281**	**1351**	**2622**	**3036**	**6320**	**2838**	K
3629	1412	2782	13820	3328	5203	2991	2281	1351	2622	3036	6320	2838	72
8342	**3014**	**6172**	**53750**	**11258**	**18758**	**6709**	**5723**	**2325**	**8202**	**6224**	**12399**	**5110**	L
338	213	365	1497	534	606	486	348	135	324	273	573	190	73
8004	2801	5807	52253	10724	18152	6223	5375	2190	7878	5951	11826	4920	74
3164	**1406**	**2666**	**18414**	**3175**	**7347**	**2001**	**1470**	**471**	**2043**	**1417**	**4701**	**2184**	M
907	202	423	2184	586	512	423	220	64	310	164	694	861	75
1506	630	1150	10440	1902	3775	1188	977	265	1171	853	2795	841	76
706	550	1034	5764	669	3033	354	255	128	535	361	1163	452	77
45	24	59	26	18	27	36	18	14	27	39	49	30	78
285	**191**	**334**	**1529**	**343**	**809**	**323**	**225**	**122**	**197**	**196**	**504**	**223**	N
31	8	23	80	20	39	16	19	6	22	15	30	22	79
71	36	61	358	104	177	62	90	29	41	38	143	55	80
183	147	250	1091	219	593	245	116	87	134	143	331	146	81
1701	**1007**	**1994**	**12699**	**2189**	**2602**	**1262**	**1217**	**963**	**1339**	**690**	**4203**	**821**	O
643	381	977	6494	796	890	544	597	182	513	342	1104	459	82
1058	626	1017	6205	1393	1712	718	620	781	826	348	3099	362	83
471	**196**	**285**	**516**	**352**	**640**	**365**	**257**	**101**	**308**	**173**	**577**	**337**	P
471	196	285	516	352	640	365	257	101	308	173	577	337	84
531	**103**	**108**	**729**	**178**	**264**	**127**	**235**	**38**	**133**	**65**	**449**	**146**	Q
510	83	89	656	164	249	116	232	38	120	62	426	133	85
3	3	13	7	3	5	3	1		2		8	5	86
18	17	6	66	11	10	8	2		11	3	15	8	87
628	**243**	**385**	**3296**	**865**	**1128**	**407**	**585**	**193**	**344**	**316**	**991**	**582**	R
97	52	33	164	95	77	51	33	31	51	46	106	69	88
114	48	52	289	129	170	76	64	32	57	60	139	70	89
216	53	149	488	268	345	101	99	55	85	83	396	215	90
31	7	18	171	47	54	14	19	15	22	17	66	27	91
170	83	133	2184	326	482	165	370	60	129	110	284	201	92

2-3 续表 3

行业大类	代码	广州	南宁	海口	重庆	成都	贵阳
总计		**150948**	**33248**	**20277**	**176841**	**76629**	**21857**
农、林、牧、渔业	A	**784**	**549**	**587**	**20841**	**2039**	**570**
农业	01	344	177	331	9036	1023	250
林业	02	65	66	39	1462	186	38
畜牧业	03	101	183	147	6255	555	249
渔业	04	56	43	46	3113	62	15
农、林、牧、渔服务业	05	218	80	24	975	213	18
采矿业	B	**37**	**288**	**53**	**3035**	**158**	**452**
煤炭开采和洗选业	06		7		1153	15	100
石油和天然气开采业	07	1	1		19	16	1
黑色金属矿采选业	08		50	3	204	1	9
有色金属矿采选业	09	3	42	18	39	7	68
非金属矿采选业	10	31	171	21	1597	112	270
其他采矿业	11	2	17	11	23	7	4
制造业	C	**32634**	**4529**	**1363**	**37103**	**18013**	**3525**
农副食品加工业	13	439	455	97	2380	837	139
食品制造业	14	608	254	88	1091	793	154
饮料制造业	15	186	249	48	986	735	106
烟草制品业	16	2	3	1	6	4	3
纺织业	17	1259	62	16	1734	273	19
纺织服装、鞋、帽制造业	18	4706	73	81	1004	416	29
皮革、毛皮、羽毛(绒)及其制品业	19	2553	71	2	655	559	6
木材加工及木、竹、藤、棕、草制品业	20	383	382	41	1058	377	61
家具制造业	21	828	91	55	1424	898	81
造纸及纸制品业	22	1199	268	48	787	480	93
印刷业和记录媒介的复制	23	1255	259	114	955	698	172
文教体育用品制造业	24	550	27	3	113	64	8
石油加工及炼焦	25	71	10	3	85	42	7
化学原料及化学制品制造业	26	2159	325	90	1338	939	227
医药制造业	27	253	117	94	277	384	111
化学纤维制造业	28	27	3	8	19	24	2
橡胶制品业	29	402	15	10	346	169	73
塑料制品业	30	1844	193	54	1276	849	180
非金属矿物制品业	31	968	534	105	4478	1803	706
黑色金属冶炼及压延加工业	32	93	36	7	397	169	51
有色金属冶炼及压延加工业	33	186	41	7	333	174	57

单位：个

昆明	拉萨	西安	兰州	西宁	银川	乌鲁木齐	大连	宁波	厦门	青岛	深圳	代码
64532	**1733**	**74226**	**19848**	**8363**	**13017**	**23173**	**83788**	**131040**	**57176**	**128755**	**215737**	
2079	**8**	**1247**	**309**	**388**	**493**	**119**	**2567**	**2710**	**716**	**1727**	**166**	A
1027	2	592	88	130	198	47	971	1529	344	792	80	01
320	3	178	25	51	38	17	213	112	18	148	10	02
628	2	300	167	167	175	33	513	363	207	344	19	03
32		24	3	1	28	6	676	436	75	263	27	04
72	1	153	26	39	54	16	194	270	72	180	30	05
856	**57**	**215**	**216**	**178**	**78**	**137**	**234**	**126**	**22**	**393**	**19**	B
56		16	25	10	9	66	1			2		06
6		66	4		9	4	1	2		4	12	07
121	10	9	11	6	1	4	15	1		134		08
158	35	26	5	16	1	18	8		1	6		09
482	12	62	163	139	55	37	207	121	21	233	7	10
33		36	8	7	3	8	2	2		14		11
6464	**189**	**12212**	**3140**	**1357**	**1787**	**2405**	**22845**	**64221**	**12357**	**39594**	**52532**	C
430	16	345	135	100	159	82	1520	700	242	2351	167	13
334	14	350	125	54	105	72	600	271	267	818	235	14
228	15	111	40	30	51	40	220	293	86	491	105	15
6		4	8					3	1	2	3	16
77	5	147	33	26	52	55	511	4444	378	1519	750	17
88	6	158	30	19	18	55	1720	2386	1002	3348	2459	18
28	4	24	9	18	13	9	127	334	210	1035	894	19
144	2	139	34	15	22	30	650	544	161	712	254	20
157	3	338	80	16	50	94	297	707	246	891	1181	21
189	2	306	57	6	35	74	429	1610	486	1276	2303	22
361	11	485	198	55	107	171	428	1500	686	885	1669	23
27		49	11	2	2	8	89	1607	264	428	930	24
29		49	42	9	20	24	95	62	21	33	25	25
505	12	638	239	70	102	203	1128	1141	497	1536	1018	26
131	16	323	48	44	30	42	133	147	75	188	143	27
2		20	5	1	1	2	31	172	26	61	37	28
75		99	29	5	13	24	187	722	297	935	652	29
327	2	298	214	41	86	276	1061	6577	987	2213	4813	30
821	28	984	503	308	240	312	1300	1397	610	2133	762	31
73		133	86	32	30	40	203	616	48	71	56	32
178	4	149	34	45	22	15	86	761	77	172	280	33

2-3 续表 4

行业大类	代码	广州	南宁	海口	重庆	成都	贵阳
金属制品业	34	2653	230	67	2531	1575	268
通用设备制造业	35	1543	128	21	2717	1645	293
专用设备制造业	36	1428	200	39	1391	954	128
交通运输设备制造业	37	1584	124	151	6725	1011	303
电气机械及器材制造业	39	1892	161	38	1073	998	124
通信设备、计算机及其他电子设备制造业	40	1970	78	18	455	592	43
仪器仪表及文化、办公用机械制造业	41	475	28	3	633	275	28
工艺品及其他制造业	42	1030	107	47	696	194	41
废弃资源和废旧材料回收加工业	43	88	5	7	140	82	12
电力、燃气及水的生产和供应业	D	**226**	**166**	**36**	**1979**	**585**	**73**
电力、热力的生产和供应业	44	81	76	14	1188	345	37
燃气生产和供应业	45	29	8	4	177	88	12
水的生产和供应业	46	116	82	18	614	152	24
建筑业	E	**4457**	**1475**	**2258**	**7935**	**4377**	**1073**
房屋和土木工程建筑业	47	924	489	403	2947	1516	306
建筑安装业	48	1250	236	410	928	902	156
建筑装饰业	49	1921	520	1196	2448	1451	426
其他建筑业	50	362	230	249	1612	508	185
交通运输、仓储和邮政业	F	**5094**	**954**	**410**	**4874**	**2124**	**406**
铁路运输业	51	18	13	3	13	11	12
道路运输业	52	1480	570	137	2738	1049	205
城市公共交通业	53	100	32	18	139	145	11
水上运输业	54	234	50	33	409	7	4
航空运输业	55	17	17	11	26	21	7
管道运输业	56		1	1	1	2	
装卸搬运和其他运输服务业	57	2742	138	158	1039	682	102
仓储业	58	395	108	28	361	150	53
邮政业	59	108	25	21	148	57	12
信息传输、计算机服务和软件业	G	**6030**	**1524**	**643**	**4963**	**3522**	**741**
电信和其他信息传输服务业	60	819	200	126	940	268	109
计算机服务业	61	2387	1062	308	2316	2105	443
软件业	62	2824	262	209	1707	1149	189
批发和零售业	H	**50999**	**13759**	**6691**	**53381**	**23398**	**8143**
批发业	63	36972	8488	3598	25150	16274	4938
零售业	65	14027	5271	3093	28231	7124	3205

单位：个

昆明	拉萨	西安	兰州	西宁	银川	乌鲁木齐	大连	宁波	厦门	青岛	深圳	代码
529	7	850	276	143	200	253	1748	4962	1299	4008	4462	34
514		1653	281	86	157	158	5486	11525	677	4223	2217	35
283		1355	214	33	69	128	1324	4305	906	2859	4583	36
279	13	440	197	71	50	53	1559	4287	274	1651	720	37
264	5	1247	108	53	83	141	864	7879	751	1645	6658	39
48		766	21	3	3	11	304	2461	757	778	11284	40
119		468	30	4	30	11	444	1244	282	364	2014	41
174	22	229	38	63	27	19	252	1256	728	2877	1834	42
44	2	55	15	5	10	3	49	308	16	91	24	43
227	**9**	**217**	**72**	**70**	**83**	**73**	**309**	**378**	**58**	**267**	**96**	D
132	7	119	55	58	56	60	184	175	33	111	37	44
32		38	6	1	13	3	49	30	2	66	8	45
63	2	60	11	11	14	10	76	173	23	90	51	46
4830	**151**	**5735**	**880**	**662**	**833**	**889**	**6559**	**4176**	**2508**	**7523**	**3602**	E
1398	117	1640	298	298	343	304	1899	1165	544	2034	862	47
652	8	1186	230	133	166	260	1645	797	495	1890	730	48
1710	11	2139	280	163	277	211	2165	1878	996	2141	1771	49
1070	15	770	72	68	47	114	850	336	473	1458	239	50
1382	**80**	**1473**	**410**	**130**	**175**	**880**	**3754**	**3547**	**2053**	**4685**	**8171**	F
22	1	28	6	5	3	18	3	20	12	34	18	51
621	30	741	126	54	67	266	913	1307	422	1344	2657	52
60	25	98	15	9	13	19	159	64	31	54	84	53
11		3	1		1		201	231	94	93	163	54
52	1	40	19	1	6	15	24	6	14	19	79	55
3		7			1	2	3		1	1		56
399	10	318	146	31	46	461	2087	1560	1308	2564	4394	57
98	3	192	84	23	18	77	293	252	120	467	329	58
116	10	46	13	7	20	22	71	107	51	109	447	59
2341	**66**	**2845**	**370**	**219**	**405**	**805**	**3188**	**2785**	**2177**	**3237**	**7432**	G
265	15	463	125	17	48	81	294	235	426	758	763	60
1308	49	1292	161	157	294	569	898	1373	653	1706	1584	61
768	2	1090	84	45	63	155	1996	1177	1098	773	5085	62
28473	**616**	**27870**	**9233**	**3073**	**6082**	**11329**	**23608**	**33643**	**22786**	**46626**	**86857**	H
20565	139	15398	5943	1732	3681	8354	18762	28057	18217	36211	61117	63
7908	477	12472	3290	1341	2401	2975	4846	5586	4569	10415	25740	65

2-3 续表 5

行业大类	代码	广州	南宁	海口	重庆	成都	贵阳
住宿和餐饮业	I	**4226**	**578**	**527**	**7061**	**3027**	**570**
住宿业	66	1429	313	271	1453	1041	272
餐饮业	67	2797	265	256	5608	1986	298
金融业	J	**444**	**226**	**152**	**1152**	**557**	**255**
银行业	68	54	35	20	489	102	31
证券业	69	36	16	12	38	33	9
保险业	70	206	55	47	163	128	38
其他金融活动	71	148	120	73	462	294	177
房地产业	K	**11270**	**2412**	**2714**	**8310**	**4806**	**1923**
房地产业	72	11270	2412	2714	8310	4806	1923
租赁和商务服务业	L	**20503**	**4157**	**3079**	**15494**	**8329**	**2382**
租赁业	73	461	175	167	1501	599	169
商务服务业	74	20042	3982	2912	13993	7730	2213
科学研究、技术服务和地质勘查业	M	**5364**	**1059**	**723**	**2709**	**2359**	**619**
研究与试验发展	75	1256	120	106	334	407	80
专业技术服务业	76	3345	570	467	1639	1449	413
科技交流和推广服务业	77	733	328	119	674	436	81
地质勘查业	78	30	41	31	62	67	45
水利、环境和公共设施管理业	N	**598**	**125**	**85**	**1025**	**388**	**123**
水利管理业	79	25	12	7	84	15	20
环境管理业	80	222	39	32	336	110	31
公共设施管理业	81	351	74	46	605	263	72
居民服务和其他服务业	O	**4344**	**928**	**467**	**4622**	**1450**	**657**
居民服务业	82	2049	262	206	2516	669	266
其他服务业	83	2295	666	261	2106	781	391
教育	P	**1599**	**166**	**129**	**786**	**571**	**95**
教育	84	1599	166	129	786	571	95
卫生、社会保障和社会福利业	Q	**731**	**71**	**37**	**267**	**280**	**86**
卫生	85	677	69	35	225	267	84
社会保障业	86	4				3	1
社会福利业	87	50	2	2	42	10	1
文化、体育和娱乐业	R	**1608**	**282**	**323**	**1304**	**646**	**164**
新闻出版业	88	181	31	34	84	56	11
广播、电视、电影和音像业	89	244	51	51	159	92	24
文化艺术业	90	250	71	106	398	146	33
体育	91	134	13	22	55	38	8
娱乐业	92	799	116	110	608	314	88

单位：个

昆明	拉萨	西安	兰州	西宁	银川	乌鲁木齐	大连	宁波	厦门	青岛	深圳	代码
1170	**156**	**2431**	**713**	**283**	**358**	**329**	**1402**	**1706**	**1167**	**2122**	**3424**	I
544	124	933	273	167	153	212	667	747	476	606	1280	66
626	32	1498	440	116	205	117	735	959	691	1516	2144	67
823	**23**	**452**	**145**	**58**	**149**	**202**	**362**	**383**	**321**	**318**	**1133**	J
152	12	68	44	12	23	30	59	53	33	56	72	68
43	1	58	5	2	6	4	11	13	25	21	254	69
138	4	115	41	15	27	39	71	64	53	118	200	70
490	6	211	55	29	93	129	221	253	210	123	607	71
3503	**63**	**5001**	**1295**	**638**	**669**	**1199**	**4672**	**2785**	**2367**	**3964**	**7953**	K
3503	63	5001	1295	638	669	1199	4672	2785	2367	3964	7953	72
7631	**163**	**7524**	**1632**	**735**	**1077**	**2713**	**8202**	**9147**	**6770**	**11237**	**24502**	L
340	33	655	128	59	142	201	395	537	492	795	700	73
7291	130	6869	1504	676	935	2512	7807	8610	6278	10442	23802	74
1905	**46**	**2919**	**460**	**280**	**282**	**1073**	**3215**	**2574**	**1531**	**2242**	**12794**	M
470	6	211	62	11	20	75	664	486	197	491	4471	75
986	27	1576	305	204	215	596	1590	1348	1032	1216	6221	76
371	7	1036	78	46	35	181	945	734	293	517	2089	77
78	6	96	15	19	12	221	16	6	9	18	13	78
334	**3**	**449**	**54**	**31**	**64**	**107**	**387**	**485**	**238**	**636**	**482**	N
18		34	4	5	6	16	11	37	6	38	13	79
92	1	101	15	9	8	24	69	114	61	96	152	80
224	2	314	35	17	50	67	307	334	171	502	317	81
1352	**66**	**2475**	**615**	**151**	**321**	**595**	**1474**	**1379**	**1365**	**2901**	**4110**	O
449	29	809	309	73	97	203	718	659	626	828	1966	82
903	37	1666	306	78	224	392	756	720	739	2073	2144	83
242	**14**	**245**	**104**	**28**	**47**	**120**	**279**	**192**	**221**	**409**	**852**	P
242	14	245	104	28	47	120	279	192	221	409	852	84
152	**9**	**80**	**49**	**25**	**43**	**81**	**239**	**223**	**41**	**223**	**441**	Q
139	9	71	45	24	43	77	216	211	38	189	418	85
6		2	2			2	5	2	1	12	1	86
7		7	2	1		2	18	10	2	22	22	87
768	**14**	**836**	**151**	**57**	**71**	**117**	**492**	**580**	**478**	**651**	**1171**	R
23		87	12	2	6	18	24	12	16	24	53	88
121	2	176	21	18	10	25	53	59	42	69	121	89
287	2	298	27	11	6	25	161	96	136	261	364	90
52		23	5	5	1	7	46	28	24	39	87	91
285	10	252	86	21	48	42	208	385	260	258	546	92

2-4 按行业(中类)、

(2011年)

行业中类	代码	企业单位数	内资企业	国有企业	集体企业	股份合作企业
总计		**7331200**	**7101085**	**156323**	**187065**	**73159**
农、林、牧、渔业	**A**	**247456**	**246340**	**4284**	**4117**	**1093**
农业	01	94777	94175	1237	1169	389
谷物及其他作物的种植	011	23920	23835	749	332	91
蔬菜、园艺作物的种植	012	40159	39818	199	403	177
水果、坚果、饮料和香料作物的种植	013	25526	25365	272	390	103
中药材的种植	014	5172	5157	17	44	18
林业	02	24650	24508	1668	1129	192
林木的培育和种植	021	22985	22851	1292	1055	182
木材和竹材的采运	022	861	858	232	44	5
林产品的采集	023	804	799	144	30	5
畜牧业	03	80163	79957	505	528	324
牲畜的饲养	031	25337	25266	234	181	113
猪的饲养	032	27607	27553	127	168	88
家禽的饲养	033	20317	20266	74	126	91
狩猎和捕捉动物	034	106	106	1		
其他畜牧业	039	6796	6766	69	53	32
渔业	04	20206	20104	240	461	73
海洋渔业	041	5515	5465	57	168	20
内陆渔业	042	14691	14639	183	293	53
农、林、牧、渔服务业	05	27660	27596	634	830	115
农业服务业	051	21810	21765	343	660	81
林业服务业	052	1577	1573	138	37	11
畜牧服务业	053	2795	2789	110	85	17
渔业服务业	054	1478	1469	43	48	6
采矿业	**B**	**105490**	**104858**	**1780**	**4844**	**1174**
煤炭开采和洗选业	06	22881	22797	891	1751	434
烟煤和无烟煤的开采洗选	061	21477	21406	845	1670	413
褐煤的开采洗选	062	631	624	33	43	7
其他煤炭采选	069	773	767	13	38	14
石油和天然气开采业	07	1867	1824	104	26	14
天然原油和天然气开采	071	416	395	49	5	3
与石油和天然气开采有关的服务活动	079	1451	1429	55	21	11
黑色金属矿采选业	08	18585	18503	136	523	128
铁矿采选	081	16457	16392	107	453	112
其他黑色金属矿采选	089	2128	2111	29	70	16
有色金属矿采选业	09	11767	11630	245	541	162
常用有色金属矿采选	091	8243	8144	104	238	107
贵金属矿采选	092	2224	2198	100	273	40
稀有稀土金属矿采选	093	1300	1288	41	30	15

登记注册类型分组的企业法人单位数

单位：个

国有联营企业	集体联营企业	国有与集体联营	其他联营	国有独资公司	其他有限责任公司	股份有限公司	私营独资	私营合伙	代码
2229	**5196**	**1887**	**4087**	**14429**	**902684**	**128954**	**1564300**	**262671**	
33	**212**	**47**	**112**	**148**	**12932**	**1667**	**47483**	**7013**	A
10	71	18	35	52	4890	606	13299	2145	01
3	31	3	6	24	1226	160	1802	405	011
4	14	7	15	22	2299	256	6444	910	012
3	23	7	13	5	1042	142	4200	691	013
	3	1	1	1	323	48	853	139	014
7	56	15	22	23	2020	259	4638	845	02
7	51	12	20	16	1924	236	4444	789	021
	3	3	2	6	39	12	85	38	022
	2			1	57	11	109	18	023
6	43	11	30	28	3472	463	20447	2493	03
2	14	5	10	11	1262	173	5150	797	031
1	12	2	9	11	1076	151	8168	904	032
2	10	2	10	5	801	97	5646	588	033
					13	1	19	4	034
1	7	2	1	1	320	41	1464	200	039
2	12	2	9	10	948	134	5501	739	04
	4	1	1	6	394	46	1072	275	041
2	8	1	8	4	554	88	4429	464	042
8	30	1	16	35	1602	205	3598	791	05
6	22	1	12	31	1326	144	2689	535	051
1	2			3	118	27	224	51	052
1	6		3	1	88	19	397	89	053
			1		70	15	288	116	054
66	**136**	**22**	**135**	**225**	**9749**	**1867**	**43046**	**13792**	B
31	44	5	48	107	3358	557	6604	2897	06
30	43	3	45	96	3137	526	6186	2762	061
		1	1	10	130	14	158	33	062
1	1	1	2	1	91	17	260	102	069
		2	4	11	335	85	328	64	07
				6	103	41	83	7	071
		2	4	5	232	44	245	57	079
7	13	3	16	34	1658	306	6833	2435	08
4	12	3	14	32	1482	267	6088	2107	081
3	1		2	2	176	39	745	328	089
19	22	8	12	31	1529	342	3446	1301	09
9	19	4	6	12	1016	209	2540	989	091
8	1	3	3	9	284	81	623	177	092
2	2	1	3	10	229	52	283	135	093

2-4 续表 1

行业中类	代码	企业单位数	内资企业	国有企业	集体企业	股份合作企业
非金属矿采选业	10	48603	48328	383	1984	418
土砂石开采	101	40946	40747	235	1457	353
化学矿采选	102	1646	1636	32	117	29
采盐	103	852	847	81	238	2
石棉及其他非金属矿采选	109	5159	5098	35	172	34
其他采矿业	11	1787	1776	21	19	18
其他采矿业	110	1787	1776	21	19	18
制造业	**C**	**2240288**	**2102430**	**17870**	**49643**	**23467**
农副食品加工业	13	111076	106983	2006	2104	845
谷物磨制	131	28868	28686	415	299	147
饲料加工	132	13280	12736	137	131	130
植物油加工	133	10369	10158	118	194	55
制糖	134	718	673	42	14	8
屠宰及肉类加工	135	17564	17146	1039	828	168
水产品加工	136	9689	8610	97	274	146
蔬菜、水果和坚果加工	137	15172	14091	51	137	68
其他农副食品加工	139	15416	14883	107	227	123
食品制造业	14	48538	45604	641	760	399
焙烤食品制造	141	12064	11432	145	166	86
糖果、巧克力及蜜饯制造	142	5125	4848	25	80	39
方便食品制造	143	7477	7078	107	111	51
液体乳及乳制品制造	144	2010	1858	55	32	25
罐头制造	145	3394	3087	43	48	26
调味品、发酵制品制造	146	7207	6877	115	166	73
其他食品制造	149	11261	10424	151	157	99
饮料制造业	15	38429	36968	582	1393	369
酒精制造	151	494	475	16	7	3
酒的制造	152	14217	13775	222	302	161
软饮料制造	153	13425	12597	185	345	126
精制茶加工	154	10293	10121	159	739	79
烟草制品业	16	321	316	103	27	3
烟叶复烤	161	116	115	32	4	1
卷烟制造	162	103	102	57	7	1
其他烟草制品加工	169	102	99	14	16	1
纺织业	17	129946	120424	659	1671	883
棉、化纤纺织及印染精加工	171	49829	47220	258	569	322
毛纺织和染整精加工	172	5780	5353	55	93	51
麻纺织	173	1040	961	18	19	9
丝绢纺织及精加工	174	7782	7361	49	84	32
纺织制成品制造	175	30206	27882	135	489	241
针织品、编织品及其制品制造	176	35309	31647	144	417	228

单位：个

国有联营企业	集体联营企业	国有与集体联营	其他联营	国有独资公司	其他有限责任公司	股份有限公司	私营独资	私营合伙	代码
8	55	4	53	39	2657	512	25311	6970	10
5	41	3	46	24	1887	375	22394	6138	101
	5		2	4	220	37	529	148	102
1			2	8	111	22	128	140	103
2	9	1	3	3	439	78	2260	544	109
1	2		2	3	212	65	524	125	11
1	2		2	3	212	65	524	125	110
320	**1234**	**478**	**799**	**1561**	**207091**	**28735**	**701416**	**92811**	**C**
28	85	30	78	79	10000	1765	46687	5081	13
8	17	8	20	25	1884	300	16703	1422	131
4	6	4	7	5	1730	314	4348	510	132
1	4	1	5	8	998	159	4908	432	133
2		1		8	158	31	147	24	134
11	35	10	21	19	1765	338	5982	862	135
	8	3	7	3	840	144	2621	470	136
	5	1	8	4	1188	232	5553	627	137
2	10	2	10	7	1437	247	6425	734	139
10	28	10	15	30	4857	854	17556	1806	14
2	5		1	6	991	139	4908	424	141
	2	1		2	379	38	2106	166	142
3	6		4	3	661	128	3066	326	143
1		2	3	3	397	102	401	55	144
1	1		1	3	325	64	1095	205	145
	5	3	2	6	716	132	2923	261	146
3	9	4	4	7	1388	251	3057	369	149
20	33	6	20	45	3557	708	15255	1857	15
				1	89	13	119	14	151
4	12	1	7	19	1426	341	6217	568	152
13	9	3	7	19	1410	234	4943	697	153
3	12	2	6	6	632	120	3976	578	154
	1			15	66	7	25	3	16
				1	36	1	4	3	161
	1			14	13	3	2		162
					17	3	19		169
8	35	15	34	67	8763	1200	38432	4033	17
4	10	4	20	27	3722	535	14883	1611	171
1	3	1	3	10	456	72	1595	196	172
	1		1	3	108	23	316	47	173
1			1	5	413	79	2414	153	174
	12	6	4	11	2025	282	8879	1045	175
2	9	4	5	11	2039	209	10345	981	176

2-4　续表 2

行业中类	代码	企　业单位数				
			内资企业			
				国有企业	集体企业	股份合作企　业
纺织服装、鞋、帽制造业	18	106343	94735	327	1535	679
纺织服装制造	181	98657	87747	312	1423	621
纺织面料鞋的制造	182	5623	5192	12	80	41
制帽	183	2063	1796	3	32	17
皮革、毛皮、羽毛(绒)及其制品业	19	40161	35571	109	492	367
皮革鞣制加工	191	3182	2835	16	58	48
皮革制品制造	192	31105	27176	68	366	290
毛皮鞣制及制品加工	193	3832	3659	9	42	10
羽毛(绒)加工及制品制造	194	2042	1901	16	26	19
木材加工及木、竹、藤、棕、草制品业	20	69231	67330	412	1053	403
锯材、木片加工	201	23750	23548	206	432	112
人造板制造	202	19642	19086	97	128	87
木制品制造	203	17852	17068	88	382	152
竹、藤、棕、草制品制造	204	7987	7628	21	111	52
家具制造业	21	45062	42318	102	530	256
木质家具制造	211	31911	30218	65	407	173
竹、藤家具制造	212	822	775	3	8	3
金属家具制造	213	5107	4611	24	71	42
塑料家具制造	214	743	692	2	8	3
其他家具制造	219	6479	6022	8	36	35
造纸及纸制品业	22	58094	55368	272	1507	669
纸浆制造	221	993	950	17	29	7
造纸	222	13380	12739	116	459	160
纸制品制造	223	43721	41679	139	1019	502
印刷业和记录媒介的复制	23	60163	58686	1502	3300	1262
印刷	231	54505	53153	1399	2947	1126
装订及其他印刷服务活动	232	5310	5224	87	343	133
记录媒介的复制	233	348	309	16	10	3
文教体育用品制造业	24	23779	20046	89	388	181
文化用品制造	241	6644	5968	46	159	76
体育用品制造	242	6195	5047	15	62	39
乐器制造	243	1628	1402	9	36	19
玩具制造	244	8363	6771	16	123	40
游艺器材及娱乐用品制造	245	949	858	3	8	7
石油加工及炼焦	25	7411	7059	131	200	186
精炼石油产品的制造	251	5506	5221	96	167	90
炼焦	252	1905	1838	35	33	96
化学原料及化学制品制造业	26	110943	103587	1128	3120	1473
基础化学原料制造	261	19238	18201	290	718	293
肥料制造	262	11464	11083	215	224	120
农药制造	263	2890	2737	54	80	46

单位：个

国有联营企业	集体联营企业	国有与集体联营	其他联营	国有独资公司	其他有限责任公司	股份有限公司	私营独资	私营合伙	代码
8	51	10	19	46	7641	967	30438	2916	18
8	45	10	18	46	7109	925	27582	2619	181
	6		1		436	33	2138	230	182
					96	9	718	67	183
1	7	5	6	6	2696	330	12088	1250	19
	1		1		286	42	1035	167	191
1	6	5	3	6	2027	200	8913	887	192
					214	69	1440	111	193
			2		169	19	700	85	194
4	33	4	32	23	4072	615	33305	4422	20
3	10	2	11	8	981	176	14224	1454	201
	5	2	6	9	1446	240	8550	1380	202
1	12		7	4	1296	149	6615	792	203
	6		8	2	349	50	3916	796	204
3	18	5	10	6	3735	367	17539	1477	21
1	11	2	7	6	2466	249	13625	1065	211
					51	7	361	66	212
1	5	2	3		421	49	1373	143	213
	1	1			90	6	251	26	214
1	1				707	56	1929	177	219
6	26	15	15	21	4907	656	19089	2695	22
					130	25	326	62	221
3	7	2	3	12	1251	231	4220	679	222
3	19	13	12	9	3526	400	14543	1954	223
22	68	16	26	42	5575	795	19203	2406	23
21	63	15	23	37	5031	719	17338	2195	231
1	5	1	3	4	463	66	1817	208	232
				1	81	10	48	3	233
	8	9	5	7	1478	171	7138	651	24
	4	3	3	3	386	47	1969	207	241
		4	1	1	441	56	1455	159	242
				1	127	15	453	46	243
	4	2	1	2	434	48	3063	222	244
					90	5	198	17	245
4	7	5	10	21	1150	236	1546	221	25
3	6	5	8	13	714	167	1231	140	251
1	1		2	8	436	69	315	81	252
26	73	32	45	129	13266	2238	30000	4851	26
6	10	6	13	46	2898	505	4490	750	261
3	9	3	8	16	1662	344	3229	483	262
	3		2	5	447	110	649	68	263

2-4 续表 3

行业中类	代码	企业单位数	内资企业	国有企业	集体企业	股份合作企业
涂料、油墨、颜料及类似产品制造	264	20434	18820	101	527	301
合成材料制造	265	8057	7101	54	170	83
专用化学产品制造	266	37764	35645	318	1139	474
日用化学产品制造	267	11096	10000	96	262	156
医药制造业	27	19148	17258	322	267	197
化学药品原药制造	271	2729	2424	42	51	32
化学药品制剂制造	272	2556	2181	73	35	17
中药饮片加工	273	2462	2325	25	37	33
中成药制造	274	3301	3014	86	47	31
兽用药品制造	275	1587	1512	38	22	25
生物、生化制品的制造	276	3468	3058	31	19	28
卫生材料及医药用品制造	277	3045	2744	27	56	31
化学纤维制造业	28	5817	5236	49	65	30
纤维素纤维原料及纤维制造	281	1131	1005	14	14	7
合成纤维制造	282	4686	4231	35	51	23
橡胶制品业	29	24987	23248	158	736	319
轮胎制造	291	2250	2086	25	53	21
橡胶板、管、带的制造	292	4743	4525	25	143	57
橡胶零件制造	293	6709	6317	31	260	102
再生橡胶制造	294	1163	1136	5	41	10
日用及医用橡胶制品制造	295	1112	955	16	34	15
橡胶靴鞋制造	296	2262	1968	16	56	48
其他橡胶制品制造	299	6748	6261	40	149	66
塑料制品业	30	119050	110617	311	2163	1283
塑料薄膜制造	301	10842	10061	47	201	102
塑料板、管、型材的制造	302	16703	15828	68	279	144
塑料丝、绳及编织品的制造	303	11104	10788	42	342	155
泡沫塑料制造	304	5709	5349	10	117	82
塑料人造革、合成革制造	305	1395	1213	3	26	16
塑料包装箱及容器制造	306	13114	12255	30	242	147
塑料零件制造	307	15496	14239	16	212	151
日用塑料制造	308	15066	13776	38	353	258
其他塑料制品制造	309	29621	27108	57	391	228
非金属矿物制品业	31	228274	223018	1624	7786	2351
水泥、石灰和石膏的制造	311	15972	15633	399	737	212
水泥及石膏制品制造	312	50953	50228	368	1046	362
砖瓦、石材及其他建筑材料制造	313	101895	100492	436	4600	1227
玻璃及玻璃制品制造	314	19543	18373	117	367	192
陶瓷制品制造	315	11690	10873	105	196	108
耐火材料制品制造	316	12615	12321	71	504	104
石墨及其他非金属矿物制品制造	319	15606	15098	128	336	146

单位：个

国有联营企业	集体联营企业	国有与集体联营	其他联营	国有独资公司	其他有限责任公司	股份有限公司	私营独资	私营合伙	代码
3	10	2	6	6	2156	281	5638	666	264
	2	2	4	15	994	163	1718	234	265
13	34	13	5	38	4021	663	11613	2251	266
1	5	6	7	3	1088	172	2663	399	267
10	7	8	16	31	3972	975	2739	390	27
2	2	2	1	9	631	123	331	64	271
1		2	5	8	684	182	208	28	272
	1	2	2	2	424	104	526	84	273
	2	2	3	5	902	297	367	52	274
1			2	1	277	64	259	36	275
4			1	5	657	142	443	57	276
2	2		2	1	397	63	605	69	277
	2	1	1	7	445	94	1048	167	28
	1			3	114	31	248	35	281
	1	1	1	4	331	63	800	132	282
1	13	5	8	11	2089	297	7659	983	29
1	2	1	1	3	233	44	572	80	291
	1		3	3	397	75	1427	177	292
	7		3	2	455	64	2475	298	293
	1				80	16	444	83	294
				1	84	11	298	35	295
	1			2	199	19	616	96	296
	1	4	1		641	68	1827	214	299
4	41	19	31	29	10070	1046	38337	4899	30
	2		6	5	986	120	3467	400	301
	5	5	5	5	1668	211	4858	568	302
	6	2	2	4	966	105	4490	527	303
	3	4	1	3	443	52	1988	268	304
			1		158	27	272	33	305
2	6	2	1	1	1098	116	4064	483	306
1	5	1	5	3	938	74	5476	840	307
	5			2	1336	107	5023	715	308
1	9	5	10	6	2477	234	8699	1065	309
43	246	48	135	133	19056	2787	102944	18373	31
13	27	12	17	38	2347	433	5170	1111	311
9	36	6	31	38	4194	604	26815	2908	312
15	149	15	71	23	6057	847	50127	11892	313
2	10	5	6	15	2014	287	5713	670	314
1	5	3	1	7	1138	184	4390	577	315
	7	2	1	3	1282	188	5271	582	316
3	12	5	8	9	2024	244	5458	633	319

2-4 续表 4

行业中类	代码	企业单位数	内资企业	国有企业	集体企业	股份合作企业
黑色金属冶炼及压延加工业	32	21717	20899	232	522	295
炼铁	321	2647	2606	36	85	28
炼钢	322	1052	1020	20	27	11
钢压延加工	323	14542	13880	126	314	217
铁合金冶炼	324	3476	3393	50	96	39
有色金属冶炼及压延加工业	33	25903	24574	268	613	280
常用有色金属冶炼	331	6828	6602	94	136	68
贵金属冶炼	332	819	788	25	23	5
稀有稀土金属冶炼	333	1527	1450	25	36	11
有色金属合金制造	334	2938	2726	25	65	35
有色金属压延加工	335	13791	13008	99	353	161
金属制品业	34	175355	167072	704	4060	1842
结构性金属制品制造	341	59703	57908	279	1374	619
金属工具制造	342	23325	22224	99	511	214
集装箱及金属包装容器制造	343	6562	6056	56	230	84
金属丝绳及其制品的制造	344	8201	7845	54	262	85
建筑、安全用金属制品制造	345	20682	19524	64	396	202
金属表面处理及热处理加工	346	12066	11418	45	592	308
搪瓷制品制造	347	1419	1342	7	35	9
不锈钢及类似日用金属制品制造	348	17189	15904	28	241	135
其他金属制品制造	349	26208	24851	72	419	186
通用设备制造业	35	232040	223006	1528	5544	3106
锅炉及原动机制造	351	9112	8775	144	330	156
金属加工机械制造	352	33297	32086	265	640	348
起重运输设备制造	353	7308	6814	104	187	98
泵、阀门、压缩机及类似机械的制造	354	29816	28189	188	623	576
轴承、齿轮、传动和驱动部件的制造	355	15074	14259	96	214	152
烘炉、熔炉及电炉制造	356	2147	2044	10	42	29
风机、衡器、包装设备等通用设备制造	357	32377	30572	195	526	371
通用零部件制造及机械修理	358	70022	68171	371	1860	858
金属铸、锻加工	359	32887	32096	155	1122	518
专用设备制造业	36	129759	121606	1116	2231	1326
矿山、冶金、建筑专用设备制造	361	21771	21070	313	536	242
化工、木材、非金属加工专用设备制造	362	35878	32959	114	414	282
食品、饮料、烟草及饲料生产专用设备制造	363	4369	4132	57	105	94
印刷、制药、日化生产专用设备制造	364	8076	7521	46	118	102
纺织、服装和皮革工业专用设备制造	365	10229	9563	51	163	127
电子和电工机械专用设备制造	366	10115	9392	101	128	79
农、林、牧、渔专用机械制造	367	9499	9250	157	290	100
医疗仪器设备及器械制造	368	7136	6281	80	117	112
环保、社会公共安全及其他专用设备制造	369	22686	21438	197	360	188

单位：个

国有联营企业	集体联营企业	国有与集体联营	其他联营	国有独资公司	其他有限责任公司	股份有限公司	私营独资	私营合伙	代码
3	12	5	12	39	2781	392	5540	1075	32
1			2	4	342	52	961	194	321
	1		2	6	193	30	269	48	322
2	8	4	5	24	1628	232	3611	638	323
	3	1	3	5	618	78	699	195	324
10	18	13	14	49	3372	546	6392	1001	33
5	7	2	5	18	931	203	1866	359	331
2		2		4	128	40	161	28	332
1	4		2	7	294	51	304	77	333
1	2	4		2	360	54	663	97	334
1	5	5	7	18	1659	198	3398	440	335
17	87	37	42	49	15627	1739	52716	6064	34
9	25	10	20	22	5951	715	17587	1780	341
3	9	4	3	7	1650	180	8159	784	342
	8	4	1	4	746	92	1651	168	343
2	5	3	3	3	624	69	2813	341	344
	6	1	3	1	1781	197	5834	862	345
	12	5	7		812	117	3968	619	346
		1			147	14	361	56	347
1	9	1	1	1	1448	138	5317	518	348
2	13	8	4	11	2468	217	7026	936	349
20	117	51	64	141	19756	2731	71198	8548	35
2	12	1	5	21	1153	182	2371	290	351
3	18	7	7	29	3102	433	9296	1092	352
2	4	2	4	15	928	138	1503	202	353
4	9	4	6	11	2667	425	7088	1049	354
	6	4	4	6	1175	176	4734	679	355
		1			184	32	655	61	356
4	14	8	8	16	3161	384	6966	867	357
5	35	18	18	20	5107	628	24381	2808	358
	19	6	12	23	2279	333	14204	1500	359
11	56	44	30	115	14107	1835	30674	3996	36
3	16	5	9	41	3241	412	5228	587	361
3	10	8	6	18	3155	289	8517	1368	362
	2			6	432	78	1246	160	363
		2	5	6	840	105	1884	252	364
	2	5	1	8	648	91	3185	438	365
	1		1	9	1349	213	1682	247	366
	11	4	2	5	885	142	3967	338	367
3	2	2	3	3	899	145	1102	161	368
2	12	18	3	19	2658	360	3863	445	369

2-4 续表 5

行业中类	代码	企业单位数	内资企业	国有企业	集体企业	股份合作企业
交通运输设备制造业	37	100270	94233	1527	2717	1271
铁路运输设备制造	371	3444	3334	224	421	67
汽车制造	372	67845	63437	968	1781	892
摩托车制造	373	7749	7495	26	133	121
自行车制造	374	6242	5737	33	80	53
船舶及浮动装置制造	375	12084	11546	188	253	122
航空航天器制造	376	527	424	58	8	2
交通器材及其他交通运输设备制造	379	2379	2260	30	41	14
电气机械及器材制造业	39	130376	120371	777	2390	1547
电机制造	391	13836	12890	119	198	174
输配电及控制设备制造	392	42914	40045	298	1023	701
电线、电缆、光缆及电工器材制造	393	20390	18751	127	523	248
电池制造	394	5268	4602	56	60	38
家用电力器具制造	395	16012	14481	55	177	103
非电力家用器具制造	396	5417	5163	15	49	34
照明器具制造	397	18529	16838	53	188	168
其他电气机械及器材制造	399	8010	7601	54	172	81
通信设备、计算机及其他电子设备制造业	40	68989	56502	461	581	437
通信设备制造	401	7241	6161	99	84	55
雷达及配套设备制造	402	161	153	19		4
广播电视设备制造	403	1911	1611	19	19	21
电子计算机制造	404	5770	4318	30	32	21
电子器件制造	405	10138	7966	86	72	61
电子元件制造	406	29426	24087	128	269	207
家用视听设备制造	407	4172	3190	22	34	18
其他电子设备制造	409	10170	9016	58	71	50
仪器仪表及文化、办公用机械制造业	41	30789	27532	380	670	516
通用仪器仪表制造	411	14661	13648	178	352	280
专用仪器仪表制造	412	5271	4834	110	131	81
钟表与计时仪器制造	413	2158	1593	24	57	25
光学仪器及眼镜制造	414	4471	3784	31	41	81
文化、办公用机械制造	415	2060	1629	23	32	19
其他仪器仪表的制造及修理	419	2168	2044	14	57	30
工艺品及其他制造业	42	67540	61808	273	1028	601
工艺美术品制造	421	38235	34299	135	668	394
日用杂品制造	422	9737	8763	19	129	120
煤制品制造	423	4206	4192	29	87	28
其他未列明的制造业	429	15362	14554	90	144	59
废弃资源和废旧材料回收加工业	43	10777	10455	77	190	91
金属废料和碎屑的加工处理	431	5476	5263	27	114	35
非金属废料和碎屑的加工处理	432	5301	5192	50	76	56

单位：个

国有联营企业	集体联营企业	国有与集体联营	其他联营	国有独资公司	其他有限责任公司	股份有限公司	私营独资	私营合伙	代码
24	55	27	36	183	10870	1503	26957	3893	37
1	6	1	1	17	549	78	617	75	371
17	40	15	28	91	7657	1080	18932	2815	372
	2	1	3	6	793	80	2641	326	373
		1		2	429	45	1615	212	374
4	6	8	4	23	1065	162	2612	405	375
	1			43	120	22	46	6	376
2		1		1	257	36	494	54	379
17	48	27	43	82	14452	1801	26539	3872	39
3	6	3	4	16	1448	205	2641	463	391
11	17	13	17	27	5002	701	7644	1243	392
2	6	3	8	12	2297	295	4703	645	393
	2	1	2	9	684	104	813	127	394
1	7	1	5	4	1805	150	3336	494	395
	2	2	1	2	641	102	1178	132	396
	5	2	5	5	1739	154	4818	575	397
	3	2	1	7	836	90	1406	193	399
11	12	16	25	68	7704	942	9435	1609	40
3	1	4	2	14	1020	153	858	141	401
				15	34	5	17	1	402
		1	1	3	201	40	326	57	403
1	2	2	2	4	627	107	453	116	404
1	1		3	10	1198	190	982	208	405
5	5	7	9	17	2807	277	4923	740	406
1	1			3	413	41	641	97	407
	2	2	8	2	1404	129	1235	249	409
4	14	10	8	43	3532	473	5118	889	41
2	1	6	4	21	1822	267	2395	404	411
1	4	1	1	8	681	107	781	128	412
	3		1	2	136	22	393	51	413
		1	1	10	400	38	803	191	414
1	2	2		1	211	28	300	54	415
	4		1	1	282	11	446	61	419
3	23	3	16	37	6211	536	21832	2932	42
1	14	2	14	12	2997	284	12712	1290	421
	1		1	4	589	55	3018	855	422
1	2		1	2	175	34	2911	210	423
1	6	1		19	2450	163	3191	577	429
2	10	2	3	7	1284	129	3987	451	43
2	8	1	2	4	750	78	1659	195	431
	2	1	1	3	534	51	2328	256	432

2-4 续表 6

行业中类	代码	企业单位数	内资企业	国有企业	集体企业	股份合作企业
电力、燃气及水的生产和供应业	D	**65488**	**63867**	**8316**	**7292**	**1340**
电力、热力的生产和供应业	44	43759	42906	4908	3846	1072
电力生产	441	35662	34917	2436	3486	988
电力供应	442	3947	3929	2025	223	43
热力生产和供应	443	4150	4060	447	137	41
燃气生产和供应业	45	4714	4285	272	89	71
燃气生产和供应业	450	4714	4285	272	89	71
水的生产和供应业	46	17015	16676	3136	3357	197
自来水的生产和供应	461	13605	13438	2723	3197	127
污水处理及其再生利用	462	2647	2488	395	143	16
其他水的处理、利用与分配	469	763	750	18	17	54
建筑业	E	**346017**	**344130**	**8462**	**9951**	**2374**
房屋和土木工程建筑业	47	123423	122956	5860	6506	886
房屋工程建筑	471	73972	73751	2094	4627	551
土木工程建筑	472	49451	49205	3766	1879	335
建筑安装业	48	66956	66449	1287	1774	509
建筑安装业	480	66956	66449	1287	1774	509
建筑装饰业	49	108682	107945	485	945	681
建筑装饰业	490	108682	107945	485	945	681
其他建筑业	50	46956	46780	830	726	298
工程准备	501	13301	13261	299	257	90
提供施工设备服务	502	5531	5502	57	73	34
其他未列明的建筑活动	509	28124	28017	474	396	174
交通运输、仓储和邮政业	F	**209450**	**204562**	**11500**	**7345**	**2290**
铁路运输业	51	1492	1481	210	80	12
铁路旅客运输	511	121	120	31		
铁路货物运输	512	663	658	78	26	8
铁路运输辅助活动	513	708	703	101	54	4
道路运输业	52	98521	97549	3271	3145	1190
公路旅客运输	521	9300	9201	903	497	254
道路货物运输	522	80139	79507	1082	1801	752
道路运输辅助活动	523	9082	8841	1286	847	184
城市公共交通业	53	8573	8464	786	441	199
公共电汽车客运	531	2409	2373	431	99	56
轨道交通	532	125	113	18	3	1
出租车客运	533	5471	5417	273	288	131
城市轮渡	534	87	85	18	11	
其他城市公共交通	539	481	476	46	40	11
水上运输业	54	9467	9153	485	716	106
水上旅客运输	541	1038	1008	53	135	20
水上货物运输	542	5954	5864	223	464	64
水上运输辅助活动	543	2475	2281	209	117	22

单位：个

国有联营企业	集体联营企业	国有与集体联营	其他联营	国有独资公司	其他有限责任公司	股份有限公司	私营独资	私营合伙	代码
92	**240**	**63**	**95**	**761**	**7780**	**1936**	**13560**	**9387**	D
58	176	37	76	417	5153	1397	9092	8323	44
42	168	32	69	217	3675	1087	8274	8172	441
12	5	4	2	148	492	168	220	66	442
4	3	1	5	52	986	142	598	85	443
8	7	2	3	52	900	220	934	178	45
8	7	2	3	52	900	220	934	178	450
26	57	24	16	292	1727	319	3534	886	46
24	55	20	13	204	1112	228	3087	759	461
2	1	3	1	82	508	76	277	52	462
	1	1	2	6	107	15	170	75	469
83	**252**	**74**	**245**	**937**	**63523**	**8397**	**40665**	**8607**	E
50	139	47	117	672	27170	4165	16314	3269	47
26	88	21	82	238	17093	2798	11176	2246	471
24	51	26	35	434	10077	1367	5138	1023	472
14	53	10	51	119	11738	1418	6288	1310	48
14	53	10	51	119	11738	1418	6288	1310	480
7	28	11	46	51	16284	1833	11861	2816	49
7	28	11	46	51	16284	1833	11861	2816	490
12	32	6	31	95	8331	981	6202	1212	50
4	8		8	35	2233	253	1813	340	501
2	2	1	5	9	959	134	826	143	502
6	22	5	18	51	5139	594	3563	729	509
169	**315**	**89**	**212**	**796**	**28614**	**5172**	**30461**	**9000**	F
1	2	2	1	17	242	44	204	30	51
		1		1	25	4	14		511
	2			12	114	24	83	15	512
1		1	1	4	103	16	107	15	513
47	170	30	124	245	14021	2725	16742	4472	52
18	40	10	31	74	1813	666	1081	716	521
13	81	11	71	83	10894	1709	14339	3322	522
16	49	9	22	88	1314	350	1322	434	523
18	20	10	17	82	1775	515	1004	346	53
9	7	7	10	47	488	154	291	106	531
1	1			7	30	7	9	2	532
8	12	2	7	21	1155	337	636	210	533
					13	1	9	7	534
		1		7	89	16	59	21	539
13	27	3	10	59	1369	323	960	825	54
	3		2	11	173	47	134	74	541
7	19	2	6	26	796	200	534	648	542
6	5	1	2	22	400	76	292	103	543

2-4 续表 7

行业中类	代码	企业单位数	内资企业	国有企业	集体企业	股份合作企业
航空运输业	55	1199	1128	174	16	17
航空客货运输	551	440	403	68	4	5
通用航空服务	552	298	291	20	6	5
航空运输辅助活动	553	461	434	86	6	7
管道运输业	56	172	157	27	1	1
管道运输业	560	172	157	27	1	1
装卸搬运和其他运输服务业	57	58923	57007	1295	1901	508
装卸搬运	571	9683	9585	269	1340	115
运输代理服务	572	49240	47422	1026	561	393
仓储业	58	21611	20201	3924	935	192
谷物、棉花等农产品仓储	581	5788	5762	2974	180	32
其他仓储	589	15823	14439	950	755	160
邮政业	59	9492	9422	1328	110	65
国家邮政	591	1879	1877	1101	49	12
其他寄递服务	599	7613	7545	227	61	53
信息传输、计算机服务和软件业	**G**	**199248**	**191133**	**3014**	**625**	**1051**
电信和其他信息传输服务业	60	31763	30775	2466	294	222
电信	601	9607	8879	1610	107	94
互联网信息服务	602	19598	19354	171	38	90
广播电视传输服务	603	2325	2314	663	145	30
卫星传输服务	604	233	228	22	4	8
计算机服务业	61	104112	102692	304	228	523
计算机系统服务	611	23740	23021	131	70	106
数据处理	612	1229	1116	24	8	3
计算机维修	613	3674	3629	17	9	41
其他计算机服务	619	75469	74926	132	141	373
软件业	62	63373	57666	244	103	306
公共软件服务	621	49039	44590	195	80	208
其他软件服务	629	14334	13076	49	23	98
批发和零售业	**H**	**2276262**	**2245388**	**38295**	**48810**	**18888**
批发业	63	1432293	1406650	23935	23731	8935
农畜产品批发	631	58838	58572	5616	2332	418
食品、饮料及烟草制品批发	632	105061	103201	5554	2046	710
纺织、服装及日用品批发	633	154182	149212	873	1303	655
文化、体育用品及器材批发	634	43108	41943	773	500	363
医药及医疗器材批发	635	38121	37593	740	291	293
矿产品、建材及化工产品批发	636	461754	458224	5742	11151	2724
机械设备、五金交电及电子产品批发	637	392224	384167	2828	3458	2750
贸易经纪与代理	638	49019	47230	608	279	268
其他批发	639	129986	126508	1201	2371	754

单位：个

国有联营企业	集体联营企业	国有与集体联营	其他联营	国有独资公司	其他有限责任公司	股份有限公司	私营独资	私营合伙	代码
6			2	24	231	56	80	20	55
1			1	8	67	24	15	9	551
2				2	66	11	37	4	552
3			1	14	98	21	28	7	553
1				1	33	11	28	3	56
1				1	33	11	28	3	560
45	46	16	28	129	7385	945	6833	2121	57
7	28	2	10	12	1054	171	2024	604	571
38	18	14	18	117	6331	774	4809	1517	572
25	39	24	21	212	2511	393	3358	948	58
10	8	4	4	148	370	96	893	113	581
15	31	20	17	64	2141	297	2465	835	589
13	11	4	9	27	1047	160	1252	235	59
11	4	2	1	18	88	11	61	14	591
2	7	2	8	9	959	149	1191	221	599
62	**41**	**26**	**119**	**250**	**20847**	**3190**	**57531**	**7323**	**G**
39	17	13	57	162	3759	1310	7898	1073	60
23	8	9	17	99	1278	750	968	179	601
3	4	3	37	17	1945	316	6734	858	602
11	5	1	3	43	472	234	170	32	603
2				3	64	10	26	4	604
8	15	11	43	45	7733	884	46599	5159	61
2	5	6	8	26	3495	357	1819	487	611
					241	20	93	26	612
				2	401	50	631	120	613
6	10	5	35	17	3596	457	44056	4526	619
15	9	2	19	43	9355	996	3034	1091	62
14	5	2	15	33	7206	770	2126	803	621
1	4		4	10	2149	226	908	288	629
643	**1448**	**518**	**1337**	**2279**	**292239**	**33953**	**405217**	**59557**	**H**
330	690	285	640	1621	184026	19450	193018	33243	63
49	71	24	40	300	7116	1151	13389	1667	631
36	53	28	76	381	13054	1664	15962	2968	632
20	32	16	44	98	16433	1555	16021	2990	633
9	20	11	20	57	5283	599	4357	975	634
13	16	7	33	29	6555	899	4403	862	635
109	269	75	214	434	62849	6755	70877	11019	636
64	131	67	131	189	50300	4816	39168	8675	637
7	10	10	22	65	5606	630	5666	950	638
23	88	47	60	68	16830	1381	23175	3137	639

2-4 续表 8

行业中类	代码	企业单位数	内资企业	国有企业	集体企业	股份合作企业
零售业	65	843969	838738	14360	25079	9953
综合零售	651	101593	100584	2277	11023	1202
食品、饮料及烟草制品专门零售	652	66239	65729	3245	2330	979
纺织、服装及日用品专门零售	653	81456	80336	725	2048	978
文化、体育用品及器材专门零售	654	49695	49337	2351	1221	1085
医药及医疗器材专门零售	655	74796	74643	1189	1094	952
汽车、摩托车、燃料及零配件专门零售	656	119034	118371	2185	2489	1188
家用电器及电子产品专门零售	657	138031	137537	470	783	1255
五金、家具及室内装修材料专门零售	658	105261	104881	694	2032	1347
无店铺及其他零售	659	107864	107320	1224	2059	967
住宿和餐饮业	**I**	**166742**	**161788**	**8864**	**6288**	**2424**
住宿业	66	60903	59318	6927	4079	978
旅游饭店	661	21609	20379	3262	877	257
一般旅馆	662	34869	34578	3256	2858	648
其他住宿服务	669	4425	4361	409	344	73
餐饮业	67	105839	102470	1937	2209	1446
正餐服务	671	85470	83123	1640	1759	1098
快餐服务	672	7363	6841	93	122	139
饮料及冷饮服务	673	4538	4319	26	45	84
其他餐饮服务	679	8468	8187	178	283	125
金融业	**J**	**52308**	**50816**	**5178**	**2161**	**2048**
银行业	68	11553	11167	2836	1919	1359
中央银行	681	141	140	87	1	4
商业银行	682	9596	9240	2108	1767	1235
其他银行	689	1816	1787	641	151	120
证券业	69	2634	2566	166	2	25
证券市场管理	691	153	153	15		4
证券经纪与交易	692	1133	1079	123	1	14
证券投资	693	911	899	25	1	5
证券分析与咨询	694	437	435	3		2
保险业	70	12834	12067	942	69	378
人寿保险	701	4910	4460	439	33	180
非人寿保险	702	4830	4583	435	29	156
保险辅助服务	703	3094	3024	68	7	42
其他金融活动	71	25287	25016	1234	171	286
金融信托与管理	711	2938	2917	144	23	48
金融租赁	712	605	521	22	3	2
财务公司	713	1157	1145	45	7	4
邮政储蓄	714	947	947	542	9	10
典当	715	4696	4693	49	29	66
其他未列明的金融活动	719	14944	14793	432	100	156

单位：个

国有联营企　业	集体联营企　业	国有与集体联营	其他联营	国有独资公　司	其他有限责任公司	股份有限公　司	私营独资	私营合伙	代码
313	758	233	697	658	108213	14503	212199	26314	65
28	195	30	115	67	12834	1884	27179	3097	651
30	63	13	41	144	7426	1024	16404	1897	652
14	64	9	43	30	8977	1092	21840	2298	653
21	34	9	21	146	6147	828	9286	1380	654
59	108	30	184	53	8208	1443	30547	2723	655
115	125	100	107	103	18094	2898	34059	4106	656
7	33	12	56	40	19267	2277	24504	4146	657
10	66	5	50	23	13333	1410	25199	3163	658
29	70	25	80	52	13927	1647	23181	3504	659
98	**179**	**69**	**134**	**300**	**18777**	**2921**	**52681**	**7849**	I
83	113	43	54	215	8213	1454	15601	2973	66
45	26	17	16	135	4381	701	3206	660	661
32	72	25	34	69	3267	660	11226	2117	662
6	15	1	4	11	565	93	1169	196	669
15	66	26	80	85	10564	1467	37080	4876	67
13	49	25	69	75	8756	1217	30876	3855	671
2	7		2	2	620	88	2464	317	672
	3		2		369	49	1472	297	673
	7	1	7	8	819	113	2268	407	679
68	**55**	**36**	**45**	**413**	**8099**	**10620**	**3105**	**1364**	J
26	26	19	15	51	391	3315	192	24	68
1				1	4	22	5	1	681
11	22	13	9	42	256	3032	125	15	682
14	4	6	6	8	131	261	62	8	689
2	4	1	2	33	664	365	172	105	69
1				3	24	27	15	9	691
1	2	1		11	362	273	42	13	692
	1		1	17	172	52	78	64	693
	1		1	2	106	13	37	19	694
16	10	6	6	61	1454	5729	482	132	70
7	4	3	4	28	340	2512	153	33	701
6	5	2		24	281	2971	131	16	702
3	1	1	2	9	833	246	198	83	703
24	15	10	22	268	5590	1211	2259	1103	71
2	3	1	1	45	572	151	269	204	711
1				7	108	27	81	30	712
1		1		20	252	51	96	36	713
6		1	1	29	149	29	25	7	714
5	2	5	8	5	1427	195	455	115	715
9	10	2	12	162	3082	758	1333	711	719

2-4 续表 9

行业中类	代码	企业单位数	内资企业	国有企业	集体企业	股份合作企业
房地产业	K	**317582**	**307251**	**12223**	**11411**	**2932**
房地产业	72	317582	307251	12223	11411	2932
房地产开发经营	721	147231	140028	4622	1703	854
物业管理	722	80727	79175	2990	2844	885
房地产中介服务	723	53136	52552	746	586	350
其他房地产活动	729	36488	35496	3865	6278	843
租赁和商务服务业	L	**610205**	**594144**	**15572**	**20577**	**6377**
租赁业	73	33340	33082	460	496	355
机械设备租赁	731	32237	31998	408	445	334
文化及日用品出租	732	1103	1084	52	51	21
商务服务业	74	576865	561062	15112	20081	6022
企业管理服务	741	116900	113655	6348	11051	1198
法律服务	742	9459	9434	196	197	115
咨询与调查	743	168698	158820	1711	1504	1670
广告业	744	116533	116000	1082	527	791
知识产权服务	745	4873	4804	94	35	46
职业中介服务	746	27124	27014	906	1068	261
市场管理	747	17509	17385	872	3196	298
旅行社	748	27541	27397	1662	550	467
其他商务服务	749	88228	86553	2241	1953	1176
科学研究、技术服务和地质勘查业	M	**203904**	**197276**	**9520**	**4296**	**2613**
研究与试验发展	75	28595	26624	827	332	406
自然科学研究与试验发展	751	3170	3039	96	26	32
工程和技术研究与试验发展	752	16859	15727	472	173	156
农业科学研究与试验发展	753	3490	3414	162	76	46
医学研究与试验发展	754	4699	4076	76	52	153
社会人文科学研究与试验发展	755	377	368	21	5	19
专业技术服务业	76	104452	101763	6338	2358	1315
气象服务	761	1161	1152	271	103	11
地震服务	762	98	95	15	8	3
海洋服务	763	234	221	17	6	
测绘服务	764	3778	3769	377	187	58
技术检测	765	9618	9362	1127	491	176
环境监测	766	1619	1603	102	42	34
工程技术与规划管理	767	46233	45353	3729	987	560
其他专业技术服务	769	41711	40208	700	534	473
科技交流和推广服务业	77	67563	65657	1836	1541	852
技术推广服务	771	48562	47087	1268	1150	646
科技中介服务	772	6546	6371	303	196	110
其他科技服务	779	12455	12199	265	195	96

单位：个

国有联营企业	集体联营企业	国有与集体联营	其他联营	国有独资公司	其他有限责任公司	股份有限公司	私营独资	私营合伙	代码
168	**204**	**119**	**185**	**1688**	**82550**	**10354**	**24333**	**6005**	**K**
168	204	119	185	1688	82550	10354	24333	6005	72
64	60	53	67	1056	49530	5999	6955	1528	721
49	76	29	73	357	19150	2537	7275	1508	722
11	19	4	28	47	8033	1046	7569	2287	723
44	49	33	17	228	5837	772	2534	682	729
195	**367**	**159**	**322**	**3334**	**87230**	**10808**	**60235**	**22847**	**L**
9	17	8	10	51	4683	646	5536	1329	73
9	15	7	9	47	4556	630	5363	1292	731
	2	1	1	4	127	16	173	37	732
186	350	151	312	3283	82547	10162	54699	21518	74
55	114	54	71	2419	19628	2328	6698	3278	741
1	3	1	12	8	432	74	1254	4101	742
20	39	21	62	163	22272	2188	13664	5777	743
17	20	14	35	135	15890	1935	13833	3312	744
		3	2	12	660	62	422	444	745
20	15	2	22	69	3783	520	4279	866	746
9	74	17	33	81	2679	463	2158	669	747
28	26	10	32	128	5048	1196	3230	833	748
36	59	29	43	268	12155	1396	9161	2238	749
101	**138**	**65**	**106**	**688**	**30775**	**4226**	**15185**	**4164**	**M**
13	14	12	17	63	3929	524	2300	601	75
3		2	1	8	511	67	273	66	751
2	6	4	10	41	2124	273	996	295	752
4	6	4	3	7	555	93	580	98	753
4	1	1	2	6	683	80	402	130	754
	1	1	1	1	56	11	49	12	755
52	73	33	58	471	17803	2702	7843	2401	76
		1		15	166	26	48	13	761
				1	6	4	14	1	762
1				2	31	5	18	2	763
	3	2	2	20	611	136	360	125	764
18	15	6	9	65	1793	384	934	219	765
3	1		3	7	244	53	150	41	766
25	36	18	28	312	8693	1479	3040	1088	767
5	18	6	16	49	6259	615	3279	912	769
31	50	17	30	120	8374	883	4804	1098	77
26	37	13	21	86	5886	597	3114	717	771
4	7	2	2	24	889	100	701	158	772
1	6	2	7	10	1599	186	989	223	779

2-4 续表 10

行业中类	代码	企业单位数	内资企业	国有企业	集体企业	股份合作企业
地质勘查业	78	3294	3232	519	65	40
矿产地质勘查	781	1524	1482	208	29	19
基础地质勘查	782	455	452	129	15	6
地质勘查技术服务	783	1315	1298	182	21	15
水利、环境和公共设施管理业	**N**	**32870**	**32382**	**2701**	**1569**	**378**
水利管理业	79	2623	2611	611	270	23
防洪管理	791	211	211	57	18	2
水资源管理	792	1231	1222	331	153	12
其他水利管理	799	1181	1178	223	99	9
环境管理业	80	7463	7288	612	316	94
自然保护	801	531	516	56	19	12
环境治理	802	6932	6772	556	297	82
公共设施管理业	81	22784	22483	1478	983	261
市政公共设施管理	811	3281	3227	475	217	27
城市绿化管理	812	12675	12627	419	290	144
游览景区管理	813	6828	6629	584	476	90
居民服务和其他服务业	**O**	**158297**	**156686**	**2493**	**4573**	**2721**
居民服务业	82	65177	64416	1074	2039	1313
家庭服务	821	6443	6427	33	118	86
托儿所	822	380	379	7	6	3
洗染服务	823	2521	2473	31	64	72
理发及美容保健服务	824	17093	16801	55	190	468
洗浴服务	825	9859	9745	119	254	189
婚姻服务	826	3777	3749	48	80	47
殡葬服务	827	1994	1965	234	343	42
摄影扩印服务	828	7421	7283	128	210	218
其他居民服务	829	15689	15594	419	774	188
其他服务业	83	93120	92270	1419	2534	1408
修理与维护	831	40398	40103	562	1244	850
清洁服务	832	16705	16585	127	314	182
其他未列明的服务	839	36017	35582	730	976	376
教育	**P**	**28678**	**28358**	**1221**	**972**	**601**
教育	84	28678	28358	1221	972	601
学前教育	841	4696	4659	111	196	33
初等教育	842	684	678	42	20	13
中等教育	843	1233	1220	89	37	22
高等教育	844	273	266	30	6	6
其他教育	849	21792	21535	949	713	527
卫生、社会保障和社会福利业	**Q**	**17252**	**17111**	**1199**	**1257**	**434**
卫生	85	15929	15799	982	1074	414
医院	851	5371	5302	431	180	194
卫生院及社区医疗活动	852	1891	1887	246	265	17

单位：个

国有联营企业	集体联营企业	国有与集体联营	其他联营	国有独资公司	其他有限责任公司	股份有限公司	私营独资	私营合伙	代码
5	1	3	1	34	669	117	238	64	78
4		2		22	312	61	120	28	781
		1		4	77	15	27	11	782
1	1		1	8	280	41	91	25	783
32	**51**	**25**	**31**	**523**	**5597**	**985**	**3873**	**845**	**N**
6	8	4	2	79	395	69	260	59	79
				11	30	3	24	2	791
5	5	3	1	45	182	36	103	30	792
1	3	1	1	23	183	30	133	27	799
7	6	6	5	129	1241	210	821	194	80
1	1	1		6	76	15	66	17	801
6	5	5	5	123	1165	195	755	177	802
19	37	15	24	315	3961	706	2792	592	81
4	3	4	2	146	617	75	275	49	811
6	15	3	7	54	2208	298	1482	290	812
9	19	8	15	115	1136	333	1035	253	813
36	**190**	**54**	**79**	**179**	**17052**	**2408**	**40942**	**6527**	**O**
14	83	28	34	61	5485	911	20702	3154	82
	4	1	2	6	718	106	1259	274	821
1					11	2	170	25	822
1	1		1	1	231	40	681	95	823
1	10		3	3	905	130	7142	957	824
1	9	3	6	5	618	126	4289	674	825
	3		1	2	335	52	870	179	826
4	17	20	8	8	238	54	313	77	827
	8		6	2	582	114	2434	278	828
6	31	4	7	34	1847	287	3544	595	829
22	107	26	45	118	11567	1497	20240	3373	83
8	45	12	16	24	4245	664	12154	1745	831
3	10	3	14	23	2092	282	2680	601	832
11	52	11	15	71	5230	551	5406	1027	839
22	**50**	**13**	**47**	**33**	**2456**	**511**	**7622**	**1740**	**P**
22	50	13	47	33	2456	511	7622	1740	84
5	12	1	6		112	25	2145	286	841
	3				20	6	287	53	842
1	2		6	1	73	34	347	79	843
			3		27		40	12	844
16	33	12	32	32	2224	446	4803	1310	849
11	**35**	**8**	**30**	**22**	**884**	**215**	**6486**	**1403**	**Q**
11	28	5	25	19	791	196	6218	1360	85
2	11		6	10	355	108	1799	529	851
3	6	1	4	3	62	21	632	106	852

2-4 续表 11

行业中类	代码	企业单位数	内资企业	国有企业	集体企业	股份合作企业
门诊部医疗活动	853	6891	6860	164	505	166
计划生育技术服务活动	854	205	203	29	30	
妇幼保健活动	855	106	104	13	5	4
专科疾病防治活动	856	319	316	10	15	7
疾病预防控制及防疫活动	857	167	167	29	25	3
其他卫生活动	859	979	960	60	49	23
社会保障业	86	393	393	92	78	5
社会保障业	860	393	393	92	78	5
社会福利业	87	930	919	125	105	15
提供住宿的社会福利	871	665	658	59	56	14
不提供住宿的社会福利	872	265	261	66	49	1
文化、体育和娱乐业	**R**	**53663**	**52565**	**3831**	**1334**	**954**
新闻出版业	88	3343	3324	1394	155	45
新闻业	881	165	165	37	4	4
出版业	882	3178	3159	1357	151	41
广播、电视、电影和音像业	89	8175	8052	1473	345	103
广播	891	341	338	55	18	6
电视	892	2043	2022	265	64	32
电影	893	4022	3941	1098	246	47
音像制作	894	1769	1751	55	17	18
文化艺术业	90	15815	15686	526	297	394
文艺创作与表演	901	3287	3263	134	63	56
艺术表演场馆	902	458	448	104	23	5
图书馆与档案馆	903	161	160	35	39	1
文物及文化保护	904	253	252	34	16	5
博物馆	905	170	165	21	7	5
烈士陵园、纪念馆	906	44	44	4	11	1
群众文化活动	907	1593	1586	90	63	46
文化艺术经纪代理	908	3339	3307	38	20	97
其他文化艺术	909	6510	6461	66	55	178
体育	91	2609	2508	131	59	59
体育组织	911	921	893	43	17	25
体育场馆	912	772	737	64	30	14
其他体育	919	916	878	24	12	20
娱乐业	92	23721	22995	307	478	353
室内娱乐活动	921	14116	13882	122	278	180
游乐园	922	775	729	39	33	13
休闲健身娱乐活动	923	6183	5804	92	101	130
其他娱乐活动	929	2647	2580	54	66	30

单位：个

国有联营企业	集体联营企业	国有与集体联营	其他联营	国有独资公司	其他有限责任公司	股份有限公司	私营独资	私营合伙	代码
3	6	2	12	2	231	36	3327	642	853
1	2				1		61	13	854
		1			13	1	25	3	855
			1	1	16	2	142	16	856
					12	1	27	4	857
2	3	1	2	3	101	27	205	47	859
	2		1		37	13	53	3	86
	2		1		37	13	53	3	860
	5	3	4	3	56	6	215	40	87
	3	2	1	2	40	4	187	35	871
	2	1	3	1	16	2	28	5	872
30	**49**	**22**	**54**	**292**	**6489**	**989**	**10459**	**2437**	**R**
13	2	2	6	97	491	63	162	35	88
1				2	24	2	15	5	881
12	2	2	6	95	467	61	147	30	882
8	4	7	8	85	1305	254	592	160	89
			2	5	57	18	32	11	891
1	1	3	1	20	346	81	70	28	892
5	2	3	5	52	629	116	261	70	893
2	1	1		8	273	39	229	51	894
5	13	5	16	77	2207	257	1834	413	90
1	6	1	1	33	447	55	571	138	901
	1	1	3	14	72	7	54	8	902
					11	4	12	3	903
		1		9	44	14	33	2	904
1	1			2	32	2	26	2	905
	1			1	2		5	3	906
2			5	4	202	25	198	40	907
	1		3	6	517	65	256	72	908
1	3	2	4	8	880	85	679	145	909
	3		5	16	407	50	362	91	91
	2		2	4	158	20	107	22	911
	1		2	8	108	11	154	43	912
			1	4	141	19	101	26	919
4	27	8	19	17	2079	365	7509	1738	92
2	15	2	8		975	195	5158	1211	921
	3	2	3	5	107	31	166	35	922
	7	3	6	9	723	95	1447	344	923
2	2	1	2	3	274	44	738	148	929

2-4 续表 12

行业中类	代码	私营有限责任公司	私营股份有限公司	其他	港、澳、台商投资企业	与港、澳、台商合资经营
总计		**3242092**	**185807**	**370202**	**106013**	**25697**
农、林、牧、渔业	A	**40555**	**4288**	**122356**	**596**	**117**
农业	01	15503	1515	53236	346	61
谷物及其他作物的种植	011	3115	357	15531	45	7
蔬菜、园艺作物的种植	012	7903	710	20455	187	37
水果、坚果、饮料和香料作物的种植	013	3492	324	14658	107	15
中药材的种植	014	993	124	2592	7	2
林业	02	5840	650	7144	77	11
林木的培育和种植	021	5546	612	6665	72	11
木材和竹材的采运	022	158	20	211	3	
林产品的采集	023	136	18	268	2	
畜牧业	03	10932	1284	39391	85	19
牲畜的饲养	031	3480	486	13348	25	3
猪的饲养	032	3651	386	12799	28	8
家禽的饲养	033	2669	294	9851	21	5
狩猎和捕捉动物	034	19	4	45		
其他畜牧业	039	1113	114	3348	11	3
渔业	04	4229	355	7389	57	17
海洋渔业	041	1508	115	1798	24	7
内陆渔业	042	2721	240	5591	33	10
农、林、牧、渔服务业	05	4051	484	15196	31	9
农业服务业	051	3202	385	12328	23	8
林业服务业	052	344	54	563	1	
畜牧服务业	053	264	32	1677	1	1
渔业服务业	054	241	13	628	6	
采矿业	B	**22013**	**2923**	**3086**	**303**	**141**
煤炭开采和洗选业	06	4954	603	513	41	23
烟煤和无烟煤的开采洗选	061	4644	541	465	33	19
褐煤的开采洗选	062	151	27	16	6	2
其他煤炭采选	069	159	35	32	2	2
石油和天然气开采业	07	692	84	75	17	3
天然原油和天然气开采	071	69	9	20	13	1
与石油和天然气开采有关的服务活动	079	623	75	55	4	2
黑色金属矿采选业	08	5253	707	451	44	22
铁矿采选	081	4706	622	383	40	19
其他黑色金属矿采选	089	547	85	68	4	3
有色金属矿采选业	09	3239	437	296	55	35
常用有色金属矿采选	091	2346	321	224	44	29
贵金属矿采选	092	485	67	44	6	2
稀有稀土金属矿采选	093	408	49	28	5	4

单位：个

与港、澳、台商合作经营	港、澳、台商独资	港、澳、台商投资股份有限公司	其他港、澳、台投资	外商投资企业	中外合资经营	中外合作经营	外资企业	外商投资股份有限公司	其他外商投资	代码
4271	**72908**	**2932**	**205**	**124102**	**36115**	**3929**	**80406**	**3418**	**234**	
27	**406**	**30**	**16**	**520**	**162**	**33**	**287**	**37**	**1**	A
14	237	20	14	256	78	18	138	21	1	01
2	31	1	4	40	13	3	20	4		011
8	126	11	5	154	45	13	85	10	1	012
4	76	7	5	54	15	2	31	6		013
	4	1		8	5		2	1		014
2	60	2	2	65	19	2	39	5		02
1	56	2	2	62	18	2	37	5		021
	3									022
1	1			3	1		2			023
8	52	6		121	36	7	71	7		03
2	18	2		46	7	2	33	4		031
2	18			26	7	1	17	1		032
4	10	2		30	15	3	11	1		033
										034
	6	2		19	7	1	10	1		039
2	37	1		45	17	5	19	4		04
	17			26	12	3	10	1		041
2	20	1		19	5	2	9	3		042
1	20	1		33	12	1	20			05
1	13	1		22	7	1	14			051
	1			3	2		1			052
				5	2		3			053
	6			3	1		2			054
22	**126**	**13**	**1**	**329**	**151**	**41**	**107**	**29**	**1**	B
4	14			43	23	5	9	6		06
4	10			38	21	5	6	6		061
	4			1	1					062
				4	1		3			069
4	8	2		26	13	5	7		1	07
3	7	2		8	1	3	4			071
1	1			18	12	2	3		1	079
3	16	3		38	17	4	14	3		08
2	16	3		25	8	2	12	3		081
1				13	9	2	2			089
2	14	4		82	40	19	17	6		09
2	10	3		55	31	8	13	3		091
	3	1		20	4	11	3	2		092
	1			7	5		1	1		093

2-4 续表 13

行业中类	代码	私营有限责任公司	私营股份有限公司	其他	港、澳、台商投资企业	与港、澳、台商合资经营
非金属矿采选业	10	7305	1005	1624	143	57
土砂石开采	101	5588	806	1395	108	36
化学矿采选	102	422	57	34	4	2
采盐	103	95	3	16	2	2
石棉及其他非金属矿采选	109	1200	139	179	29	17
其他采矿业	11	570	87	127	3	1
其他采矿业	110	570	87	127	3	1
制造业	C	**874259**	**46829**	**55917**	**66373**	**17019**
农副食品加工业	13	30553	2367	5275	1393	568
谷物磨制	131	5678	445	1315	64	22
饲料加工	132	4553	387	470	207	99
植物油加工	133	2595	242	438	69	30
制糖	134	187	24	27	17	12
屠宰及肉类加工	135	5004	387	677	196	69
水产品加工	136	3450	205	342	322	139
蔬菜、水果和坚果加工	137	4811	309	1097	328	130
其他农副食品加工	139	4275	368	909	190	67
食品制造业	14	15638	1154	1846	1178	360
焙烤食品制造	141	3888	250	421	303	74
糖果、巧克力及蜜饯制造	142	1704	112	194	148	31
方便食品制造	143	2089	172	351	165	56
液体乳及乳制品制造	144	664	56	62	32	10
罐头制造	145	1074	62	139	109	50
调味品、发酵制品制造	146	2041	167	267	119	33
其他食品制造	149	4178	335	412	302	106
饮料制造业	15	10272	889	1962	543	191
酒精制造	151	178	17	18	7	3
酒的制造	152	3795	345	355	140	58
软饮料制造	153	3869	353	384	295	113
精制茶加工	154	2430	174	1205	101	17
烟草制品业	16	37		29	4	3
烟叶复烤	161	13		20	1	1
卷烟制造	162	3		1	1	1
其他烟草制品加工	169	21		8	2	1
纺织业	17	60120	2198	2306	5498	1760
棉、化纤纺织及印染精加工	171	23511	864	880	1642	606
毛纺织和染整精加工	172	2594	108	115	261	89
麻纺织	173	346	37	33	47	18
丝绢纺织及精加工	174	3878	164	88	258	116
纺织制成品制造	175	13586	544	623	1129	365
针织品、编织品及其制品制造	176	16205	481	567	2161	566

单位：个

与港、澳、台商合作经营	港、澳、台商独资	港、澳、台商投资股份有限公司	其他港、澳、台投资	外商投资企业	中外合资经营	中外合作经营	外资企业	外商投资股份有限公司	其他外商投资	代码
9	73	3	1	132	54	8	57	13		10
5	64	3		91	30	7	45	9		101
2				6	2		3	1		102
				3			3			103
2	9		1	32	22	1	6	3		109
	1	1		8	4		3	1		11
	1	1		8	4		3	1		110
2382	**45386**	**1500**	**86**	**71485**	**24590**	**2051**	**43415**	**1300**	**129**	**C**
63	725	36	1	2700	1286	111	1252	49	2	13
2	38	1	1	118	63	4	45	6		131
8	92	8		337	153	19	159	6		132
	37	2		142	71	2	66	3		133
	5			28	14		10	3	1	134
15	108	4		222	123	7	87	5		135
21	155	7		757	395	51	305	6		136
13	175	10		753	326	21	395	11		137
4	115	4		343	141	7	185	9	1	139
45	734	37	2	1756	616	75	1015	49	1	14
11	215	3		329	77	17	223	12		141
9	103	5		129	24	10	91	3	1	142
5	100	4		234	84	10	136	4		143
1	19	2		120	55	3	51	11		144
6	48	4	1	198	101	11	79	7		145
5	75	6		211	76	7	127	1		146
8	174	13	1	535	199	17	308	11		149
26	310	16		918	444	32	400	39	3	15
	4			12	6	1	5			151
11	66	5		302	130	10	145	15	2	152
11	165	6		533	279	19	213	21	1	153
4	75	5		71	29	2	37	3		154
	1			1	1					16
										161
										162
	1			1	1					169
199	3444	91	4	4024	1694	122	2141	57	10	17
54	950	30	2	967	401	39	501	20	6	171
8	159	5		166	95	6	62	2	1	172
2	27			32	16	2	14			173
4	133	5		163	86	2	72	2	1	174
33	707	24		1195	427	23	730	13	2	175
98	1468	27	2	1501	669	50	762	20		176

2-4 续表 14

行业中类	代码	私营有限责任公司	私营股份有限公司	其他	港、澳、台商投资企业	与港、澳、台商合资经营
纺织服装、鞋、帽制造业	18	45338	1988	2772	6129	1313
纺织服装制造	181	42635	1860	2534	5760	1252
纺织面料鞋的制造	182	1916	99	200	239	32
制帽	183	787	29	38	130	29
皮革、毛皮、羽毛(绒)及其制品业	19	16586	632	996	2624	493
皮革鞣制加工	191	1005	68	108	199	55
皮革制品制造	192	13240	459	705	2273	375
毛皮鞣制及制品加工	193	1562	69	133	73	27
羽毛(绒)加工及制品制造	194	779	36	50	79	36
木材加工及木、竹、藤、棕、草制品业	20	18785	1327	2840	930	299
锯材、木片加工	201	4037	401	1491	88	24
人造板制造	202	6195	410	531	302	120
木制品制造	203	6736	388	446	361	102
竹、藤、棕、草制品制造	204	1817	128	372	179	53
家具制造业	21	16181	773	1316	1389	255
木质家具制造	211	10726	541	874	847	145
竹、藤家具制造	212	217	21	38	29	7
金属家具制造	213	2218	92	167	270	57
塑料家具制造	214	270	17	17	29	2
其他家具制造	219	2750	102	220	214	44
造纸及纸制品业	22	23187	1111	1192	1633	405
纸浆制造	221	292	21	41	21	3
造纸	222	4940	309	347	394	144
纸制品制造	223	17955	781	804	1218	258
印刷业和记录媒介的复制	23	22061	1129	1279	963	285
印刷	231	20135	996	1108	889	255
装订及其他印刷服务活动	232	1814	122	157	54	21
记录媒介的复制	233	112	11	14	20	9
文教体育用品制造业	24	9153	374	394	2170	335
文化用品制造	241	2859	110	96	353	81
体育用品制造	242	2622	94	98	571	94
乐器制造	243	632	39	25	77	25
玩具制造	244	2532	120	164	1118	128
游艺器材及娱乐用品制造	245	508	11	11	51	7
石油加工及炼焦	25	2938	233	171	124	56
精炼石油产品的制造	251	2299	163	119	100	41
炼焦	252	639	70	52	24	15
化学原料及化学制品制造业	26	41783	2874	2549	3236	1043
基础化学原料制造	261	7197	559	420	407	208
肥料制造	262	3968	414	385	155	64
农药制造	263	1098	87	88	67	34

单位：个

与港、澳、台商合作经营	港、澳、台商独资	港、澳、台商投资股份有限公司	其他港、澳、台投资	外商投资企业	中外合资经营	中外合作经营	外资企业	外商投资股份有限公司	其他外商投资	代码
186	4497	129	4	5479	1992	166	3223	83	15	18
175	4215	116	2	5150	1898	154	3010	74	14	181
4	193	9	1	192	56	6	122	8		182
7	89	4	1	137	38	6	91	1	1	183
93	1948	86	4	1966	611	71	1233	47	4	19
12	128	4		148	63	10	70	4	1	191
77	1738	80	3	1656	462	58	1092	41	3	192
1	44	1		100	50	1	48	1		193
3	38	1	1	62	36	2	23	1		194
44	561	26		971	370	45	537	17	2	20
3	57	4		114	36	2	76			201
10	163	9		254	110	14	125	5		202
14	236	9		423	141	17	255	8	2	203
17	105	4		180	83	12	81	4		204
54	1046	32	2	1355	415	29	888	21	2	21
38	648	15	1	846	258	19	556	12	1	211
	20	2		18	3	1	13	1		212
6	198	8	1	226	80	5	137	4		213
	25	2		22	6		16			214
10	155	5		243	68	4	166	4	1	219
72	1127	27	2	1093	399	47	629	17	1	22
1	16	1		22	9		12	1		221
19	221	9	1	247	123	10	110	4		222
52	890	17	1	824	267	37	507	12	1	223
64	583	30	1	514	202	37	262	12	1	23
58	547	28	1	463	181	34	235	12	1	231
3	29	1		32	13	2	17			232
3	7	1		19	8	1	10			233
99	1685	47	4	1563	417	46	1064	34	2	24
11	254	5	2	323	103	9	203	8		241
18	440	17	2	577	122	13	433	9		242
5	46	1		149	51	4	91	3		243
63	905	22		474	126	18	314	14	2	244
2	40	2		40	15	2	23			245
5	56	7		228	122	10	93	3		25
3	51	5		185	90	9	85	1		251
2	5	2		43	32	1	8	2		252
109	1995	85	4	4120	1662	128	2239	78	13	26
14	172	13		630	315	24	271	18	2	261
6	79	6		226	110	8	97	11		262
2	24	6	1	86	46	3	33	3	1	263

2-4 续表 15

行业中类	代码	私营有限责任公司	私营股份有限公司	其他	港、澳、台商投资企业	与港、澳、台商合资经营
涂料、油墨、颜料及类似产品制造	264	8302	441	380	817	195
合成材料制造	265	3303	188	171	403	119
专用化学产品制造	266	13286	887	890	875	303
日用化学产品制造	267	4629	298	215	512	120
医药制造业	27	7232	625	467	748	392
化学药品原药制造	271	994	85	55	118	81
化学药品制剂制造	272	816	73	49	148	68
中药饮片加工	273	906	87	92	55	26
中成药制造	274	1028	110	82	148	91
兽用药品制造	275	690	61	36	18	13
生物、生化制品的制造	276	1476	114	81	139	56
卫生材料及医药用品制造	277	1322	95	72	122	57
化学纤维制造业	28	3129	115	83	321	143
纤维素纤维原料及纤维制造	281	488	27	23	59	19
合成纤维制造	282	2641	88	60	262	124
橡胶制品业	29	9935	558	476	876	140
轮胎制造	291	933	59	58	57	17
橡胶板、管、带的制造	292	2001	126	90	103	24
橡胶零件制造	293	2409	117	94	170	26
再生橡胶制造	294	393	28	35	13	2
日用及医用橡胶制品制造	295	423	23	15	73	16
橡胶靴鞋制造	296	845	43	27	192	25
其他橡胶制品制造	299	2931	162	157	268	30
塑料制品业	30	48018	2145	2221	4918	899
塑料薄膜制造	301	4276	207	242	450	136
塑料板、管、型材的制造	302	7283	399	330	401	122
塑料丝、绳及编织品的制造	303	3719	200	228	148	45
泡沫塑料制造	304	2141	116	121	222	54
塑料人造革、合成革制造	305	629	29	19	118	39
塑料包装箱及容器制造	306	5586	222	255	463	131
塑料零件制造	307	6152	201	164	685	85
日用塑料制造	308	5514	217	208	836	127
其他塑料制品制造	309	12718	554	654	1595	160
非金属矿物制品业	31	56242	4514	6736	2506	932
水泥、石灰和石膏的制造	311	4256	440	421	172	89
水泥及石膏制品制造	312	11240	945	1626	401	189
砖瓦、石材及其他建筑材料制造	313	20048	1755	3230	686	238
玻璃及玻璃制品制造	314	8133	428	414	529	195
陶瓷制品制造	315	3592	247	319	426	114
耐火材料制品制造	316	3752	314	240	108	48
石墨及其他非金属矿物制品制造	319	5221	385	486	184	59

单位：个

与港、澳、台商合作经营	港、澳、台商独资	港、澳、台商投资股份有限公司	其他港、澳、台投资	外商投资企业	中外合资经营	中外合作经营	外资企业	外商投资股份有限公司	其他外商投资	代码
24	581	16	1	797	315	27	440	13	2	264
12	257	14	1	553	185	9	346	11	2	265
29	521	22		1244	517	39	667	18	3	266
22	361	8	1	584	174	18	385	4	3	267
19	304	31	2	1142	601	37	478	24	2	27
3	29	5		187	106	6	68	6	1	271
6	61	12	1	227	121	10	91	5		272
	28	1		82	49	2	28	3		273
3	53	1		139	78	8	51	2		274
1	4			57	38	1	17	1		275
3	68	11	1	271	136	7	123	5		276
3	61	1		179	73	3	100	2	1	277
1	165	12		260	122	4	132	2		28
	39	1		67	29	1	36	1		281
1	126	11		193	93	3	96	1		282
32	687	16	1	863	265	19	565	12	2	29
	38	2		107	44	2	58	2	1	291
5	72	2		115	33	1	80	1		292
7	133	3	1	222	68	6	144	4		293
	11			14	4		10			294
1	55	1		84	43	2	39			295
12	152	3		102	29	4	67	1	1	296
7	226	5		219	44	4	167	4		299
191	3745	79	4	3515	974	127	2348	57	9	30
18	289	7		331	101	16	207	7		301
8	262	8	1	474	191	18	256	8	1	302
4	95	4		168	70	5	91	2		303
12	153	3		138	42	6	87	2	1	304
4	74	1		64	25	3	35		1	305
16	307	9		396	117	9	264	6		306
27	561	12		572	115	15	432	8	2	307
36	666	7		454	124	22	295	9	4	308
66	1338	28	3	918	189	33	681	15		309
191	1319	61	3	2750	1195	157	1324	70	4	31
8	71	4		167	88	6	69	3	1	311
31	174	7		324	166	18	129	10	1	312
28	401	19		717	291	41	364	21		313
20	299	13	2	641	277	23	330	10	1	314
94	210	8		391	143	55	181	12		315
	54	5	1	186	103	4	75	4		316
10	110	5		324	127	10	176	10	1	319

2-4 续表 16

行业中类	代码	私营有限责任公司	私营股份有限公司	其他	港、澳、台商投资企业	与港、澳、台商合资经营
黑色金属冶炼及压延加工业	32	8987	555	449	381	197
炼铁	321	732	84	85	22	8
炼钢	322	333	37	43	19	14
钢压延加工	323	6524	312	235	307	161
铁合金冶炼	324	1398	122	86	33	14
有色金属冶炼及压延加工业	33	10495	971	532	644	247
常用有色金属冶炼	331	2496	259	153	109	45
贵金属冶炼	332	317	26	27	16	7
稀有稀土金属冶炼	333	551	59	28	23	9
有色金属合金制造	334	1265	92	61	81	33
有色金属压延加工	335	5866	535	263	415	153
金属制品业	34	76373	3649	4066	4315	923
结构性金属制品制造	341	26748	1383	1386	890	217
金属工具制造	342	9492	472	637	523	110
集装箱及金属包装容器制造	343	2726	140	146	232	74
金属丝绳及其制品的制造	344	3300	163	118	155	56
建筑、安全用金属制品制造	345	9261	448	468	528	137
金属表面处理及热处理加工	346	4544	198	191	355	85
搪瓷制品制造	347	622	24	66	39	9
不锈钢及类似日用金属制品制造	348	7536	254	276	807	136
其他金属制品制造	349	12144	567	778	786	99
通用设备制造业	35	100036	5099	5067	3267	1067
锅炉及原动机制造	351	3602	252	254	93	42
金属加工机械制造	352	14710	945	1191	501	123
起重运输设备制造	353	3295	202	130	165	67
泵、阀门、压缩机及类似机械的制造	354	14491	588	460	471	174
轴承、齿轮、传动和驱动部件的制造	355	6408	303	302	298	125
烘炉、熔炉及电炉制造	356	938	59	33	36	9
风机、衡器、包装设备等通用设备制造	357	16402	821	829	649	217
通用零部件制造及机械修理	358	29559	1319	1184	760	191
金属铸、锻加工	359	10631	610	684	294	119
专用设备制造业	36	60062	3121	2882	3268	757
矿山、冶金、建筑专用设备制造	361	9223	684	530	206	83
化工、木材、非金属加工专用设备制造	362	17577	651	547	1366	224
食品、饮料、烟草及饲料生产专用设备制造	363	1733	101	118	78	22
印刷、制药、日化生产专用设备制造	364	3792	201	168	262	73
纺织、服装和皮革工业专用设备制造	365	4582	159	103	343	84
电子和电工机械专用设备制造	366	5000	273	309	287	52
农、林、牧、渔专用机械制造	367	2809	183	357	69	21
医疗仪器设备及器械制造	368	3358	179	115	264	91
环保、社会公共安全及其他专用设备制造	369	11988	690	635	393	107

单位：个

与港、澳、台商合作经营	港、澳、台商独资	港、澳、台商投资股份有限公司	其他港、澳、台投资	外商投资企业	中外合资经营	中外合作经营	外资企业	外商投资股份有限公司	其他外商投资	代码
8	165	11		437	221	15	193	8		32
1	10	3		19	6	1	12			321
	5			13	8	1	3	1		322
6	132	8		355	175	11	162	7		323
1	18			50	32	2	16			324
28	347	21	1	685	312	21	336	16		33
8	46	10		117	64	2	48	3		331
2	7			15	6	5	4			332
2	10	2		54	30	4	18	2		333
2	42	3	1	131	51	2	78			334
14	242	6		368	161	8	188	11		335
200	3080	102	10	3968	1313	108	2454	86	7	34
32	622	18	1	905	322	23	539	19	2	341
31	367	14	1	578	185	16	359	17	1	342
16	136	6		274	120	6	138	10		343
4	90	5		201	86	6	102	5	2	344
17	358	12	4	630	212	13	395	9	1	345
18	242	10		293	83	15	187	7	1	346
2	28			38	17		20	1		347
57	593	17	4	478	149	18	305	6		348
23	644	20		571	139	11	409	12		349
92	2043	59	6	5767	2022	141	3515	86	3	35
5	44	2		244	120	3	112	9		351
26	345	7		710	209	19	471	11		352
3	90	5		329	138	8	179	4		353
11	281	5		1156	392	18	731	15		354
7	159	6	1	517	197	17	296	6	1	355
1	24	2		67	21		44	2		356
12	407	12	1	1156	385	23	734	13	1	357
15	542	11	1	1091	331	22	722	16		358
12	151	9	3	497	229	31	226	10	1	359
78	2358	68	7	4885	1393	94	3318	72	8	36
2	114	5	2	495	197	13	279	5	1	361
26	1088	26	2	1553	345	26	1159	22	1	362
7	48	1		159	48	6	102	3		363
11	172	6		293	88	11	188	6		364
12	238	9		323	105	7	208	3		365
7	219	7	2	436	97	5	324	9	1	366
3	43	1	1	180	56		121	2	1	367
4	164	5		591	195	12	369	15		368
6	272	8		855	262	14	568	7	4	369

2-4 续表 17

行业中类	代码	私营有限责任公司	私营股份有限公司	其他	港、澳、台商投资企业	与港、澳、台商合资经营
交通运输设备制造业	37	41273	2100	1797	1935	719
铁路运输设备制造	371	1111	89	77	26	13
汽车制造	372	26486	1376	1259	1308	502
摩托车制造	373	3125	159	79	117	46
自行车制造	374	3080	91	96	279	65
船舶及浮动装置制造	375	6165	314	215	142	66
航空航天器制造	376	104	9	5	23	16
交通器材及其他交通运输设备制造	379	1202	62	66	40	11
电气机械及器材制造业	39	63827	2818	2131	4965	1316
电机制造	391	7010	379	221	396	122
输配电及控制设备制造	392	21800	899	649	1312	354
电线、电缆、光缆及电工器材制造	393	9036	514	332	887	198
电池制造	394	2511	129	66	338	112
家用电力器具制造	395	7912	258	173	793	211
非电力家用器具制造	396	2739	127	139	104	35
照明器具制造	397	8581	292	253	972	233
其他电气机械及器材制造	399	4238	220	298	163	51
通信设备、计算机及其他电子设备制造业	40	32639	1390	1172	5867	1081
通信设备制造	401	3389	165	173	472	109
雷达及配套设备制造	402	55		3	3	1
广播电视设备制造	403	871	31	21	145	33
电子计算机制造	404	2693	119	109	702	83
电子器件制造	405	4798	211	145	881	204
电子元件制造	406	13827	506	360	2542	469
家用视听设备制造	407	1782	75	62	585	106
其他电子设备制造	409	5224	283	299	537	76
仪器仪表及文化、办公用机械制造业	41	14663	740	472	1499	331
通用仪器仪表制造	411	7317	400	199	331	122
专用仪器仪表制造	412	2571	143	86	141	35
钟表与计时仪器制造	413	818	29	32	437	51
光学仪器及眼镜制造	414	2082	63	42	327	66
文化、办公用机械制造	415	892	37	27	223	45
其他仪器仪表的制造及修理	419	983	68	86	40	12
工艺品及其他制造业	42	25142	1142	2029	2934	470
工艺美术品制造	421	14082	603	1091	1967	338
日用杂品制造	422	3597	161	214	580	73
煤制品制造	423	523	55	134	4	2
其他未列明的制造业	429	6940	323	590	383	57
废弃资源和废旧材料回收加工业	43	3574	238	410	115	39
金属废料和碎屑的加工处理	431	2070	111	207	65	23
非金属废料和碎屑的加工处理	432	1504	127	203	50	16

单位：个

与港、澳、台商合作经营	港、澳、台商独资	港、澳、台商投资股份有限公司	其他港、澳、台投资	外商投资企业	中外合资经营	中外合作经营	外资企业	外商投资股份有限公司	其他外商投资	代码
59	1122	31	4	4102	1590	79	2355	72	6	37
1	12			84	51	3	29	1		371
43	736	23	4	3100	1182	53	1817	44	4	372
5	64	2		137	62	6	67	2		373
5	205	4		226	64	3	151	6	2	374
3	73			396	159	8	218	11		375
1	5	1		80	44	4	28	4		376
1	27	1		79	28	2	45	4		379
124	3388	133	4	5040	1746	109	3073	101	11	39
8	254	12		550	207	18	316	8	1	391
28	901	28	1	1557	528	26	963	34	6	392
33	629	26	1	752	227	13	494	17	1	393
5	212	9		328	130	9	186	2	1	394
22	529	30	1	738	266	20	433	18	1	395
4	61	4		150	65	3	78	4		396
21	694	23	1	719	241	18	449	10	1	397
3	108	1		246	82	2	154	8		399
142	4501	132	11	6620	1303	101	5080	122	14	40
13	337	12	1	608	181	7	407	13		401
	1	1		5	3		2			402
2	107	2	1	155	46	1	103	5		403
9	589	21		750	114	6	613	15	2	404
19	637	21		1291	282	21	965	22	1	405
66	1943	58	6	2797	468	46	2217	58	8	406
19	450	9	1	397	94	11	291		1	407
14	437	8	2	617	115	9	482	9	2	409
47	1073	45	3	1758	569	45	1113	27	4	41
5	189	15		682	258	8	404	11	1	411
4	97	5		296	94	6	191	5		412
19	359	5	3	128	31	12	82	3		413
6	243	12		360	116	14	223	6	1	414
8	163	7		208	46	5	155	1	1	415
5	22	1		84	24		58	1	1	419
109	2306	48	1	2798	654	70	2036	35	3	42
84	1516	29		1969	440	49	1456	23	1	421
12	481	14		394	113	12	264	4	1	422
	2			10	4	1	4	1		423
13	307	5	1	425	97	8	312	7	1	429
2	71	2	1	207	79	5	119	4		43
1	40	1		148	63	2	83			431
1	31	1	1	59	16	3	36	4		432

2-4 续表 18

行业中类	代码					
		私营有限责任公司	私营股份有限公司	其他	港、澳、台商投资企业	与港、澳、台商合资经营
电力、燃气及水的生产和供应业	D	**9534**	**1651**	**1820**	**772**	**411**
电力、热力的生产和供应业	44	6039	1275	1037	430	235
电力生产	441	4379	1097	795	379	207
电力供应	442	338	52	131	10	5
热力生产和供应	443	1322	126	111	41	23
燃气生产和供应业	45	1213	152	184	205	116
燃气生产和供应业	450	1213	152	184	205	116
水的生产和供应业	46	2282	224	599	137	60
自来水的生产和供应	461	1257	151	481	82	38
污水处理及其再生利用	462	797	56	79	53	21
其他水的处理、利用与分配	469	228	17	39	2	1
建筑业	E	**179563**	**11336**	**9661**	**942**	**504**
房屋和土木工程建筑业	47	50728	3805	3228	210	118
房屋工程建筑	471	28367	2410	1934	96	61
土木工程建筑	472	22361	1395	1294	114	57
建筑安装业	48	37941	2099	1838	223	107
建筑安装业	480	37941	2099	1838	223	107
建筑装饰业	49	66617	3749	2531	427	250
建筑装饰业	490	66617	3749	2531	427	250
其他建筑业	50	24277	1683	2064	82	29
工程准备	501	7175	392	354	16	7
提供施工设备服务	502	2810	218	229	18	6
其他未列明的建筑活动	509	14292	1073	1481	48	16
交通运输、仓储和邮政业	F	**95644**	**6166**	**6789**	**2473**	**711**
铁路运输业	51	409	29	198	2	2
铁路旅客运输	511	18	3	23		
铁路货物运输	512	221	11	64	1	1
铁路运输辅助活动	513	170	15	111	1	1
道路运输业	52	44537	3236	3594	536	132
公路旅客运输	521	2396	370	332	80	25
道路货物运输	522	39854	2655	2840	345	77
道路运输辅助活动	523	2287	211	422	111	30
城市公共交通业	53	2670	367	214	66	33
公共电汽车客运	531	517	90	61	23	14
轨道交通	532	22	2	10	6	3
出租车客运	533	1964	251	122	31	14
城市轮渡	534	19	3	4	2	1
其他城市公共交通	539	148	21	17	4	1
水上运输业	54	3693	268	296	154	95
水上旅客运输	541	276	37	43	20	18
水上货物运输	542	2537	171	167	42	15
水上运输辅助活动	543	880	60	86	92	62

单位：个

与港、澳、台商合作经营	港、澳、台商独资	港、澳、台商投资股份有限公司	其他港、澳、台投资	外商投资企业	中外合资经营	中外合作经营	外资企业	外商投资股份有限公司	其他外商投资	代码
78	**251**	**32**		**849**	**438**	**97**	**271**	**43**		**D**
48	131	16		423	235	63	91	34		44
44	115	13		366	198	61	74	33		441
1	4			8	6	1	1			442
3	12	3		49	31	1	16	1		443
13	64	12		224	131	10	77	6		45
13	64	12		224	131	10	77	6		450
17	56	4		202	72	24	103	3		46
16	25	3		85	34	17	33	1		461
1	30	1		106	33	6	65	2		462
	1			11	5	1	5			469
49	**350**	**35**	**4**	**945**	**415**	**60**	**434**	**32**	**4**	**E**
9	73	10		257	122	15	110	8	2	47
2	26	7		125	53	6	60	5	1	471
7	47	3		132	69	9	50	3	1	472
12	99	5		284	123	14	138	7	2	48
12	99	5		284	123	14	138	7	2	480
22	133	18	4	310	130	22	144	14		49
22	133	18	4	310	130	22	144	14		490
6	45	2		94	40	9	42	3		50
	8	1		24	13	6	4	1		501
3	9			11	5	1	5			502
3	28	1		59	22	2	33	2		509
314	**1310**	**137**	**1**	**2415**	**876**	**228**	**1205**	**104**	**2**	**F**
				9	4	1	3	1		51
				1	1					511
				4	2		1	1		512
				4	1	1	2			513
258	108	38		436	137	169	110	20		52
48	3	4		19	9	5	4	1		521
156	86	26		287	102	77	95	13		522
54	19	8		130	26	87	11	6		523
10	17	6		43	24	8	8	3		53
5	4			13	5	5	2	1		531
1	1	1		6	3	1	2			532
2	11	4		23	16	1	4	2		533
		1								534
2	1			1		1				539
6	39	14		160	110	7	37	6		54
2				10	7		3			541
	22	5		48	30	1	15	2		542
4	17	9		102	73	6	19	4		543

2-4 续表 19

行业中类	代码	私营有限责任公司	私营股份有限公司	其他	港、澳、台商投资企业	与港、澳、台商合资经营
航空运输业	55	440	32	30	30	13
航空客货运输	551	181	11	9	15	5
通用航空服务	552	118	11	9	2	2
航空运输辅助活动	553	141	10	12	13	6
管道运输业	56	37	6	8	4	2
管道运输业	560	37	6	8	4	2
装卸搬运和其他运输服务业	57	32937	1508	1310	1098	260
装卸搬运	571	3361	228	360	40	23
运输代理服务	572	29576	1280	950	1058	237
仓储业	58	6408	435	776	554	161
谷物、棉花等农产品仓储	581	645	71	214	11	3
其他仓储	589	5763	364	562	543	158
邮政业	59	4513	285	363	29	13
国家邮政	591	379	46	80	1	
其他寄递服务	599	4134	239	283	28	13
信息传输、计算机服务和软件业	**G**	**86953**	**3882**	**6219**	**2717**	**350**
电信和其他信息传输服务业	60	11113	686	1666	434	46
电信	601	3139	175	423	336	31
互联网信息服务	602	7512	470	1156	91	12
广播电视传输服务	603	388	35	82	4	2
卫星传输服务	604	74	6	5	3	1
计算机服务业	61	35659	1724	3757	476	78
计算机系统服务	611	15289	633	587	256	42
数据处理	612	643	35	23	34	6
计算机维修	613	2166	115	77	25	2
其他计算机服务	619	17561	941	3070	161	28
软件业	62	40181	1472	796	1807	226
公共软件服务	621	31522	1103	508	1393	179
其他软件服务	629	8659	369	288	414	47
批发和零售业	**H**	**1188154**	**62625**	**91425**	**12247**	**1733**
批发业	63	824188	38677	53881	9860	1191
农畜产品批发	631	18482	1242	6675	90	18
食品、饮料及烟草制品批发	632	48381	2843	9445	768	111
纺织、服装及日用品批发	633	102632	3591	2949	2123	221
文化、体育用品及器材批发	634	26995	1104	877	563	52
医药及医疗器材批发	635	20829	1351	1272	201	42
矿产品、建材及化工产品批发	636	259458	12750	13798	1310	220
机械设备、五金交电及电子产品批发	637	252482	10747	8361	3046	368
贸易经纪与代理	638	26964	1323	4822	607	51
其他批发	639	67965	3726	5682	1152	108

单位：个

与港、澳、台商合作经营	港、澳、台商独资	港、澳、台商投资股份有限公司	其他港、澳、台投资	外商投资企业	中外合资经营	中外合作经营	外资企业	外商投资股份有限公司	其他外商投资	代码
	14	3		41	18	1	16	6		55
	8	2		22	10		8	4		551
				5	1		4			552
	6	1		14	7	1	4	2		553
		2		11	8		3			56
		2		11	8		3			560
26	761	50	1	818	282	24	478	32	2	57
4	10	3		58	38	4	13	3		571
22	751	47	1	760	244	20	465	29	2	572
13	358	22		856	263	17	543	33		58
	8			15	8		6	1		581
13	350	22		841	255	17	537	32		589
1	13	2		41	30	1	7	3		59
	1			1	1					591
1	12	2		40	29	1	7	3		599
40	**2124**	**199**	**4**	**5398**	**921**	**67**	**4071**	**334**	**5**	**G**
8	271	107	2	554	70	9	346	127	2	60
3	208	94		392	38	4	239	110	1	601
4	62	11	2	153	28	5	103	16	1	602
		2		7	3		3	1		603
1	1			2	1		1			604
12	353	31	2	944	166	20	712	44	2	61
5	193	15	1	463	94	8	349	11	1	611
	27	1		79	16		58	5		612
1	17	5		20	1	1	14	4		613
6	116	10	1	382	55	11	291	24	1	619
20	1500	61		3900	685	38	3013	163	1	62
17	1146	51		3056	538	30	2349	138	1	621
3	354	10		844	147	8	664	25		629
195	**9900**	**378**	**41**	**18627**	**2869**	**289**	**14927**	**498**	**44**	**H**
115	8264	264	26	15783	2050	161	13197	351	24	63
3	66	3		176	51	8	113	4		631
17	612	28		1092	221	22	816	30	3	632
27	1824	44	7	2847	353	29	2390	71	4	633
4	494	13		602	79	9	498	15	1	634
4	147	8		327	62	7	246	11	1	635
21	1026	41	2	2220	398	35	1718	65	4	636
27	2539	98	14	5011	583	38	4280	102	8	637
2	536	16	2	1182	105	4	1042	28	3	638
10	1020	13	1	2326	198	9	2094	25		639

2-4 续表 20

行业中类	代码	私营有限责任公司	私营股份有限公司	其他	港、澳、台商投资企业	与港、澳、台商合资经营
零售业	65	363966	23948	37544	2387	542
综合零售	651	31903	2401	6349	453	128
食品、饮料及烟草制品专门零售	652	25539	1748	4846	226	33
纺织、服装及日用品专门零售	653	37242	2083	2893	606	115
文化、体育用品及器材专门零售	654	23989	1397	1422	176	28
医药及医疗器材专门零售	655	22479	1936	3638	67	21
汽车、摩托车、燃料及零配件专门零售	656	44646	3489	4667	256	86
家用电器及电子产品专门零售	657	76389	4311	3987	203	46
五金、家具及室内装修材料专门零售	658	50951	3166	3432	159	17
无店铺及其他零售	659	50828	3417	6310	241	68
住宿和餐饮业	**I**	**49721**	**3916**	**7567**	**2267**	**686**
住宿业	66	14908	1445	2232	856	382
旅游饭店	661	5411	567	818	700	330
一般旅馆	662	8367	765	1182	129	40
其他住宿服务	669	1130	113	232	27	12
餐饮业	67	34813	2471	5335	1411	304
正餐服务	671	27256	1978	4457	1037	247
快餐服务	672	2487	167	331	174	24
饮料及冷饮服务	673	1727	123	122	85	8
其他餐饮服务	679	3343	203	425	115	25
金融业	**J**	**13818**	**1550**	**2256**	**333**	**103**
银行业	68	451	108	435	99	6
中央银行	681	7	1	6		
商业银行	682	248	68	289	92	6
其他银行	689	196	39	140	7	
证券业	69	842	75	108	18	10
证券市场管理	691	36	3	16		
证券经纪与交易	692	160	23	53	12	8
证券投资	693	420	35	28	5	2
证券分析与咨询	694	226	14	11	1	
保险业	70	1948	317	517	94	28
人寿保险	701	349	122	253	16	12
非人寿保险	702	288	94	145	56	6
保险辅助服务	703	1311	101	119	22	10
其他金融活动	71	10577	1050	1196	122	59
金融信托与管理	711	1195	109	150	8	4
金融租赁	712	191	19	30	43	30
财务公司	713	498	54	80	3	2
邮政储蓄	714	47	14	78		
典当	715	1993	188	151	2	
其他未列明的金融活动	719	6653	666	707	66	23

单位：个

与港、澳、台商合作经营	港、澳、台商独资	港、澳、台商投资股份有限公司	其他港、澳、台投资	外商投资企业	中外合资经营	中外合作经营	外资企业	外商投资股份有限公司	其他外商投资	代码
80	1636	114	15	2844	819	128	1730	147	20	65
17	282	22	4	556	150	27	350	24	5	651
6	171	14	2	284	75	20	176	12	1	652
12	453	21	5	514	92	14	376	29	3	653
4	139	4	1	182	28	8	136	6	4	654
2	33	11		86	41	1	37	6	1	655
18	140	10	2	407	209	28	147	22	1	656
3	143	10	1	291	75	8	184	23	1	657
5	128	9		221	55	8	146	11	1	658
13	147	13		303	94	14	178	14	3	659
156	**1332**	**84**	**9**	**2687**	**716**	**162**	**1669**	**126**	**14**	**I**
90	345	35	4	729	285	90	316	34	4	66
70	269	27	4	530	221	76	213	17	3	661
20	61	8		162	51	11	86	14		662
	15			37	13	3	17	3	1	669
66	987	49	5	1958	431	72	1353	92	10	67
52	694	41	3	1310	322	54	863	63	8	671
8	140	1	1	348	63	12	258	13	2	672
2	71	4		134	13	4	110	7		673
4	82	3	1	166	33	2	122	9		679
6	**197**	**26**	**1**	**1159**	**521**	**10**	**441**	**183**	**4**	**J**
	83	10		287	19	1	231	32	4	68
				1				1		681
	78	8		264	16		218	26	4	682
	5	2		22	3	1	13	5		689
	4	4		50	44		5	1		69
										691
	1	3		42	39		2	1		692
	2	1		7	5		2			693
	1			1			1			694
2	55	8	1	673	400	6	123	144		70
	2	1	1	434	322	4	33	75		701
1	46	3		191	49	1	76	65		702
1	7	4		48	29	1	14	4		703
4	55	4		149	58	3	82	6		71
2	2			13	4		8	1		711
	13			41	16	1	22	2		712
	1			9	4	1	4			713
										714
	1	1		1	1					715
2	38	3		85	33	1	48	3		719

2-4 续表 21

行业中类	代码	私营有限责任公司	私营股份有限公司	其他	港、澳、台商投资企业	与港、澳、台商合资经营
房地产业	K	**136233**	**10613**	**8233**	**6527**	**2200**
房地产业	72	136233	10613	8233	6527	2200
房地产开发经营	721	58928	5383	3226	4658	1713
物业管理	722	36013	2692	2697	935	255
房地产中介服务	723	28764	1716	1346	328	56
其他房地产活动	729	12528	822	964	606	176
租赁和商务服务业	L	**324785**	**16833**	**24503**	**6488**	**842**
租赁业	73	16818	1239	1425	103	36
机械设备租赁	731	16294	1208	1381	91	29
文化及日用品出租	732	524	31	44	12	7
商务服务业	74	307967	15594	23078	6385	806
企业管理服务	741	50002	2599	7812	1295	212
法律服务	742	1655	109	1276	11	1
咨询与调查	743	101444	3987	4298	3936	362
广告业	744	71527	3802	3080	251	63
知识产权服务	745	2812	114	98	30	3
职业中介服务	746	13189	859	1155	57	18
市场管理	747	5456	435	945	68	21
旅行社	748	12163	1074	950	57	18
其他商务服务	749	49719	2615	3464	680	108
科学研究、技术服务和地质勘查业	M	**107406**	**5173**	**12820**	**2402**	**454**
研究与试验发展	75	15803	816	967	678	119
自然科学研究与试验发展	751	1655	106	193	47	9
工程和技术研究与试验发展	752	10426	385	364	421	60
农业科学研究与试验发展	753	1420	120	240	38	11
医学研究与试验发展	754	2158	193	135	169	38
社会人文科学研究与试验发展	755	144	12	35	3	1
专业技术服务业	76	54124	2823	3369	1031	190
气象服务	761	357	19	122	8	1
地震服务	762	33	2	8		
海洋服务	763	128	6	5	3	
测绘服务	764	1587	149	152	2	
技术检测	765	3511	260	354	84	23
环境监测	766	814	52	57	3	
工程技术与规划管理	767	22887	1378	1093	289	72
其他专业技术服务	769	24807	957	1578	642	94
科技交流和推广服务业	77	36236	1417	8368	679	142
技术推广服务	771	25930	892	6704	520	96
科技中介服务	772	2940	181	754	63	12
其他科技服务	779	7366	344	910	96	34

单位：个

与港、澳、台商合作经营	港、澳、台商独资	港、澳、台商投资股份有限公司	其他港、澳、台投资	外商投资企业	中外合资经营	中外合作经营	外资企业	外商投资股份有限公司	其他外商投资	代码
634	**3524**	**160**	**9**	**3804**	**1417**	**331**	**1934**	**114**	**8**	K
634	3524	160	9	3804	1417	331	1934	114	8	72
490	2345	102	8	2545	1058	224	1184	73	6	721
59	596	25		617	193	45	357	20	2	722
14	242	16		256	49	8	185	14		723
71	341	17	1	386	117	54	208	7		729
152	**5298**	**170**	**26**	**9573**	**1316**	**224**	**7680**	**337**	**16**	L
8	51	8		155	43	10	91	11		73
7	48	7		148	42	8	87	11		731
1	3	1		7	1	2	4			732
144	5247	162	26	9418	1273	214	7589	326	16	74
41	997	43	2	1950	277	46	1526	97	4	741
1	9			14	3	1	7	3		742
55	3420	79	20	5942	644	100	5017	170	11	743
14	167	7		282	90	17	167	8		744
1	25	1		39	9	3	25	2		745
3	33	3		53	23	3	25	2		746
1	44	2		56	23	4	28	1		747
3	34	2		87	20	4	59	4		748
25	518	25	4	995	184	36	735	39	1	749
49	**1815**	**77**	**7**	**4226**	**1088**	**122**	**2858**	**154**	**4**	M
9	532	17	1	1293	315	24	911	41	2	75
1	33	3	1	84	28	1	52	3		751
3	350	8		711	158	12	514	26	1	752
1	23	3		38	14	3	20	1		753
4	124	3		454	114	8	321	10	1	754
	2			6	1		4	1		755
16	780	43	2	1658	429	45	1104	79	1	76
2	5			1			1			761
				3	1		2			762
	3			10	2	1	7			763
	2			7	2		5			764
1	56	4		172	79	6	76	11		765
	3			13	4	2	6	1		766
7	189	21		591	130	16	410	35		767
6	522	18	2	861	211	20	597	32	1	769
22	494	17	4	1227	340	25	827	34	1	77
20	389	11	4	955	281	18	629	26	1	771
1	47	3		112	14	3	91	4		772
1	58	3		160	45	4	107	4		779

2-4 续表 22

行业中类	代码	私营有限责任公司	私营股份有限公司	其他	港、澳、台商投资企业	与港、澳、台商合资经营
地质勘查业	78	1243	117	116	14	3
矿产地质勘查	781	575	60	42	8	2
基础地质勘查	782	135	13	19	2	1
地质勘查技术服务	783	533	44	55	4	
水利、环境和公共设施管理业	**N**	**13320**	**1041**	**1411**	**234**	**80**
水利管理业	79	599	56	170	6	2
防洪管理	791	43	4	17		
水资源管理	792	217	17	82	5	2
其他水利管理	799	339	35	71	1	
环境管理业	80	3079	217	351	59	19
自然保护	801	178	16	52	5	1
环境治理	802	2901	201	299	54	18
公共设施管理业	81	9642	768	890	169	59
市政公共设施管理	811	1108	70	155	29	15
城市绿化管理	812	6536	417	458	24	8
游览景区管理	813	1998	281	277	116	36
居民服务和其他服务业	**O**	**66408**	**4471**	**8553**	**640**	**135**
居民服务业	82	24133	1868	3517	322	68
家庭服务	821	3327	206	287	10	2
托儿所	822	83	6	65		
洗染服务	823	1097	68	90	21	3
理发及美容保健服务	824	5819	402	716	100	9
洗浴服务	825	2761	271	420	55	16
婚姻服务	826	1801	152	179	10	1
殡葬服务	827	460	51	96	17	6
摄影扩印服务	828	2830	205	268	81	25
其他居民服务	829	5955	507	1396	28	6
其他服务业	83	42275	2603	5036	318	67
修理与维护	831	15959	1083	1492	116	28
清洁服务	832	9161	510	583	53	15
其他未列明的服务	839	17155	1010	2961	149	24
教育	**P**	**8784**	**709**	**3577**	**120**	**25**
教育	84	8784	709	3577	120	25
学前教育	841	745	63	919	21	5
初等教育	842	85	10	139	2	
中等教育	843	246	40	243	7	3
高等教育	844	81	7	54	4	1
其他教育	849	7627	589	2222	86	16
卫生、社会保障和社会福利业	**Q**	**3001**	**348**	**1778**	**48**	**18**
卫生	85	2767	334	1575	43	16
医院	851	1071	175	431	25	8
卫生院及社区医疗活动	852	166	32	323	3	2

单位：个

与港、澳、台商合作经营	港、澳、台商独资	港、澳、台商投资股份有限公司	其他港、澳、台投资	外商投资企业	中外合资经营	中外合作经营	外资企业	外商投资股份有限公司	其他外商投资	代码
2	9			48	4	28	16			78
1	5			34	3	21	10			781
	1			1		1				782
1	3			13	1	6	6			783
19	**125**	**10**		**254**	**104**	**28**	**100**	**22**		**N**
1	3			6	2		4			79
										791
	3			4	2		2			792
1				2			2			799
5	33	2		116	45	14	50	7		80
2	2			10	4	3	2	1		801
3	31	2		106	41	11	48	6		802
13	89	8		132	57	14	46	15		81
3	11			25	11	8	3	3		811
	12	4		24	13	1	7	3		812
10	66	4		83	33	5	36	9		813
42	**426**	**37**		**971**	**243**	**50**	**616**	**60**	**2**	**O**
27	215	12		439	98	17	290	33	1	82
1	7			6	1		5			821
				1			1			822
3	12	3		27	10	2	14	1		823
3	84	4		192	30	4	148	10		824
6	32	1		59	22	3	29	5		825
	9			18	2	1	13	2		826
5	5	1		12	2	4	3	2	1	827
7	47	2		57	15	2	36	4		828
2	19	1		67	16	1	41	9		829
15	211	25		532	145	33	326	27	1	83
9	66	13		179	63	15	87	14		831
	35	3		67	20	4	41	2		832
6	110	9		286	62	14	198	11	1	839
18	**72**	**5**		**200**	**51**	**24**	**114**	**11**		**P**
18	72	5		200	51	24	114	11		84
4	12			16	5	2	8	1		841
	2			4	1		1	2		842
	4			6	1	1	4			843
2	1			3	1	1	1			844
12	53	5		171	43	20	100	8		849
8	**15**	**7**		**93**	**45**	**30**	**15**	**3**		**Q**
7	14	6		87	44	30	10	3		85
7	5	5		44	25	16	2	1		851
	1			1	1					852

2-4 续表 23

行业中类	代码	私营有限责任公司	私营股份有限公司	其他	港、澳、台商投资企业	与港、澳、台商合资经营
门诊部医疗活动	853	1051	78	635	8	5
计划生育技术服务活动	854	20	3	43	1	
妇幼保健活动	855	29	2	8	1	
专科疾病防治活动	856	79	10	17	1	1
疾病预防控制及防疫活动	857	35	5	26		
其他卫生活动	859	316	29	92	4	
社会保障业	86	70	1	38		
社会保障业	860	70	1	38		
社会福利业	87	164	13	165	5	2
提供住宿的社会福利	871	129	8	118	3	2
不提供住宿的社会福利	872	35	5	47	2	
文化、体育和娱乐业	**R**	**21941**	**1453**	**2231**	**531**	**168**
新闻出版业	88	657	57	145	9	3
新闻业	881	46	7	18		
出版业	882	611	50	127	9	3
广播、电视、电影和音像业	89	3300	194	214	74	30
广播	891	108	12	14		
电视	892	1019	45	46	12	4
电影	893	1226	78	103	53	22
音像制作	894	947	59	51	9	4
文化艺术业	90	8515	459	668	64	20
文艺创作与表演	901	1469	104	184	15	3
艺术表演场馆	902	125	12	19	6	3
图书馆与档案馆	903	36	2	17		
文物及文化保护	904	64	7	23		
博物馆	905	50	3	13		
烈士陵园、纪念馆	906	4	1	11		
群众文化活动	907	771	59	81	3	1
文化艺术经纪代理	908	2052	96	84	16	8
其他文化艺术	909	3944	175	236	24	5
体育	91	1129	80	116	46	7
体育组织	911	415	23	55	17	3
体育场馆	912	261	18	23	19	3
其他体育	919	453	39	38	10	1
娱乐业	92	8340	663	1088	338	108
室内娱乐活动	921	4701	368	667	111	49
游乐园	922	239	22	31	23	3
休闲健身娱乐活动	923	2466	170	211	172	43
其他娱乐活动	929	934	103	179	32	13

单位：个

与港、澳、台商合作经营	港、澳、台商独资	港、澳、台商投资股份有限公司	其他港、澳、台投资	外商投资企业	中外合资经营	中外合作经营	外资企业	外商投资股份有限公司	其他外商投资	代码
	3			23	10	10	2	1		853
	1			1		1				854
	1			1			1			855
				2	1		1			856
										857
	3	1		15	7	3	4	1		859
										86
										860
1	1	1		6	1		5			87
	1			4	1		3			871
1		1		2			2			872
80	**251**	**32**		**567**	**192**	**82**	**262**	**31**		**R**
1	4	1		10	5		5			88
										881
1	4	1		10	5		5			882
8	32	4		49	25	3	20	1		89
				3			3			891
2	6			9	2		7			892
5	22	4		28	20	2	6			893
1	4			9	3	1	4	1		894
5	36	3		65	17	4	42	2		90
2	9	1		9	4		5			901
1	1	1		4	2		2			902
				1			1			903
				1	1					904
				5	1	1	3			905
										906
	2			4	2		1	1		907
1	7			16	5	1	10			908
1	17	1		25	2	2	20	1		909
6	30	3		55	17	4	31	3		91
3	10	1		11	3	2	5	1		911
3	13			16	4	2	8	2		912
	7	2		28	10		18			919
60	149	21		388	128	71	164	25		92
21	37	4		123	54	24	36	9		921
3	14	3		23	7	4	9	3		922
32	86	11		207	57	39	101	10		923
4	12	3		35	10	4	18	3		929

2–5 按地区、登记注册类型分组

(2011年)

地区	企业单位数	内资企业	国有企业	集体企业	股份合作企业	国有联营企业	集体联营企业
全国	**7331200**	**7101085**	**156323**	**187065**	**73159**	**2229**	**5196**
北京	360799	346189	7300	11765	15251	67	174
天津	166426	159125	4219	5396	1034	55	111
河北	252808	250362	5947	7881	2240	66	155
山西	140229	139755	5921	5963	1222	52	106
内蒙古	97871	97324	2544	1519	1124	23	34
辽宁	312648	302859	9556	15992	3808	71	188
吉林	82914	82010	3032	2193	509	31	63
黑龙江	130121	129172	5936	4547	2035	39	110
上海	397868	360713	5396	8997	2439	157	259
江苏	865414	835618	7081	11954	4051	103	275
浙江	659000	637074	5371	10352	6736	80	222
安徽	214306	211992	5659	5262	2100	80	154
福建	278412	264389	6690	7572	2488	166	253
江西	130247	128164	5415	2867	2274	65	394
山东	649565	635709	8987	10846	2521	128	380
河南	269535	268068	6407	7732	1687	66	155
湖北	273217	270619	8024	7189	2655	117	359
湖南	193955	192296	5783	5636	1814	83	219
广东	788631	731567	11817	22394	6360	306	473
广西	149865	148191	5670	5307	1460	58	236
海南	32016	31223	1538	831	339	31	27
重庆	176841	175484	3022	2820	1373	61	106
四川	206310	204322	5502	5953	2441	71	219
贵州	60595	60177	3630	2258	886	58	80
云南	135280	134302	3615	3883	1237	37	135
西藏	3265	3227	588	244	54	10	23
陕西	147432	146387	5136	5251	1695	60	144
甘肃	57616	57340	2431	2630	837	34	88
青海	14977	14855	909	498	189	11	15
宁夏	25476	25338	733	371	140	10	7
新疆	57561	57234	2464	962	160	33	32

的企业法人单位数

单位：个

国有与集体联营	其他联营	国有独资公司	其他有限责任公司	股份有限公司	私营独资	私营合伙	私营有限责任公司
1887	**4087**	**14429**	**902684**	**128954**	**1564300**	**262671**	**3242092**
122	65	1240	62607	5078	15453	4348	213684
54	91	313	20380	2018	17607	4999	92155
49	139	409	38570	7389	73153	13082	75007
25	133	265	19822	4264	26513	4418	42788
10	42	225	22292	2827	16623	2377	39494
67	113	538	43931	4977	77496	5224	120028
19	98	212	13543	2278	22667	1414	28559
27	142	221	23052	4588	26502	2842	45187
301	166	660	20777	1838	43942	10512	254406
185	239	573	45522	10311	177953	16681	510580
79	88	1592	46486	4659	119475	27963	391214
48	128	686	28979	4674	41767	9572	94835
70	236	576	36146	4736	42093	17120	123257
62	112	206	20023	3689	30249	13264	32297
83	220	524	58740	10700	196219	14946	259295
38	186	385	39934	6807	122113	10767	53549
82	273	324	50617	6371	64638	14224	87794
143	161	496	14813	4302	65945	19969	46790
135	539	1207	116824	9692	132984	24624	366298
37	162	435	16814	4252	41838	7383	49914
16	28	86	12059	1022	2207	1021	9579
33	89	636	19585	3833	59322	8462	53639
58	185	597	37759	7342	54524	9676	62680
28	87	392	16564	1816	13739	4340	11805
33	79	424	15092	3085	21434	4162	64843
6	9	23	464	175	525	115	812
34	149	435	38311	2904	30381	4790	39897
23	72	122	8919	1865	13673	2121	18715
6	21	87	2431	401	2869	639	4803
3	13	112	2980	395	4208	654	13733
11	22	428	8648	666	6188	962	34455

2-5 续表

地区	私营股份有限公司	其他	港、澳、台商投资企业	与港、澳、台商合资经营	与港、澳、台商合作经营	港、澳、台商独资
全国	**185807**	**370202**	**106013**	**25697**	**4271**	**72908**
北京	8435	600	5141	1329	235	3498
天津	3084	7609	1886	690	38	1095
河北	8681	17594	752	402	34	267
山西	4738	23525	197	104	15	60
内蒙古	2607	5583	173	79	8	66
辽宁	7898	12972	2285	1096	99	980
吉林	2764	4628	204	105	11	76
黑龙江	4642	9302	315	146	18	130
上海	8485	2378	13066	1983	537	10405
江苏	19667	30443	11504	3569	207	7286
浙江	6557	16200	10131	5012	195	4682
安徽	7500	10548	942	376	18	502
福建	7476	15510	8736	1664	137	6692
江西	5600	11647	1267	290	22	900
山东	15856	56264	2814	1293	111	1301
河南	5534	12708	634	277	29	289
湖北	6854	21098	1217	485	36	627
湖南	7185	18957	972	490	45	396
广东	13819	24095	39792	4872	2294	31572
广西	5487	9138	892	298	59	499
海南	1013	1426	442	108	21	291
重庆	6142	16361	609	219	14	328
四川	6685	10630	723	261	22	380
贵州	1991	2503	201	80	7	97
云南	5358	10885	402	177	23	178
西藏	102	77	5		1	3
陕西	7798	9402	366	145	19	171
甘肃	1718	4092	116	54	4	48
青海	770	1206	54	20	4	26
宁夏	696	1283	41	14	4	11
新疆	665	1538	134	59	4	52

单位：个

港、澳、台商投资股份有限公司	其他港、澳、台投资	外商投资企业	中外合资经营	中外合作经营	外资企业	外商投资股份有限公司	其他外商投资
2932	**205**	**124102**	**36115**	**3929**	**80406**	**3418**	**234**
79		9469	2419	299	6595	155	1
58	5	5415	1583	123	3611	89	9
45	4	1694	854	76	690	69	5
18		277	170	16	77	14	
20		374	181	20	149	24	
106	4	7504	3144	342	3787	219	12
12		700	268	40	372	20	
18	3	634	291	36	260	46	1
136	5	24089	3736	672	19452	216	13
429	13	18292	5462	310	11809	688	23
224	18	11795	5617	220	5699	252	7
42	4	1372	594	31	666	70	11
231	12	5287	1364	113	3584	209	17
54	1	816	298	23	404	87	4
105	4	11042	3165	208	7432	228	9
37	2	833	451	47	276	52	7
68	1	1381	638	35	628	67	13
41		687	378	36	241	24	8
940	114	17272	3391	1024	12257	525	75
33	3	782	299	59	361	62	1
22		351	122	18	196	15	
42	6	748	306	25	366	46	5
60		1265	538	56	579	91	1
15	2	217	84	11	99	22	1
23	1	576	204	30	289	49	4
1		33	18	2	11	2	
30	1	679	278	24	332	42	3
10		160	82	6	57	13	2
4		68	31	10	24	3	
12		97	57	3	33	4	
17	2	193	92	14	70	15	2

2-6 按行业(中类)、

行业中类	代码	企业单位数	
		1949年及以前	1950-1977年
总计		**7331200**	**3454**	**67506**
农、林、牧、渔业	A	**247456**	**61**	**1785**
农业	01	94777	37	606
谷物及其他作物的种植	011	23920	30	404
蔬菜、园艺作物的种植	012	40159	2	38
水果、坚果、饮料和香料作物的种植	013	25526	5	157
中药材的种植	014	5172		7
林业	02	24650	11	791
林木的培育和种植	021	22985	4	537
木材和竹材的采运	022	861	7	132
林产品的采集	023	804		122
畜牧业	03	80163	10	169
牲畜的饲养	031	25337	6	102
猪的饲养	032	27607	2	21
家禽的饲养	033	20317	1	20
狩猎和捕捉动物	034	106		
其他畜牧业	039	6796	1	26
渔业	04	20206	1	86
海洋渔业	041	5515		33
内陆渔业	042	14691	1	53
农、林、牧、渔服务业	05	27660	2	133
农业服务业	051	21810	1	62
林业服务业	052	1577		20
畜牧服务业	053	2795		35
渔业服务业	054	1478	1	16
采矿业	B	**105490**	**62**	**1304**
煤炭开采和洗选业	06	22881	30	695
烟煤和无烟煤的开采洗选	061	21477	30	656
褐煤的开采洗选	062	631		29
其他煤炭采选	069	773		10
石油和天然气开采业	07	1867	1	9
天然原油和天然气开采	071	416	1	3
与石油和天然气开采有关的服务活动	079	1451		6
黑色金属矿采选业	08	18585	4	67
铁矿采选	081	16457	4	48
其他黑色金属矿采选	089	2128		19
有色金属矿采选业	09	11767	5	100
常用有色金属矿采选	091	8243	1	67
贵金属矿采选	092	2224	3	20
稀有稀土金属矿采选	093	1300	1	13

开业（成立）时间分组的企业法人单位数

单位：个

1978-1991年	1992-1995年	1996年	1997年	1998年	1999年	2000年	代码
180025	**234938**	**79364**	**87568**	**154734**	**146631**	**229058**	
2192	**1389**	**577**	**614**	**4522**	**1672**	**3755**	A
557	446	179	183	1527	425	1001	01
194	127	35	27	233	78	165	011
129	154	75	77	904	187	475	012
210	150	66	69	363	135	289	013
24	15	3	10	27	25	72	014
693	239	95	108	561	239	528	02
602	212	84	104	539	226	505	021
65	17	6	2	13	9	13	022
26	10	5	2	9	4	10	023
371	337	164	164	1194	629	1487	03
114	81	29	40	229	158	341	031
111	107	78	70	424	257	557	032
109	110	38	41	405	166	488	033
1	2		1			2	034
36	37	19	12	136	48	99	039
239	199	62	72	567	184	356	04
115	81	18	30	142	70	115	041
124	118	44	42	425	114	241	042
332	168	77	87	673	195	383	05
210	122	59	61	511	136	245	051
43	16	3	6	22	11	19	052
45	19	11	14	68	24	58	053
34	11	4	6	72	24	61	054
4636	**3884**	**1559**	**1411**	**2712**	**2173**	**3635**	B
1930	1380	565	511	773	589	852	06
1875	1344	543	491	743	564	811	061
32	16	12	13	19	15	19	062
23	20	10	7	11	10	22	069
21	53	15	18	92	40	57	07
6	19	8	11	55	18	15	071
15	34	7	7	37	22	42	079
385	366	173	113	273	255	513	08
335	321	155	98	249	231	455	081
50	45	18	15	24	24	58	089
456	421	179	161	251	247	396	09
218	255	103	84	166	158	268	091
201	133	47	52	57	67	91	092
37	33	29	25	28	22	37	093

2-6 续表 1

行业中类	代码	企业单位数	1949年及以前	1950-1977年
非金属矿采选业	10	48603	22	429
土砂石开采	101	40946	8	286
化学矿采选	102	1646	2	31
采盐	103	852	9	68
石棉及其他非金属矿采选	109	5159	3	44
其他采矿业	11	1787		4
其他采矿业	110	1787		4
制造业	**C**	**2240288**	**879**	**18589**
农副食品加工业	13	111076	35	1361
谷物磨制	131	28868	18	270
饲料加工	132	13280		20
植物油加工	133	10369	7	148
制糖	134	718	1	50
屠宰及肉类加工	135	17564	3	690
水产品加工	136	9689	2	53
蔬菜、水果和坚果加工	137	15172	1	35
其他农副食品加工	139	15416	3	95
食品制造业	14	48538	30	481
焙烤食品制造	141	12064	7	121
糖果、巧克力及蜜饯制造	142	5125	2	31
方便食品制造	143	7477	4	64
液体乳及乳制品制造	144	2010	2	32
罐头制造	145	3394	2	24
调味品、发酵制品制造	146	7207	8	156
其他食品制造	149	11261	5	53
饮料制造业	15	38429	59	598
酒精制造	151	494	2	5
酒的制造	152	14217	49	292
软饮料制造	153	13425	5	42
精制茶加工	154	10293	3	259
烟草制品业	16	321	15	21
烟叶复烤	161	116		
卷烟制造	162	103	15	18
其他烟草制品加工	169	102		3
纺织业	17	129946	54	731
棉、化纤纺织及印染精加工	171	49829	25	310
毛纺织和染整精加工	172	5780	4	30
麻纺织	173	1040		12
丝绢纺织及精加工	174	7782	6	46
纺织制成品制造	175	30206	7	183
针织品、编织品及其制品制造	176	35309	12	150

单位：个

1978-1991年	1992-1995年	1996年	1997年	1998年	1999年	2000年	代码
1822	1648	622	601	1304	1025	1790	10
1307	1349	510	484	1069	859	1500	101
88	69	29	26	52	32	75	102
227	56	14	14	31	21	28	103
200	174	69	77	152	113	187	109
22	16	5	7	19	17	27	11
22	16	5	7	19	17	27	110
77414	**102299**	**34315**	**36763**	**62768**	**58234**	**90550**	C
3800	4908	1977	2170	4042	3629	5799	13
1030	1433	586	630	1335	1084	1854	131
320	506	244	300	497	501	651	132
437	424	182	172	335	323	553	133
64	46	6	11	19	15	21	134
809	770	317	377	662	542	828	135
449	662	209	228	354	341	482	136
300	573	239	251	446	455	729	137
391	494	194	201	394	368	681	139
1854	2497	876	1033	1829	1509	2388	14
431	534	206	228	406	321	549	141
219	396	119	157	263	185	251	142
238	342	122	126	268	212	385	143
76	81	35	43	72	85	127	144
143	212	55	89	128	111	188	145
425	418	165	185	351	265	371	146
322	514	174	205	341	330	517	149
1989	2022	783	823	1609	1401	2008	15
16	25	8	11	15	11	14	151
1064	932	365	417	778	650	874	152
272	552	232	248	486	488	721	153
637	513	178	147	330	252	399	154
41	23	5	6	10	11	11	16
8	7	1	2	5	6	6	161
17	6	1	1	2	1	2	162
16	10	3	3	3	4	3	169
3368	4928	1658	1934	3368	3351	6089	17
1322	1611	600	764	1256	1249	2449	171
238	339	124	117	212	194	324	172
51	45	13	20	34	28	71	173
201	260	85	108	237	221	458	174
774	1142	382	443	804	771	1225	175
782	1531	454	482	825	888	1562	176

2-6 续表 2

行业中类	代码	企业单位数	1949年及以前	1950-1977年
纺织服装、鞋、帽制造业	18	106343	15	465
纺织服装制造	181	98657	12	408
纺织面料鞋的制造	182	5623	2	34
制帽	183	2063	1	23
皮革、毛皮、羽毛(绒)及其制品业	19	40161	12	180
皮革鞣制加工	191	3182	1	25
皮革制品制造	192	31105	9	121
毛皮鞣制及制品加工	193	3832	2	22
羽毛(绒)加工及制品制造	194	2042		12
木材加工及木、竹、藤、棕、草制品业	20	69231	8	301
锯材、木片加工	201	23750	2	141
人造板制造	202	19642	5	38
木制品制造	203	17852	1	83
竹、藤、棕、草制品制造	204	7987		39
家具制造业	21	45062	3	197
木质家具制造	211	31911	3	150
竹、藤家具制造	212	822		2
金属家具制造	213	5107		31
塑料家具制造	214	743		2
其他家具制造	219	6479		12
造纸及纸制品业	22	58094	30	367
纸浆制造	221	993	1	12
造纸	222	13380	20	156
纸制品制造	223	43721	9	199
印刷业和记录媒介的复制	23	60163	100	988
印刷	231	54505	96	909
装订及其他印刷服务活动	232	5310	4	75
记录媒介的复制	233	348		4
文教体育用品制造业	24	23779	10	124
文化用品制造	241	6644	5	71
体育用品制造	242	6195		20
乐器制造	243	1628	2	19
玩具制造	244	8363	2	13
游艺器材及娱乐用品制造	245	949	1	1
石油加工及炼焦	25	7411	9	63
精炼石油产品的制造	251	5506	8	45
炼焦	252	1905	1	18
化学原料及化学制品制造业	26	110943	60	1103
基础化学原料制造	261	19238	14	230
肥料制造	262	11464	5	241
农药制造	263	2890	2	45

单位：个

1978-1991年	1992-1995年	1996年	1997年	1998年	1999年	2000年	代码
2073	3697	1193	1353	2004	2032	3725	18
1903	3400	1104	1239	1841	1869	3479	181
118	201	67	68	110	115	139	182
52	96	22	46	53	48	107	183
1000	2043	674	612	941	956	1411	19
113	225	64	63	96	82	128	191
771	1651	538	467	721	730	1073	192
53	70	26	31	60	71	122	193
63	97	46	51	64	73	88	194
1459	1915	802	811	1606	1474	2628	20
557	528	242	261	557	490	932	201
210	438	190	219	409	396	732	202
498	639	237	226	421	393	626	203
194	310	133	105	219	195	338	204
926	1634	697	753	1263	1130	1787	21
723	1205	531	562	951	860	1369	211
19	33	7	14	16	18	33	212
112	219	88	93	156	121	185	213
4	23	10	8	15	19	20	214
68	154	61	76	125	112	180	219
2275	2930	1082	1077	1759	1690	2492	22
34	58	22	13	19	24	33	221
690	788	321	281	429	456	635	222
1551	2084	739	783	1311	1210	1824	223
4804	4775	1471	1577	2378	1855	2877	23
4353	4328	1351	1434	2171	1666	2612	231
434	428	113	132	191	172	254	232
17	19	7	11	16	17	11	233
807	1303	407	392	622	646	959	24
255	348	134	134	208	223	306	241
141	266	106	82	157	156	230	242
61	94	29	30	43	45	88	243
330	548	124	134	190	205	307	244
20	47	14	12	24	17	28	245
279	378	115	134	220	203	289	25
227	303	92	107	175	177	239	251
52	75	23	27	45	26	50	252
4713	6299	2030	2249	3806	3593	5338	26
966	1053	357	375	641	599	931	261
288	379	178	164	348	287	432	262
189	205	66	73	126	113	152	263

2-6 续表 3

行业中类	代码	企业单位数		
			1949年及以前	1950-1977年
涂料、油墨、颜料及类似产品制造	264	20434	12	102
合成材料制造	265	8057	4	56
专用化学产品制造	266	37764	11	360
日用化学产品制造	267	11096	12	69
医药制造业	27	19148	35	336
化学药品原药制造	271	2729	7	51
化学药品制剂制造	272	2556	12	91
中药饮片加工	273	2462	1	22
中成药制造	274	3301	10	123
兽用药品制造	275	1587		22
生物、生化制品的制造	276	3468	4	6
卫生材料及医药用品制造	277	3045	1	21
化学纤维制造业	28	5817	1	20
纤维素纤维原料及纤维制造	281	1131	1	7
合成纤维制造	282	4686		13
橡胶制品业	29	24987	11	215
轮胎制造	291	2250	1	22
橡胶板、管、带的制造	292	4743	4	43
橡胶零件制造	293	6709	1	79
再生橡胶制造	294	1163		6
日用及医用橡胶制品制造	295	1112		11
橡胶靴鞋制造	296	2262	3	20
其他橡胶制品制造	299	6748	2	34
塑料制品业	30	119050	9	420
塑料薄膜制造	301	10842	1	60
塑料板、管、型材的制造	302	16703	3	82
塑料丝、绳及编织品的制造	303	11104		56
泡沫塑料制造	304	5709		11
塑料人造革、合成革制造	305	1395		3
塑料包装箱及容器制造	306	13114	1	51
塑料零件制造	307	15496		41
日用塑料制造	308	15066	1	55
其他塑料制品制造	309	29621	3	61
非金属矿物制品业	31	228274	63	2634
水泥、石灰和石膏的制造	311	15972	14	633
水泥及石膏制品制造	312	50953	7	279
砖瓦、石材及其他建筑材料制造	313	101895	18	1165
玻璃及玻璃制品制造	314	19543	10	136
陶瓷制品制造	315	11690	5	181
耐火材料制品制造	316	12615	8	142
石墨及其他非金属矿物制品制造	319	15606	1	98

单位：个

1978-1991年	1992-1995年	1996年	1997年	1998年	1999年	2000年	代码
819	1343	407	490	759	781	1089	264
278	395	145	145	240	228	360	265
1748	2107	632	715	1274	1196	1845	266
425	817	245	287	418	389	529	267
764	1205	366	392	680	577	835	27
133	180	51	71	108	86	114	271
152	252	68	64	119	77	128	272
79	107	33	32	70	59	69	273
167	265	90	84	147	104	166	274
65	79	26	37	61	84	75	275
55	170	53	51	82	82	140	276
113	152	45	53	93	85	143	277
139	242	71	88	139	152	280	28
30	60	9	18	21	27	56	281
109	182	62	70	118	125	224	282
1088	1332	501	483	782	751	1080	29
69	103	44	36	65	47	93	291
213	242	87	92	147	141	190	292
361	436	172	153	242	253	337	293
45	66	24	24	30	31	48	294
48	74	26	33	46	34	64	295
127	171	57	50	70	89	102	296
225	240	91	95	182	156	246	299
3469	5348	1779	1965	3238	3254	5108	30
327	540	197	189	312	309	506	301
404	649	187	209	467	449	783	302
451	530	217	225	402	328	549	303
206	278	116	133	167	186	273	304
40	96	22	26	51	57	57	305
367	560	207	224	359	327	523	306
474	725	243	248	385	441	689	307
554	852	254	283	468	475	663	308
646	1118	336	428	627	682	1065	309
12839	12739	4349	3924	7553	6105	9600	31
1127	1050	341	263	576	449	667	311
2261	2526	997	895	1882	1368	2350	312
7217	6321	2024	1707	3278	2614	4183	313
645	866	317	341	532	526	765	314
398	601	192	208	377	355	459	315
701	795	239	273	468	420	546	316
490	580	239	237	440	373	630	319

2-6 续表 4

行业中类	代码	企业单位数	1949年及以前	1950-1977年
黑色金属冶炼及压延加工业	32	21717	7	186
炼铁	321	2647		21
炼钢	322	1052		20
钢压延加工	323	14542	7	122
铁合金冶炼	324	3476		23
有色金属冶炼及压延加工业	33	25903	13	167
常用有色金属冶炼	331	6828	6	50
贵金属冶炼	332	819		18
稀有稀土金属冶炼	333	1527		12
有色金属合金制造	334	2938	1	19
有色金属压延加工	335	13791	6	68
金属制品业	34	175355	25	1184
结构性金属制品制造	341	59703	4	260
金属工具制造	342	23325	5	302
集装箱及金属包装容器制造	343	6562	1	72
金属丝绳及其制品的制造	344	8201	5	76
建筑、安全用金属制品制造	345	20682	3	121
金属表面处理及热处理加工	346	12066		144
搪瓷制品制造	347	1419	1	23
不锈钢及类似日用金属制品制造	348	17189	2	82
其他金属制品制造	349	26208	4	104
通用设备制造业	35	232040	85	2112
锅炉及原动机制造	351	9112	10	201
金属加工机械制造	352	33297	22	315
起重运输设备制造	353	7308	6	133
泵、阀门、压缩机及类似机械的制造	354	29816	14	327
轴承、齿轮、传动和驱动部件的制造	355	15074	3	148
烘炉、熔炉及电炉制造	356	2147		16
风机、衡器、包装设备等通用设备制造	357	32377	15	241
通用零部件制造及机械修理	358	70022	11	408
金属铸、锻加工	359	32887	4	323
专用设备制造业	36	129759	50	1272
矿山、冶金、建筑专用设备制造	361	21771	12	282
化工、木材、非金属加工专用设备制造	362	35878	4	139
食品、饮料、烟草及饲料生产专用设备制造	363	4369		96
印刷、制药、日化生产专用设备制造	364	8076	4	75
纺织、服装和皮革工业专用设备制造	365	10229	8	120
电子和电工机械专用设备制造	366	10115	1	62
农、林、牧、渔专用机械制造	367	9499	12	287
医疗仪器设备及器械制造	368	7136	5	85
环保、社会公共安全及其他专用设备制造	369	22686	4	126

单位：个

1978-1991年	1992-1995年	1996年	1997年	1998年	1999年	2000年	代码
728	989	329	327	552	553	799	32
87	115	37	25	52	51	97	321
30	57	11	14	16	20	28	322
480	699	228	229	410	404	556	323
131	118	53	59	74	78	118	324
783	1156	381	434	653	668	1023	33
181	265	86	105	146	191	264	331
27	45	12	13	14	13	43	332
31	55	25	34	45	36	53	333
75	126	35	45	78	70	110	334
469	665	223	237	370	358	553	335
5120	7041	2210	2556	4268	4268	6502	34
1388	2064	704	787	1449	1375	2022	341
670	1002	301	401	620	606	1086	342
311	444	114	142	208	220	278	343
307	375	113	147	266	254	360	344
547	810	279	310	478	521	775	345
928	801	190	244	429	391	576	346
43	51	25	20	42	26	45	347
370	740	235	255	343	434	673	348
556	754	249	250	433	441	687	349
8280	10280	3394	3687	6422	5701	8793	35
464	522	167	203	328	284	393	351
845	1054	329	417	740	616	1069	352
275	357	132	139	205	191	262	353
1114	1570	509	531	895	805	1277	354
483	642	276	232	402	411	648	355
61	107	28	41	57	54	79	356
801	1225	417	460	815	723	1082	357
2318	2696	892	958	1684	1581	2391	358
1919	2107	644	706	1296	1036	1592	359
3431	4664	1582	1789	3140	2923	4382	36
621	743	249	302	572	515	708	361
663	1043	372	388	707	653	1097	362
217	264	98	83	155	140	202	363
234	335	110	158	221	219	319	364
421	466	160	185	294	304	556	365
136	264	74	107	193	178	234	366
423	358	144	156	282	262	375	367
220	408	124	129	200	221	291	368
496	783	251	281	516	431	600	369

2-6 续表 5

行业中类	代码	企业单位数	1949年及以前	1950-1977年
交通运输设备制造业	37	100270	73	1104
铁路运输设备制造	371	3444	16	85
汽车制造	372	67845	31	652
摩托车制造	373	7749		40
自行车制造	374	6242	3	47
船舶及浮动装置制造	375	12084	20	196
航空航天器制造	376	527	2	71
交通器材及其他交通运输设备制造	379	2379	1	13
电气机械及器材制造业	39	130376	36	900
电机制造	391	13836	6	157
输配电及控制设备制造	392	42914	8	369
电线、电缆、光缆及电工器材制造	393	20390	7	148
电池制造	394	5268	8	39
家用电力器具制造	395	16012	3	65
非电力家用器具制造	396	5417		15
照明器具制造	397	18529	4	76
其他电气机械及器材制造	399	8010		31
通信设备、计算机及其他电子设备制造业	40	68989	9	300
通信设备制造	401	7241	6	42
雷达及配套设备制造	402	161		18
广播电视设备制造	403	1911		2
电子计算机制造	404	5770		10
电子器件制造	405	10138	1	59
电子元件制造	406	29426	2	131
家用视听设备制造	407	4172		19
其他电子设备制造	409	10170		19
仪器仪表及文化、办公用机械制造业	41	30789	13	362
通用仪器仪表制造	411	14661	7	167
专用仪器仪表制造	412	5271	1	102
钟表与计时仪器制造	413	2158	4	28
光学仪器及眼镜制造	414	4471		35
文化、办公用机械制造	415	2060	1	18
其他仪器仪表的制造及修理	419	2168		12
工艺品及其他制造业	42	67540	9	387
工艺美术品制造	421	38235	2	242
日用杂品制造	422	9737	3	66
煤制品制造	423	4206	1	19
其他未列明的制造业	429	15362	3	60
废弃资源和废旧材料回收加工业	43	10777		10
金属废料和碎屑的加工处理	431	5476		8
非金属废料和碎屑的加工处理	432	5301		2

单位：个

1978-1991年	1992-1995年	1996年	1997年	1998年	1999年	2000年	代码
3732	4885	1532	1620	2741	2596	3637	37
354	212	64	38	108	102	151	371
2543	3343	1065	1139	1907	1802	2539	372
262	552	194	208	298	296	351	373
137	242	63	86	138	130	242	374
362	443	118	114	225	216	269	375
21	24	10	8	12	9	12	376
53	69	18	27	53	41	73	379
3625	5645	1806	2013	3141	3288	4641	39
338	566	186	201	339	354	499	391
1442	1968	610	728	1044	1248	1572	392
790	1158	348	442	688	603	882	393
131	178	45	59	129	100	171	394
321	678	250	229	334	365	575	395
80	137	58	66	96	87	144	396
361	729	234	217	383	403	605	397
162	231	75	71	128	128	193	399
1142	2595	754	896	1346	1287	2103	40
148	372	109	108	163	171	250	401
4	14		4	2	2	7	402
58	115	41	49	64	49	101	403
64	187	56	71	116	116	164	404
158	332	74	120	172	145	304	405
542	1141	331	384	599	594	947	406
84	182	61	75	83	91	126	407
84	252	82	85	147	119	204	409
1087	1926	564	641	926	922	1287	41
559	910	291	337	504	501	659	411
190	293	80	95	152	142	211	412
115	221	48	52	48	62	82	413
106	266	74	74	113	111	187	414
64	143	41	47	57	47	75	415
53	93	30	36	52	59	73	419
1622	2687	871	944	1571	1544	2396	42
1093	1746	535	584	977	968	1417	421
242	475	154	166	246	243	413	422
136	195	80	80	183	154	296	423
151	271	102	114	165	179	270	429
177	213	56	80	159	165	283	43
108	118	33	43	86	90	121	431
69	95	23	37	73	75	162	432

2-6 续表 6

行业中类	代码	企业单位数		
			1949年及以前	1950-1977年
电力、燃气及水的生产和供应业	D	**65488**	**142**	**3337**
电力、热力的生产和供应业	44	43759	82	2376
电力生产	441	35662	34	1650
电力供应	442	3947	48	713
热力生产和供应	443	4150		13
燃气生产和供应业	45	4714	8	22
燃气生产和供应业	450	4714	8	22
水的生产和供应业	46	17015	52	939
自来水的生产和供应	461	13605	52	935
污水处理及其再生利用	462	2647		4
其他水的处理、利用与分配	469	763		
建筑业	E	**346017**	**103**	**5167**
房屋和土木工程建筑业	47	123423	83	4688
房屋工程建筑	471	73972	60	3684
土木工程建筑	472	49451	23	1004
建筑安装业	48	66956	14	322
建筑安装业	480	66956	14	322
建筑装饰业	49	108682	4	60
建筑装饰业	490	108682	4	60
其他建筑业	50	46956	2	97
工程准备	501	13301		31
提供施工设备服务	502	5531	1	12
其他未列明的建筑活动	509	28124	1	54
交通运输、仓储和邮政业	F	**209450**	**210**	**3460**
铁路运输业	51	1492	1	16
铁路旅客运输	511	121	1	4
铁路货物运输	512	663		3
铁路运输辅助活动	513	708		9
道路运输业	52	98521	58	1268
公路旅客运输	521	9300	29	479
道路货物运输	522	80139	24	549
道路运输辅助活动	523	9082	5	240
城市公共交通业	53	8573	11	205
公共电汽车客运	531	2409	8	166
轨道交通	532	125		2
出租车客运	533	5471		27
城市轮渡	534	87	3	4
其他城市公共交通	539	481		6
水上运输业	54	9467	10	407
水上旅客运输	541	1038	1	70
水上货物运输	542	5954	4	284
水上运输辅助活动	543	2475	5	53

单位：个

1978-1991年	1992-1995年	1996年	1997年	1998年	1999年	2000年	代码
7557	**3622**	**1162**	**1249**	**1887**	**1693**	**2273**	D
4745	2243	748	842	1275	1184	1441	44
3987	1829	654	744	1079	941	1161	441
580	225	53	54	114	164	135	442
178	189	41	44	82	79	145	443
147	186	58	54	105	120	167	45
147	186	58	54	105	120	167	450
2665	1193	356	353	507	389	665	46
2606	1106	322	322	449	339	579	461
19	35	14	12	41	37	62	462
40	52	20	19	17	13	24	469
12641	**15618**	**4510**	**4757**	**7933**	**7152**	**9613**	E
9170	7934	1979	2034	3588	2987	3865	47
6729	5185	1332	1336	2368	1861	2398	471
2441	2749	647	698	1220	1126	1467	472
1881	3070	959	1161	1708	1628	2072	48
1881	3070	959	1161	1708	1628	2072	480
1007	3626	1299	1255	2010	1937	2802	49
1007	3626	1299	1255	2010	1937	2802	490
583	988	273	307	627	600	874	50
192	408	90	105	227	216	307	501
57	85	27	21	68	65	94	502
334	495	156	181	332	319	473	509
6257	**6719**	**2167**	**2419**	**4216**	**3677**	**5479**	F
77	42	11	11	22	15	28	51
6	2	1	2		1	1	511
20	20	8	7	7	6	15	512
51	20	2	2	15	8	12	513
2364	2398	822	971	1651	1637	2470	52
542	436	166	179	346	275	418	521
1355	1537	463	599	1012	1079	1719	522
467	425	193	193	293	283	333	523
423	948	257	310	383	346	411	53
139	120	39	68	90	91	114	531
7	12	7	4	5	7	9	532
232	786	201	232	276	232	269	533
25	3	1			2	2	534
20	27	9	6	12	14	17	539
651	476	124	147	250	187	279	54
110	60	22	16	30	25	45	541
406	270	69	83	144	116	163	542
135	146	33	48	76	46	71	543

2-6 续表 7

行业中类	代码	企业单位数	1949年及以前	1950-1977年
航空运输业	55	1199	1	6
航空客货运输	551	440	1	1
通用航空服务	552	298		
航空运输辅助活动	553	461		5
管道运输业	56	172		
管道运输业	560	172		
装卸搬运和其他运输服务业	57	58923	30	458
装卸搬运	571	9683	22	396
运输代理服务	572	49240	8	62
仓储业	58	21611	69	1046
谷物、棉花等农产品仓储	581	5788	61	821
其他仓储	589	15823	8	225
邮政业	59	9492	30	54
国家邮政	591	1879	29	50
其他寄递服务	599	7613	1	4
信息传输、计算机服务和软件业	**G**	**199248**	**31**	**61**
电信和其他信息传输服务业	60	31763	28	40
电信	601	9607	25	24
互联网信息服务	602	19598		3
广播电视传输服务	603	2325	3	12
卫星传输服务	604	233		1
计算机服务业	61	104112	1	17
计算机系统服务	611	23740		11
数据处理	612	1229		
计算机维修	613	3674		1
其他计算机服务	619	75469	1	5
软件业	62	63373	2	4
公共软件服务	621	49039	2	3
其他软件服务	629	14334		1
批发和零售业	**H**	**2276262**	**1444**	**23393**
批发业	63	1432293	485	11125
农畜产品批发	631	58838	103	2648
食品、饮料及烟草制品批发	632	105061	63	1861
纺织、服装及日用品批发	633	154182	19	444
文化、体育用品及器材批发	634	43108	26	168
医药及医疗器材批发	635	38121	2	396
矿产品、建材及化工产品批发	636	461754	229	4436
机械设备、五金交电及电子产品批发	637	392224	18	591
贸易经纪与代理	638	49019	7	122
其他批发	639	129986	18	459

单位：个

1978-1991年	1992-1995年	1996年	1997年	1998年	1999年	2000年	代码
36	58	10	19	32	25	35	55
22	25	6	6	12	11	14	551
1	9		6	5	4	8	552
13	24	4	7	15	10	13	553
7	10		2	6	1	13	56
7	10		2	6	1	13	560
1268	1507	590	572	914	842	1335	57
750	383	127	118	210	153	254	571
518	1124	463	454	704	689	1081	572
1362	1225	326	327	595	485	720	58
665	355	82	90	265	168	192	581
697	870	244	237	330	317	528	589
69	55	27	60	363	139	188	59
51	26	9	33	300	70	46	591
18	29	18	27	63	69	142	599
451	**1596**	**685**	**939**	**1864**	**2619**	**5881**	**G**
178	366	126	167	372	608	1042	60
86	149	59	86	168	382	459	601
28	65	42	41	121	162	424	602
59	131	21	39	78	59	149	603
5	21	4	1	5	5	10	604
150	599	291	393	821	1134	3047	61
44	244	115	122	260	337	676	611
7	18	5	6	26	20	41	612
9	47	28	29	45	60	120	613
90	290	143	236	490	717	2210	619
123	631	268	379	671	877	1792	62
96	506	225	300	545	713	1480	621
27	125	43	79	126	164	312	629
34255	**47344**	**18643**	**21647**	**40561**	**40357**	**61993**	**H**
18833	27687	10857	12844	24902	24755	37055	63
2620	1432	475	504	1108	1098	1692	631
2935	2405	894	1020	2024	2087	2798	632
1192	2250	919	1200	2134	2281	3663	633
445	903	382	466	791	830	1276	634
572	939	342	416	799	823	1106	635
6106	9910	3823	4319	8740	8549	12644	636
2913	7326	3077	3849	7088	7173	10638	637
359	656	232	247	476	409	716	638
1691	1866	713	823	1742	1505	2522	639

2-6 续表 8

行业中类	代码	企业单位数	
			1949年及以前	1950-1977年
零售业	65	843969	959	12268
综合零售	651	101593	446	7226
食品、饮料及烟草制品专门零售	652	66239	46	1673
纺织、服装及日用品专门零售	653	81456	36	745
文化、体育用品及器材专门零售	654	49695	371	948
医药及医疗器材专门零售	655	74796	17	614
汽车、摩托车、燃料及零配件专门零售	656	119034	17	245
家用电器及电子产品专门零售	657	138031	4	118
五金、家具及室内装修材料专门零售	658	105261	8	316
无店铺及其他零售	659	107864	14	383
住宿和餐饮业	**I**	**166742**	**77**	**1543**
住宿业	66	60903	43	971
旅游饭店	661	21609	26	424
一般旅馆	662	34869	17	493
其他住宿服务	669	4425		54
餐饮业	67	105839	34	572
正餐服务	671	85470	26	451
快餐服务	672	7363		31
饮料及冷饮服务	673	4538	1	3
其他餐饮服务	679	8468	7	87
金融业	**J**	**52308**	**68**	**706**
银行业	68	11553	27	690
中央银行	681	141	9	10
商业银行	682	9596	18	643
其他银行	689	1816		37
证券业	69	2634		1
证券市场管理	691	153		
证券经纪与交易	692	1133		1
证券投资	693	911		
证券分析与咨询	694	437		
保险业	70	12834	41	6
人寿保险	701	4910	17	3
非人寿保险	702	4830	24	3
保险辅助服务	703	3094		
其他金融活动	71	25287		9
金融信托与管理	711	2938		2
金融租赁	712	605		
财务公司	713	1157		
邮政储蓄	714	947		1
典当	715	4696		2
其他未列明的金融活动	719	14944		4

单位：个

1978-1991年	1992-1995年	1996年	1997年	1998年	1999年	2000年	代码
15422	19657	7786	8803	15659	15602	24938	65
4476	2656	901	921	1709	1611	2931	651
2087	1635	578	643	1286	1354	2077	652
1449	1598	761	833	1450	1425	2346	653
1045	1449	514	617	978	1088	1613	654
1068	1135	483	465	1042	968	1717	655
1819	4592	1693	1986	3347	3060	4828	656
718	1906	927	1189	2176	2460	3947	657
1423	2567	1047	1225	2044	2043	2982	658
1337	2119	882	924	1627	1593	2497	659
6348	**6255**	**2411**	**2554**	**4101**	**3856**	**6166**	**I**
4443	3505	1249	1261	1884	1627	2392	66
1501	1433	512	559	730	664	895	661
2643	1863	672	638	1052	851	1346	662
299	209	65	64	102	112	151	669
1905	2750	1162	1293	2217	2229	3774	67
1628	2368	1002	1086	1893	1893	3156	671
100	184	67	102	132	161	269	672
22	43	20	24	51	60	127	673
155	155	73	81	141	115	222	679
2518	**1256**	**998**	**600**	**545**	**425**	**604**	**J**
2116	631	582	282	181	150	168	68
24	2	8	2	3	1	1	681
2018	571	383	206	157	121	153	682
74	58	191	74	21	28	14	689
27	178	44	48	27	32	46	69
3	10	1	2	1	1	2	691
20	133	35	26	15	21	28	692
4	19	4	5	6	3	10	693
	16	4	15	5	7	6	694
214	160	298	187	151	68	129	70
59	39	180	83	67	34	59	701
152	108	114	100	76	28	46	702
3	13	4	4	8	6	24	703
161	287	74	83	186	175	261	71
52	27	11	7	15	13	18	711
10	3	3	2	1		3	712
12	33	5	8	4	2	15	713
18	10	3	3	8	9	9	714
43	164	33	44	104	72	69	715
26	50	19	19	54	79	147	719

2-6 续表 9

行业中类	代码	企业单位数	1949年及以前	1950-1977年
房地产业	K	**317582**	**75**	**3096**
房地产业	72	317582	75	3096
房地产开发经营	721	147231	2	87
物业管理	722	80727	18	242
房地产中介服务	723	53136	3	110
其他房地产活动	729	36488	52	2657
租赁和商务服务业	L	**610205**	**148**	**1819**
租赁业	73	33340	3	130
机械设备租赁	731	32237	3	106
文化及日用品出租	732	1103		24
商务服务业	74	576865	145	1689
企业管理服务	741	116900	123	1241
法律服务	742	9459	1	7
咨询与调查	743	168698	3	33
广告业	744	116533	3	27
知识产权服务	745	4873		
职业中介服务	746	27124		8
市场管理	747	17509	4	192
旅行社	748	27541	6	42
其他商务服务	749	88228	5	139
科学研究、技术服务和地质勘查业	M	**203904**	**17**	**792**
研究与试验发展	75	28595	2	131
自然科学研究与试验发展	751	3170		19
工程和技术研究与试验发展	752	16859	1	86
农业科学研究与试验发展	753	3490	1	18
医学研究与试验发展	754	4699		6
社会人文科学研究与试验发展	755	377		2
专业技术服务业	76	104452	11	457
气象服务	761	1161		7
地震服务	762	98		
海洋服务	763	234		
测绘服务	764	3778	1	5
技术检测	765	9618	1	28
环境监测	766	1619		
工程技术与规划管理	767	46233	7	367
其他专业技术服务	769	41711	2	50
科技交流和推广服务业	77	67563	4	145
技术推广服务	771	48562	3	113
科技中介服务	772	6546		5
其他科技服务	779	12455	1	27
地质勘查业	78	3294		59
矿产地质勘查	781	1524		29
基础地质勘查	782	455		11
地质勘查技术服务	783	1315		19

单位：个

1978–1991年	1992–1995年	1996年	1997年	1998年	1999年	2000年	代码
6987	**15980**	**3628**	**4248**	**7591**	**7113**	**10224**	K
6987	15980	3628	4248	7591	7113	10224	72
2289	9317	1703	2059	3742	3367	5055	721
834	2568	1114	1244	2009	2178	2902	722
294	728	270	342	592	717	1142	723
3570	3367	541	603	1248	851	1125	729
8937	**15194**	**4361**	**5612**	**7913**	**9147**	**15016**	L
350	631	244	248	384	413	655	73
324	594	235	235	363	396	617	731
26	37	9	13	21	17	38	732
8587	14563	4117	5364	7529	8734	14361	74
4420	4797	953	1678	1499	1506	2130	741
442	764	205	183	353	334	629	742
666	2261	720	868	1443	2512	4399	743
348	2306	855	1082	1612	1689	2827	744
12	76	20	30	43	69	90	745
313	468	111	132	294	278	518	746
721	1037	397	430	683	603	833	747
622	1050	333	385	629	707	1201	748
1043	1804	523	576	973	1036	1734	749
3370	**5933**	**1631**	**1693**	**2787**	**3271**	**5268**	M
332	524	135	168	325	318	611	75
28	38	13	15	17	31	49	751
194	304	72	98	188	161	308	752
62	71	25	29	57	59	100	753
43	99	24	25	59	62	144	754
5	12	1	1	4	5	10	755
2051	3601	1057	1050	1649	1986	3068	76
20	64	3	17	11	26	50	761
1	4	2	3		3	6	762
6	17	1	4	3	2	10	763
58	111	27	28	49	69	107	764
248	387	110	87	161	185	266	765
15	46	12	8	15	20	26	766
1417	2258	654	601	932	1118	1732	767
286	714	248	302	478	563	871	769
824	1667	419	447	766	913	1519	77
614	1251	317	328	565	701	1132	771
112	195	49	58	99	92	187	772
98	221	53	61	102	120	200	779
163	141	20	28	47	54	70	78
56	46	6	14	23	22	30	781
52	40	8	7	7	14	8	782
55	55	6	7	17	18	32	783

2-6 续表 10

行业中类	代码	企业单位数	1949年及以前	1950-1977年
水利、环境和公共设施管理业	N	**32870**	**11**	**252**
水利管理业	79	2623	6	174
防洪管理	791	211	1	17
水资源管理	792	1231	4	133
其他水利管理	799	1181	1	24
环境管理业	80	7463		28
自然保护	801	531		18
环境治理	802	6932		10
公共设施管理业	81	22784	5	50
市政公共设施管理	811	3281	2	19
城市绿化管理	812	12675	1	15
游览景区管理	813	6828	2	16
居民服务和其他服务业	O	**158297**	**31**	**574**
居民服务业	82	65177	21	313
家庭服务	821	6443		2
托儿所	822	380		1
洗染服务	823	2521	3	6
理发及美容保健服务	824	17093	5	94
洗浴服务	825	9859	7	41
婚姻服务	826	3777		1
殡葬服务	827	1994	1	23
摄影扩印服务	828	7421	5	74
其他居民服务	829	15689		71
其他服务业	83	93120	10	261
修理与维护	831	40398	1	148
清洁服务	832	16705		5
其他未列明的服务	839	36017	9	108
教育	P	**28678**	**6**	**147**
教育	84	28678	6	147
学前教育	841	4696	1	81
初等教育	842	684	5	15
中等教育	843	1233		18
高等教育	844	273		2
其他教育	849	21792		31
卫生、社会保障和社会福利业	Q	**17252**	**32**	**788**
卫生	85	15929	32	776
医院	851	5371	29	254
卫生院及社区医疗活动	852	1891		210

单位：个

1978-1991年	1992-1995年	1996年	1997年	1998年	1999年	2000年	代码
645	**1032**	**307**	**313**	**659**	**688**	**1080**	N
180	123	33	22	72	67	73	79
13	11	2	1	7	7	10	791
104	66	16	8	36	32	33	792
63	46	15	13	29	28	30	799
93	174	47	42	108	130	229	80
10	19	6	4	14	20	22	801
83	155	41	38	94	110	207	802
372	735	227	249	479	491	778	81
75	155	34	27	58	70	88	811
140	353	114	129	258	272	438	812
157	227	79	93	163	149	252	813
2759	**4069**	**1525**	**1760**	**2926**	**2860**	**4662**	O
1087	1603	657	822	1402	1360	2225	82
19	44	16	17	61	65	114	821
10	9	2	7	12	7	15	822
43	74	33	44	71	65	109	823
174	285	110	153	325	339	593	824
140	206	126	169	335	318	480	825
15	52	28	37	65	49	94	826
137	198	52	56	68	49	93	827
274	359	171	162	243	240	350	828
275	376	119	177	222	228	377	829
1672	2466	868	938	1524	1500	2437	83
1125	1653	617	610	995	921	1458	831
97	239	67	111	196	222	381	832
450	574	184	217	333	357	598	839
652	**807**	**288**	**290**	**571**	**516**	**1048**	P
652	807	288	290	571	516	1048	84
202	181	77	82	156	112	269	841
16	12	8	10	25	30	31	842
54	46	16	14	34	28	66	843
10	13	5	2	6	5	11	844
370	555	182	182	350	341	671	849
867	**599**	**188**	**230**	**367**	**298**	**506**	Q
796	563	171	214	331	243	443	85
224	162	48	48	82	70	119	851
131	76	23	29	31	33	61	852

2-6 续表 11

行业中类	代码	企业单位数	1949年及以前	1950-1977年
门诊部医疗活动	853	6891	3	286
计划生育技术服务活动	854	205		4
妇幼保健活动	855	106		3
专科疾病防治活动	856	319		4
疾病预防控制及防疫活动	857	167		8
其他卫生活动	859	979		7
社会保障业	86	393		2
社会保障业	860	393		2
社会福利业	87	930		10
提供住宿的社会福利	871	665		7
不提供住宿的社会福利	872	265		3
文化、体育和娱乐业	**R**	**53663**	**57**	**693**
新闻出版业	88	3343	16	84
新闻业	881	165		2
出版业	882	3178	16	82
广播、电视、电影和音像业	89	8175	29	521
广播	891	341		1
电视	892	2043		9
电影	893	4022	29	507
音像制作	894	1769		4
文化艺术业	90	15815	10	68
文艺创作与表演	901	3287	2	21
艺术表演场馆	902	458	8	29
图书馆与档案馆	903	161		1
文物及文化保护	904	253		3
博物馆	905	170		
烈士陵园、纪念馆	906	44		1
群众文化活动	907	1593		8
文化艺术经纪代理	908	3339		2
其他文化艺术	909	6510		3
体育	91	2609		3
体育组织	911	921		1
体育场馆	912	772		2
其他体育	919	916		
娱乐业	92	23721	2	17
室内娱乐活动	921	14116	1	10
游乐园	922	775		3
休闲健身娱乐活动	923	6183		2
其他娱乐活动	929	2647	1	2

单位：个

1978-1991年	1992-1995年	1996年	1997年	1998年	1999年	2000年	代码
365	268	77	123	187	112	220	853
23	12	6	4	3	6	5	854
8	2	2		1	1	2	855
10	11	6	1	6	6	14	856
9	4	1	2	2	6	6	857
26	28	8	7	19	9	16	859
15	12	2	1	7	8	33	86
15	12	2	1	7	8	33	860
56	24	15	15	29	47	30	87
37	15	12	12	16	24	25	871
19	9	3	3	13	23	5	872
1539	**1342**	**409**	**469**	**811**	**880**	**1305**	**R**
481	285	55	30	67	96	131	88
11	4	2	2		2	7	881
470	281	53	28	67	94	124	882
622	255	61	64	116	130	210	89
16	2	2	5	4	5	11	891
29	82	22	24	35	52	68	892
556	128	27	22	60	45	77	893
21	43	10	13	17	28	54	894
186	189	66	83	141	175	271	90
38	50	25	16	41	43	59	901
38	9	6	5	5	7	5	902
6	8	1	1	2	8	11	903
8	9	1	3	6	3	10	904
5	5	1	2	2	2	3	905
1	4		1	1			906
51	29	6	10	16	16	33	907
12	32	16	12	27	45	63	908
27	43	10	33	41	51	87	909
33	48	29	23	43	38	87	91
10	21	9	7	15	17	32	911
16	18	14	8	15	14	23	912
7	9	6	8	13	7	32	919
217	565	198	269	444	441	606	92
132	337	121	186	291	272	344	921
29	28	13	8	19	23	26	922
39	144	43	59	95	97	174	923
17	56	21	16	39	49	62	929

2-6 续表 12

行业中类	代码	2001年	2002年	2003年	2004年
总计		**279476**	**316671**	**397992**	**421161**
农、林、牧、渔业	A	**3816**	**3515**	**3799**	**4096**
农业	01	996	1051	1121	1161
谷物及其他作物的种植	011	204	180	179	193
蔬菜、园艺作物的种植	012	483	535	563	537
水果、坚果、饮料和香料作物的种植	013	263	282	318	363
中药材的种植	014	46	54	61	68
林业	02	598	533	544	559
林木的培育和种植	021	567	501	517	505
木材和竹材的采运	022	20	20	16	26
林产品的采集	023	11	12	11	28
畜牧业	03	1443	1317	1332	1473
牲畜的饲养	031	386	398	426	451
猪的饲养	032	597	517	490	566
家禽的饲养	033	333	307	297	343
狩猎和捕捉动物	034	1	1	4	1
其他畜牧业	039	126	94	115	112
渔业	04	329	243	300	394
海洋渔业	041	115	82	117	175
内陆渔业	042	214	161	183	219
农、林、牧、渔服务业	05	450	371	502	509
农业服务业	051	324	280	371	375
林业服务业	052	38	17	26	32
畜牧服务业	053	54	42	66	58
渔业服务业	054	34	32	39	44
采矿业	B	**4634**	**4846**	**7156**	**8606**
煤炭开采和洗选业	06	1021	961	1594	1750
烟煤和无烟煤的开采洗选	061	975	918	1537	1681
褐煤的开采洗选	062	19	19	33	37
其他煤炭采选	069	27	24	24	32
石油和天然气开采业	07	71	64	84	94
天然原油和天然气开采	071	10	15	22	15
与石油和天然气开采有关的服务活动	079	61	49	62	79
黑色金属矿采选业	08	706	771	1299	2104
铁矿采选	081	638	694	1154	1898
其他黑色金属矿采选	089	68	77	145	206
有色金属矿采选业	09	475	495	685	829
常用有色金属矿采选	091	344	341	488	586
贵金属矿采选	092	97	106	128	155
稀有稀土金属矿采选	093	34	48	69	88

单位：个

2005年	2006年	2007年	2008年	2009年	2010年	2011年	无开业年份	代码
479760	**565395**	**567608**	**499431**	**759630**	**895722**	**915658**	**49418**	
6434	**9068**	**14522**	**18619**	**50286**	**51155**	**62675**	**2904**	A
1869	2553	4400	5419	18528	22536	28818	1364	01
368	546	793	1115	5797	6331	6665	256	011
878	1070	2056	2396	7151	9544	12331	574	012
519	771	1270	1621	4874	5487	7868	446	013
104	166	281	287	706	1174	1954	88	014
775	1054	1287	1558	4041	4343	5824	269	02
731	995	1209	1477	3811	4058	5546	255	021
28	33	38	47	102	141	120	6	022
16	26	40	34	128	144	158	8	023
2541	3688	6189	7970	17868	15081	16102	634	03
705	1089	1647	2186	6462	5140	5129	218	031
1021	1424	2620	3408	6353	4356	4445	183	032
598	893	1467	1812	3731	4157	4840	161	033
3	4	9	6	17	28	26		034
214	278	446	558	1305	1400	1662	72	039
529	647	1141	1621	3470	3346	6043	377	04
192	285	327	493	1110	770	1093	152	041
337	362	814	1128	2360	2576	4950	225	042
720	1126	1505	2051	6379	5849	5888	260	05
545	885	1057	1570	5097	4806	4887	206	051
40	60	90	94	357	308	354	21	052
78	118	289	281	637	490	394	14	053
57	63	69	106	288	245	253	19	054
9508	**10431**	**9136**	**7697**	**7637**	**7073**	**6143**	**1247**	B
1899	1712	1393	1349	1426	1260	906	285	06
1817	1612	1292	1246	1264	1099	714	265	061
48	54	53	47	60	54	43	9	062
34	46	48	56	102	107	149	11	069
96	164	163	168	208	227	215	7	07
15	20	22	23	39	43	53	3	071
81	144	141	145	169	184	162	4	079
2197	2062	1899	1775	1209	1128	1035	251	08
1934	1832	1695	1591	1015	977	910	223	081
263	230	204	184	194	151	125	28	089
1064	1453	1285	936	795	682	613	239	09
761	1117	963	698	571	459	434	161	091
137	169	180	133	140	139	113	56	092
166	167	142	105	84	84	66	22	093

2-6 续表 13

行业中类	代码	2001年	2002年	2003年	2004年
非金属矿采选业	10	2323	2521	3445	3770
土砂石开采	101	1996	2194	3000	3229
化学矿采选	102	63	69	102	119
采盐	103	24	28	33	101
石棉及其他非金属矿采选	109	240	230	310	321
其他采矿业	11	38	34	49	59
其他采矿业	110	38	34	49	59
制造业	**C**	**110347**	**122925**	**147984**	**148076**
农副食品加工业	13	6395	6753	7989	8086
谷物磨制	131	1996	1932	2293	2334
饲料加工	132	716	763	914	932
植物油加工	133	649	674	832	809
制糖	134	52	40	56	42
屠宰及肉类加工	135	881	962	1142	1222
水产品加工	136	582	637	679	581
蔬菜、水果和坚果加工	137	801	909	1058	1176
其他农副食品加工	139	718	836	1015	990
食品制造业	14	2680	2661	3166	3216
焙烤食品制造	141	629	566	754	741
糖果、巧克力及蜜饯制造	142	272	307	335	330
方便食品制造	143	370	393	459	499
液体乳及乳制品制造	144	142	169	179	173
罐头制造	145	205	206	251	234
调味品、发酵制品制造	146	445	414	464	495
其他食品制造	149	617	606	724	744
饮料制造业	15	2149	2241	2572	2460
酒精制造	151	28	20	33	30
酒的制造	152	847	832	952	806
软饮料制造	153	806	894	992	1022
精制茶加工	154	468	495	595	602
烟草制品业	16	14	7	19	12
烟叶复烤	161	5	2	8	6
卷烟制造	162	4		5	4
其他烟草制品加工	169	5	5	6	2
纺织业	17	6716	9176	10453	9540
棉、化纤纺织及印染精加工	171	2707	3907	4224	3820
毛纺织和染整精加工	172	347	391	459	370
麻纺织	173	59	63	119	105
丝绢纺织及精加工	174	460	643	979	703
纺织制成品制造	175	1379	1874	2102	1972
针织品、编织品及其制品制造	176	1764	2298	2570	2570

单位：个

2005年	2006年	2007年	2008年	2009年	2010年	2011年	无开业年份	代码
4167	4935	4306	3363	3660	3396	3010	444	10
3639	4297	3705	2850	3043	2824	2458	339	101
115	159	149	145	108	100	84	29	102
52	38	26	13	33	20	14	2	103
361	441	426	355	476	452	454	74	109
85	105	90	106	339	380	364	21	11
85	105	90	106	339	380	364	21	110
158695	**185149**	**172385**	**136374**	**170147**	**200361**	**188107**	**17927**	**C**
8971	9283	8514	6809	7151	6613	6035	756	13
2397	2368	1878	1432	1467	1293	1148	90	131
1237	1211	1050	845	908	885	695	85	132
774	808	698	657	727	606	496	58	133
44	47	38	35	46	32	49	4	134
1314	1297	1362	1189	1116	1063	920	98	135
718	738	652	518	589	548	542	125	136
1292	1513	1465	1048	931	921	891	138	137
1195	1301	1371	1085	1367	1265	1294	158	139
3505	3868	3746	3098	3274	3166	3308	353	14
830	984	1036	877	825	897	1042	80	141
362	436	415	266	243	237	278	21	142
562	612	603	547	600	518	502	51	143
163	150	137	113	111	52	55	13	144
292	267	221	191	170	220	162	23	145
482	548	519	412	357	322	368	37	146
814	871	815	692	968	920	901	128	149
2787	3014	2826	2193	2359	2176	2062	298	15
62	59	24	25	39	39	23	5	151
869	905	825	639	719	695	610	97	152
1137	1253	1112	831	809	682	714	127	153
719	797	865	698	792	760	715	69	154
14	22	5	12	17	27	27	2	16
8	8	1	4	8	16	15		161
2	11	2	4	3	3	2		162
4	3	2	4	6	8	10	2	169
9941	11615	9493	6550	8602	10707	10772	900	17
4131	4650	3470	2282	3188	3943	3635	286	171
349	456	425	278	333	358	412	20	172
87	81	51	36	60	51	53	1	173
539	657	539	328	279	428	580	25	174
2206	2546	2146	1715	2203	2756	3321	255	175
2629	3225	2862	1911	2539	3171	2771	313	176

2-6 续表 14

行业中类	代码	2001年	2002年	2003年	2004年
纺织服装、鞋、帽制造业	18	4511	5220	6344	6703
纺织服装制造	181	4184	4872	5919	6291
纺织面料鞋的制造	182	226	215	266	266
制帽	183	101	133	159	146
皮革、毛皮、羽毛(绒)及其制品业	19	1829	2011	2266	2288
皮革鞣制加工	191	184	213	216	189
皮革制品制造	192	1384	1536	1717	1784
毛皮鞣制及制品加工	193	136	144	197	211
羽毛(绒)加工及制品制造	194	125	118	136	104
木材加工及木、竹、藤、棕、草制品业	20	3367	3818	4817	5014
锯材、木片加工	201	1231	1374	1650	1770
人造板制造	202	946	1068	1510	1559
木制品制造	203	800	868	1079	1179
竹、藤、棕、草制品制造	204	390	508	578	506
家具制造业	21	2083	2206	2793	2963
木质家具制造	211	1562	1582	2024	2163
竹、藤家具制造	212	40	42	30	47
金属家具制造	213	238	302	334	343
塑料家具制造	214	31	34	42	44
其他家具制造	219	212	246	363	366
造纸及纸制品业	22	3076	3429	4001	3843
纸浆制造	221	43	42	60	48
造纸	222	761	851	1026	890
纸制品制造	223	2272	2536	2915	2905
印刷业和记录媒介的复制	23	3430	3733	4563	4122
印刷	231	3180	3395	4177	3758
装订及其他印刷服务活动	232	241	316	365	347
记录媒介的复制	233	9	22	21	17
文教体育用品制造业	24	1175	1255	1612	1711
文化用品制造	241	360	385	462	496
体育用品制造	242	269	318	370	467
乐器制造	243	99	83	106	118
玩具制造	244	408	424	611	562
游艺器材及娱乐用品制造	245	39	45	63	68
石油加工及炼焦	25	414	410	585	612
精炼石油产品的制造	251	343	312	372	377
炼焦	252	71	98	213	235
化学原料及化学制品制造业	26	6644	6897	7916	7703
基础化学原料制造	261	1031	1080	1471	1417
肥料制造	262	526	615	698	731
农药制造	263	169	145	186	170

单位：个

2005年	2006年	2007年	2008年	2009年	2010年	2011年	无开业年份	代码
7317	9051	8848	6820	9492	12588	12028	864	18
6850	8465	8295	6378	8778	11456	11083	831	181
326	432	396	313	579	960	760	30	182
141	154	157	129	135	172	185	3	183
2622	3262	3175	2493	3245	4231	4443	467	19
262	239	162	133	165	292	312	18	191
1977	2554	2636	2052	2471	3213	3304	396	192
246	333	238	194	490	556	585	45	193
137	136	139	114	119	170	242	8	194
5975	7241	7078	4643	4689	5781	5431	373	20
2349	2781	2752	1539	1286	1696	1530	82	201
1643	2176	2053	1352	1355	1645	1602	96	202
1380	1564	1587	1227	1475	1824	1609	136	203
603	720	686	525	573	616	690	59	204
3190	3907	3767	2880	3554	4637	4266	426	21
2300	2744	2655	1978	2273	3090	2878	308	211
54	88	72	47	64	79	107	10	212
347	485	425	345	368	463	406	46	213
39	69	63	50	77	90	100	3	214
450	521	552	460	772	915	775	59	219
4033	4678	4395	3335	4414	4771	4076	341	22
58	74	65	62	115	126	70	14	221
902	1007	961	734	824	901	679	68	222
3073	3597	3369	2539	3475	3744	3327	259	223
3821	4208	3510	2489	3089	3335	2873	165	23
3497	3782	3188	2251	2742	2941	2527	147	231
312	400	310	220	310	351	318	17	232
12	26	12	18	37	43	28	1	233
1644	1981	1817	1461	1730	1876	2076	171	24
459	475	444	351	480	474	538	36	241
433	531	491	406	520	601	580	51	242
118	113	115	88	90	103	161	23	243
572	787	694	544	538	606	707	57	244
62	75	73	72	102	92	90	4	245
518	531	526	463	623	532	396	111	25
360	417	424	330	423	391	299	85	251
158	114	102	133	200	141	97	26	252
8371	9250	7639	6095	7189	7208	5934	906	26
1514	1628	1349	1120	1245	1170	887	160	261
898	874	769	779	1190	1048	890	124	262
200	197	173	144	164	192	158	21	263

2-6　续表 15

行业中类	代码	2001年	2002年	2003年	2004年
涂料、油墨、颜料及类似产品制造	264	1336	1451	1633	1530
合成材料制造	265	424	497	549	552
专用化学产品制造	266	2503	2468	2665	2598
日用化学产品制造	267	655	641	714	705
医药制造业	27	1073	1114	1327	1371
化学药品原药制造	271	147	166	207	195
化学药品制剂制造	272	180	171	178	163
中药饮片加工	273	113	132	188	205
中成药制造	274	220	208	241	251
兽用药品制造	275	102	100	89	133
生物、生化制品的制造	276	142	180	207	211
卫生材料及医药用品制造	277	169	157	217	213
化学纤维制造业	28	264	373	480	432
纤维素纤维原料及纤维制造	281	48	64	77	71
合成纤维制造	282	216	309	403	361
橡胶制品业	29	1380	1430	1730	1649
轮胎制造	291	111	120	156	131
橡胶板、管、带的制造	292	274	303	345	309
橡胶零件制造	293	460	438	512	482
再生橡胶制造	294	69	72	90	86
日用及医用橡胶制品制造	295	59	59	105	67
橡胶靴鞋制造	296	104	124	128	140
其他橡胶制品制造	299	303	314	394	434
塑料制品业	30	6296	7534	8184	8236
塑料薄膜制造	301	609	730	777	723
塑料板、管、型材的制造	302	925	1128	1229	1191
塑料丝、绳及编织品的制造	303	702	777	824	836
泡沫塑料制造	304	347	365	442	387
塑料人造革、合成革制造	305	80	98	74	105
塑料包装箱及容器制造	306	658	829	953	928
塑料零件制造	307	824	1043	1114	1138
日用塑料制造	308	843	1012	990	1008
其他塑料制品制造	309	1308	1552	1781	1920
非金属矿物制品业	31	11346	11683	14817	14514
水泥、石灰和石膏的制造	311	782	819	1087	1034
水泥及石膏制品制造	312	2635	2751	3423	3221
砖瓦、石材及其他建筑材料制造	313	4805	4929	6318	6166
玻璃及玻璃制品制造	314	926	1065	1274	1283
陶瓷制品制造	315	591	635	759	711
耐火材料制品制造	316	826	714	996	1059
石墨及其他非金属矿物制品制造	319	781	770	960	1040

单位：个

2005年	2006年	2007年	2008年	2009年	2010年	2011年	无开业年份	代码
1474	1558	1376	1037	1071	1087	916	163	264
561	605	569	420	620	704	629	76	265
3020	3565	2688	2018	2046	2198	1837	270	266
704	823	715	577	853	809	617	92	267
1367	1321	1126	971	1358	1443	1292	195	27
177	181	173	141	178	192	143	28	271
167	142	100	93	126	144	106	23	272
211	189	172	141	184	187	247	21	273
203	175	162	122	172	196	167	28	274
139	142	93	72	113	86	59	10	275
245	256	231	252	313	383	342	63	276
225	236	195	150	272	255	228	22	277
408	575	461	288	372	517	469	46	28
80	101	79	74	82	117	94	15	281
328	474	382	214	290	400	375	31	282
1800	1940	1797	1477	1755	1880	1744	162	29
173	211	180	175	184	160	147	22	291
371	345	366	279	316	353	294	29	292
489	472	426	318	347	369	323	39	293
83	92	113	91	60	65	58	10	294
74	102	72	57	57	66	56	2	295
125	186	161	127	115	174	182	7	296
485	532	479	430	676	693	684	53	299
8864	10486	9652	7279	8985	9663	8381	900	30
846	940	780	587	851	801	693	64	301
1209	1434	1336	1093	1297	1380	1099	149	302
861	1008	900	628	644	612	492	62	303
438	529	496	351	351	337	271	25	304
104	107	86	78	80	137	80	14	305
994	1184	1117	806	980	1068	887	91	306
1175	1478	1400	977	1026	1010	948	117	307
1097	1266	1155	835	1025	1030	1045	155	308
2140	2540	2382	1924	2731	3288	2866	223	309
15867	19620	18025	14412	14609	16051	15905	1619	31
949	1029	931	868	1205	1096	951	101	311
3670	4456	4283	3295	3089	3571	3705	289	312
7026	9633	8617	6879	6039	6082	6175	699	313
1403	1571	1603	1361	1429	1760	1588	142	314
774	777	786	524	848	1251	1192	66	315
1014	1011	788	617	666	676	542	114	316
1031	1143	1017	868	1333	1615	1752	208	319

2-6 续表 16

行业中类	代码	2001年	2002年	2003年	2004年
黑色金属冶炼及压延加工业	32	1019	1213	1949	1995
炼铁	321	115	159	249	244
炼钢	322	43	60	81	71
钢压延加工	323	696	824	1230	1194
铁合金冶炼	324	165	170	389	486
有色金属冶炼及压延加工业	33	1273	1349	1618	1805
常用有色金属冶炼	331	296	288	420	496
贵金属冶炼	332	37	43	56	46
稀有稀土金属冶炼	333	66	71	93	126
有色金属合金制造	334	142	165	189	195
有色金属压延加工	335	732	782	860	942
金属制品业	34	8089	9081	10919	10996
结构性金属制品制造	341	2749	3155	3869	3823
金属工具制造	342	1143	1231	1467	1425
集装箱及金属包装容器制造	343	338	405	396	432
金属丝绳及其制品的制造	344	454	480	547	633
建筑、安全用金属制品制造	345	971	1139	1284	1305
金属表面处理及热处理加工	346	678	739	963	858
搪瓷制品制造	347	69	54	63	85
不锈钢及类似日用金属制品制造	348	800	834	1031	1080
其他金属制品制造	349	887	1044	1299	1355
通用设备制造业	35	11085	12542	15360	15558
锅炉及原动机制造	351	468	453	541	562
金属加工机械制造	352	1394	1423	1907	1956
起重运输设备制造	353	336	450	519	491
泵、阀门、压缩机及类似机械的制造	354	1537	1813	2050	2075
轴承、齿轮、传动和驱动部件的制造	355	824	964	1144	1093
烘炉、熔炉及电炉制造	356	100	108	164	145
风机、衡器、包装设备等通用设备制造	357	1366	1562	1905	1902
通用零部件制造及机械修理	358	3064	3571	4432	4663
金属铸、锻加工	359	1996	2198	2698	2671
专用设备制造业	36	5708	6410	7906	8173
矿山、冶金、建筑专用设备制造	361	936	1080	1417	1397
化工、木材、非金属加工专用设备制造	362	1476	1730	2150	2405
食品、饮料、烟草及饲料生产专用设备制造	363	234	236	284	260
印刷、制药、日化生产专用设备制造	364	362	414	493	485
纺织、服装和皮革工业专用设备制造	365	651	798	858	778
电子和电工机械专用设备制造	366	374	392	527	582
农、林、牧、渔专用机械制造	367	492	485	576	530
医疗仪器设备及器械制造	368	329	392	440	504
环保、社会公共安全及其他专用设备制造	369	854	883	1161	1232

单位：个

2005年	2006年	2007年	2008年	2009年	2010年	2011年	无开业年份	代码
1780	1743	1703	1475	1519	1455	1229	167	32
259	203	212	167	216	150	160	28	321
52	56	69	52	94	108	163	7	322
1183	1259	1170	1005	993	994	757	102	323
286	225	252	251	216	203	149	30	324
1931	2388	2408	1766	1842	1890	2144	211	33
553	698	679	469	485	500	580	70	331
56	62	66	46	41	59	113	9	332
155	179	143	132	90	77	91	13	333
234	233	266	181	221	239	296	18	334
933	1216	1254	938	1005	1015	1064	101	335
12018	14144	13372	11071	15300	18459	17195	1537	34
4274	5249	5032	4351	5093	6075	5423	557	341
1569	1707	1563	1241	1866	2426	2518	176	342
495	501	489	360	416	491	396	53	343
689	685	626	441	619	597	477	50	344
1393	1732	1598	1224	1812	2082	2113	185	345
846	934	866	618	555	631	577	98	346
85	97	100	98	109	165	205	13	347
1132	1405	1274	1065	1688	1828	1791	127	348
1535	1834	1824	1673	3142	4164	3695	278	349
16536	18544	17684	14073	17124	21312	21380	2088	35
572	560	533	406	752	871	761	61	351
2175	2515	2446	2053	2977	4538	4222	284	352
503	614	549	384	531	604	532	95	353
2093	2218	2184	1754	2015	2353	2435	247	354
1142	1246	1173	934	858	1112	1223	116	355
148	198	191	143	135	183	185	4	356
1987	2267	2187	1924	3113	3940	4148	297	357
5121	6154	6034	4796	5271	6423	6741	813	358
2795	2772	2387	1679	1472	1288	1133	171	359
8787	10302	9602	7997	11798	14873	13823	1147	36
1548	1808	1657	1341	1903	2397	2072	211	361
2694	3324	3265	2679	2969	4061	3787	272	362
273	280	282	247	357	343	290	28	363
511	552	541	430	811	909	828	65	364
760	794	644	429	555	686	714	48	365
582	762	730	629	1153	1561	1469	105	366
608	640	596	519	765	1045	881	63	367
519	582	475	424	576	605	533	74	368
1292	1560	1412	1299	2709	3266	3249	281	369

2-6 续表 17

行业中类	代码	2001年	2002年	2003年	2004年
交通运输设备制造业	37	4437	5154	6411	6346
铁路运输设备制造	371	154	165	180	178
汽车制造	372	3117	3657	4587	4514
摩托车制造	373	387	466	589	526
自行车制造	374	313	378	466	419
船舶及浮动装置制造	375	344	378	444	565
航空航天器制造	376	25	14	22	26
交通器材及其他交通运输设备制造	379	97	96	123	118
电气机械及器材制造业	39	5922	6547	7790	7772
电机制造	391	659	753	869	885
输配电及控制设备制造	392	1994	2237	2671	2648
电线、电缆、光缆及电工器材制造	393	1133	1161	1335	1306
电池制造	394	217	232	334	308
家用电力器具制造	395	676	776	958	960
非电力家用器具制造	396	185	196	225	234
照明器具制造	397	779	911	1052	1034
其他电气机械及器材制造	399	279	281	346	397
通信设备、计算机及其他电子设备制造业	40	2927	3288	3809	4271
通信设备制造	401	340	363	374	416
雷达及配套设备制造	402	10	10	9	12
广播电视设备制造	403	122	112	135	136
电子计算机制造	404	276	294	349	359
电子器件制造	405	445	455	574	601
电子元件制造	406	1277	1463	1706	1908
家用视听设备制造	407	177	236	235	357
其他电子设备制造	409	280	355	427	482
仪器仪表及文化、办公用机械制造业	41	1686	1688	2050	2018
通用仪器仪表制造	411	836	840	1024	988
专用仪器仪表制造	412	297	290	376	356
钟表与计时仪器制造	413	94	97	124	136
光学仪器及眼镜制造	414	259	244	293	304
文化、办公用机械制造	415	120	114	126	134
其他仪器仪表的制造及修理	419	80	103	107	100
工艺品及其他制造业	42	2985	3254	3895	3953
工艺美术品制造	421	1773	2063	2412	2407
日用杂品制造	422	509	529	611	693
煤制品制造	423	319	273	307	305
其他未列明的制造业	429	384	389	565	548
废弃资源和废旧材料回收加工业	43	374	448	643	714
金属废料和碎屑的加工处理	431	174	230	302	378
非金属废料和碎屑的加工处理	432	200	218	341	336

单位：个

2005年	2006年	2007年	2008年	2009年	2010年	2011年	无开业年份	代码
6742	8085	7820	6306	7705	9716	8683	945	37
202	221	235	158	298	303	194	26	371
4693	5498	5210	4056	4737	6327	5852	576	372
559	582	521	426	406	540	461	85	373
441	627	614	390	463	536	455	52	374
675	929	1030	1113	1457	1636	1369	181	375
29	36	48	33	43	35	45	2	376
143	192	162	130	301	339	307	23	379
8100	10000	9913	8560	11896	13915	13594	1272	39
868	1018	974	853	1236	1441	1448	186	391
2738	3299	3108	2777	3486	4187	4499	281	392
1390	1723	1571	1212	1473	1560	1334	126	393
351	434	451	400	519	571	509	82	394
1012	1259	1281	1132	1623	1716	1593	206	395
311	434	391	457	760	723	686	132	396
1053	1308	1633	1306	1801	2364	2103	173	397
377	525	504	423	998	1353	1422	86	399
4431	5407	5411	5042	6663	8887	7793	628	40
431	475	472	465	786	922	770	58	401
12	12	7	8	10	7	13		402
128	143	143	106	125	131	142	9	403
398	432	452	412	544	687	733	50	404
666	740	792	797	987	1410	1238	68	405
1899	2469	2462	2245	2592	3503	2909	322	406
327	397	372	304	328	411	280	27	407
570	739	711	705	1291	1816	1708	94	409
1981	2288	2178	1766	2072	2464	2641	229	41
1005	1091	1020	812	911	1097	995	107	411
330	404	389	312	394	420	396	41	412
129	123	161	146	137	136	196	19	413
268	341	333	273	282	404	467	37	414
126	180	169	135	142	160	147	14	415
123	149	106	88	206	247	440	11	419
4534	5375	4804	3683	6593	8923	7002	508	42
2683	3363	2997	2217	3166	3843	3442	305	421
736	873	810	626	814	750	724	54	422
397	363	351	218	180	182	144	23	423
718	776	646	622	2433	4148	2692	126	429
840	1020	1090	867	1128	1265	1105	140	43
387	460	525	455	608	683	604	63	431
453	560	565	412	520	582	501	77	432

2-6 续表 18

行业中类	代码	2001年	2002年	2003年	2004年
电力、燃气及水的生产和供应业	D	**2706**	**3233**	**4469**	**4570**
电力、热力的生产和供应业	44	1820	2248	3262	3414
电力生产	441	1502	1917	2786	3034
电力供应	442	156	118	156	119
热力生产和供应	443	162	213	320	261
燃气生产和供应业	45	209	232	306	273
燃气生产和供应业	450	209	232	306	273
水的生产和供应业	46	677	753	901	883
自来水的生产和供应	461	569	586	706	687
污水处理及其再生利用	462	71	131	161	168
其他水的处理、利用与分配	469	37	36	34	28
建筑业	E	**13328**	**14453**	**16552**	**18424**
房屋和土木工程建筑业	47	5861	5810	5875	6138
房屋工程建筑	471	3901	3701	3258	3444
土木工程建筑	472	1960	2109	2617	2694
建筑安装业	48	2722	2905	3424	3824
建筑安装业	480	2722	2905	3424	3824
建筑装饰业	49	3492	4016	5239	6017
建筑装饰业	490	3492	4016	5239	6017
其他建筑业	50	1253	1722	2014	2445
工程准备	501	395	616	801	922
提供施工设备服务	502	139	189	208	296
其他未列明的建筑活动	509	719	917	1005	1227
交通运输、仓储和邮政业	F	**7255**	**8352**	**10616**	**13115**
铁路运输业	51	27	24	31	36
铁路旅客运输	511	1	1	1	1
铁路货物运输	512	15	17	21	22
铁路运输辅助活动	513	11	6	9	13
道路运输业	52	3532	4029	4922	6011
公路旅客运输	521	593	594	574	517
道路货物运输	522	2559	3029	3826	4955
道路运输辅助活动	523	380	406	522	539
城市公共交通业	53	521	526	500	548
公共电汽车客运	531	127	137	137	148
轨道交通	532	8	5		1
出租车客运	533	358	356	342	368
城市轮渡	534	2	2	4	6
其他城市公共交通	539	26	26	17	25
水上运输业	54	342	445	526	631
水上旅客运输	541	46	67	70	54
水上货物运输	542	217	292	344	441
水上运输辅助活动	543	79	86	112	136

单位：个

2005年	2006年	2007年	2008年	2009年	2010年	2011年	无开业年份	代码
4394	**4305**	**3640**	**2996**	**3991**	**3917**	**3532**	**813**	D
3247	2977	2378	1829	2443	2457	2192	556	44
2793	2587	1959	1489	1774	1752	1506	484	441
150	107	114	90	263	286	288	14	442
304	283	305	250	406	419	398	58	443
266	312	280	266	551	563	508	81	45
266	312	280	266	551	563	508	81	450
881	1016	982	901	997	897	832	176	46
683	759	709	548	585	502	503	58	461
162	209	236	313	327	298	237	110	462
36	48	37	40	85	97	92	8	469
21239	**23894**	**23283**	**21085**	**35696**	**43166**	**44892**	**2511**	E
7192	7857	7165	6065	10422	12105	11785	820	47
4151	4642	4144	3317	5536	6403	6106	416	471
3041	3215	3021	2748	4886	5702	5679	404	472
4346	4811	4598	4042	7041	7774	8211	443	48
4346	4811	4598	4042	7041	7774	8211	443	480
6956	7958	8491	8172	11979	15314	16307	741	49
6956	7958	8491	8172	11979	15314	16307	741	490
2745	3268	3029	2806	6254	7973	8589	507	50
937	1097	971	966	1362	1587	1875	196	501
337	433	423	385	821	970	852	48	502
1471	1738	1635	1455	4071	5416	5862	263	509
15826	**17349**	**16948**	**14713**	**20881**	**24638**	**23802**	**1351**	F
44	28	44	50	204	340	426	15	51
7	6	2	2	24	33	25		511
16	9	29	25	101	141	172	9	512
21	13	13	23	79	166	229	6	513
6555	8040	8002	6842	10827	12623	12800	699	52
559	635	559	417	737	668	533	44	521
5432	6834	6847	5923	9282	11161	11377	577	522
564	571	596	502	808	794	890	78	523
529	517	464	348	451	418	432	25	53
148	161	152	115	179	140	125	5	531
6	3	3	5	11	9	21		532
351	322	279	196	208	206	215	15	533
5	3	3	3	5	3	11		534
19	28	27	29	48	60	60	5	539
667	672	745	546	793	799	710	60	54
46	49	56	38	70	91	65	7	541
479	455	505	361	465	448	382	26	542
142	168	184	147	258	260	263	27	543

2-6 续表 19

行业中类	代码	2001年	2002年	2003年	2004年
航空运输业	55	44	37	70	77
航空客货运输	551	15	13	22	26
通用航空服务	552	10	6	17	17
航空运输辅助活动	553	19	18	31	34
管道运输业	56	5	2	9	7
管道运输业	560	5	2	9	7
装卸搬运和其他运输服务业	57	1758	2114	2983	4125
装卸搬运	571	325	328	455	484
运输代理服务	572	1433	1786	2528	3641
仓储业	58	847	960	1288	1264
谷物、棉花等农产品仓储	581	224	181	224	251
其他仓储	589	623	779	1064	1013
邮政业	59	179	215	287	416
国家邮政	591	13	12	18	14
其他寄递服务	599	166	203	269	402
信息传输、计算机服务和软件业	**G**	**7491**	**9361**	**13401**	**14357**
电信和其他信息传输服务业	60	1257	1289	1935	2101
电信	601	563	516	676	746
互联网信息服务	602	506	631	1059	1160
广播电视传输服务	603	176	133	179	174
卫星传输服务	604	12	9	21	21
计算机服务业	61	4092	5532	8112	8158
计算机系统服务	611	796	850	1149	1407
数据处理	612	36	52	52	86
计算机维修	613	139	171	242	282
其他计算机服务	619	3121	4459	6669	6383
软件业	62	2142	2540	3354	4098
公共软件服务	621	1747	2056	2698	3298
其他软件服务	629	395	484	656	800
批发和零售业	**H**	**76102**	**87995**	**112222**	**117457**
批发业	63	46844	54848	70787	73662
农畜产品批发	631	2164	2253	2739	2816
食品、饮料及烟草制品批发	632	3321	3581	4447	4350
纺织、服装及日用品批发	633	4648	5446	6968	7360
文化、体育用品及器材批发	634	1521	1871	2456	2621
医药及医疗器材批发	635	1384	1769	2376	2491
矿产品、建材及化工产品批发	636	15840	18445	24006	24400
机械设备、五金交电及电子产品批发	637	13889	16616	21134	21967
贸易经纪与代理	638	829	1305	1537	1878
其他批发	639	3248	3562	5124	5779

单位：个

2005年	2006年	2007年	2008年	2009年	2010年	2011年	无开业年份	代码
65	83	73	61	134	174	151	8	55
25	30	25	24	43	56	62	1	551
12	15	24	12	49	63	37	3	552
28	38	24	25	42	55	52	4	553
7	6	1	7	24	33	29	3	56
7	6	1	7	24	33	29	3	560
5979	5955	5524	4987	5627	5974	6086	295	57
492	634	726	734	944	1033	1059	56	571
5487	5321	4798	4253	4683	4941	5027	239	572
1493	1538	1480	1163	1603	1769	1853	198	58
301	284	300	255	343	351	343	32	581
1192	1254	1180	908	1260	1418	1510	166	589
487	510	615	709	1218	2508	1315	48	59
22	9	14	35	150	727	250	1	591
465	501	601	674	1068	1781	1065	47	599
17208	**22630**	**22157**	**17227**	**19530**	**20389**	**20727**	**643**	**G**
2221	2785	2759	2407	4061	4306	3599	116	60
621	670	594	664	1181	963	939	36	601
1396	1940	1982	1568	2741	3169	2484	76	602
185	156	168	159	124	163	153	4	603
19	19	15	16	15	11	23		604
10163	13999	13291	9168	8402	8365	8171	206	61
1768	2082	1944	1931	2937	3226	3759	82	611
85	115	118	83	141	140	192	6	612
331	466	415	336	341	321	283	8	613
7979	11336	10814	6818	4983	4678	3937	110	619
4824	5846	6107	5652	7067	7718	8957	321	62
3833	4695	4950	4595	5232	5499	6321	245	621
991	1151	1157	1057	1835	2219	2636	76	629
135283	**165130**	**169620**	**154158**	**274073**	**336792**	**346937**	**10856**	**H**
84044	102598	106558	96762	177140	220121	222912	7474	63
3616	3660	3686	3293	7857	8565	6288	221	631
5274	6961	8069	7767	12523	15237	16899	545	632
9245	11494	12006	10952	19728	24091	27475	667	633
2842	3259	3185	3045	4779	5692	6419	131	634
2908	3217	2862	2459	4158	4585	4417	100	635
26894	33256	34377	30256	55678	70618	66037	3191	636
24362	30216	31237	28482	46330	55528	58348	1442	637
2204	2800	3122	3450	7660	9575	11042	393	638
6699	7735	8014	7058	18427	26230	25987	784	639

2-6 续表 20

行业中类	代码	2001年	2002年	2003年	2004年
零售业	65	29258	33147	41435	43795
综合零售	651	3183	3279	3980	3997
食品、饮料及烟草制品专门零售	652	2233	2273	2911	2952
纺织、服装及日用品专门零售	653	2711	3084	3847	4216
文化、体育用品及器材专门零售	654	1839	2253	2962	3099
医药及医疗器材专门零售	655	2318	3357	4405	4951
汽车、摩托车、燃料及零配件专门零售	656	5334	6189	6870	6713
家用电器及电子产品专门零售	657	4922	5559	7268	7983
五金、家具及室内装修材料专门零售	658	3865	4102	5299	5580
无店铺及其他零售	659	2853	3051	3893	4304
住宿和餐饮业	**I**	**6539**	**7141**	**9124**	**10194**
住宿业	66	2351	2553	3218	3577
旅游饭店	661	828	970	1235	1300
一般旅馆	662	1375	1424	1818	2101
其他住宿服务	669	148	159	165	176
餐饮业	67	4188	4588	5906	6617
正餐服务	671	3500	3793	4930	5451
快餐服务	672	286	328	349	432
饮料及冷饮服务	673	146	205	299	327
其他餐饮服务	679	256	262	328	407
金融业	**J**	**778**	**1324**	**1910**	**1758**
银行业	68	137	100	104	126
中央银行	681		1	3	3
商业银行	682	125	86	90	116
其他银行	689	12	13	11	7
证券业	69	91	75	61	52
证券市场管理	691	7	1	3	
证券经纪与交易	692	55	60	43	30
证券投资	693	20	8	12	15
证券分析与咨询	694	9	6	3	7
保险业	70	210	614	947	902
人寿保险	701	97	313	399	218
非人寿保险	702	63	221	261	320
保险辅助服务	703	50	80	287	364
其他金融活动	71	340	535	798	678
金融信托与管理	711	32	44	60	61
金融租赁	712	4	2	4	6
财务公司	713	15	16	24	29
邮政储蓄	714	7	5	8	1
典当	715	71	271	270	117
其他未列明的金融活动	719	211	197	432	464

单位：个

2005年	2006年	2007年	2008年	2009年	2010年	2011年	无开业年份	代码
51239	62532	63062	57396	96933	116671	124025	3382	65
4712	5577	5421	4589	13578	15403	14682	315	651
3736	4770	5447	5195	6575	8175	10358	235	652
5293	6356	6886	6425	8081	9705	13842	367	653
3333	4008	4043	3622	4428	5251	6070	164	654
6160	6378	5593	4855	8944	10376	9765	185	655
7057	8362	7908	6885	11926	15060	14639	504	656
9363	12282	12761	11804	16550	17688	17965	441	657
6602	8598	8588	8116	11128	13547	15663	518	658
4983	6201	6415	5905	15723	21466	21041	653	659
12699	**15025**	**15928**	**15034**	**12968**	**14220**	**14007**	**552**	**I**
4329	5081	5345	5116	3767	4144	3810	237	66
1408	1520	1603	1487	1437	1535	1405	137	661
2668	3264	3420	3258	1919	2082	1893	72	662
253	297	322	371	411	527	512	28	669
8370	9944	10583	9918	9201	10076	10197	315	67
6839	8143	8591	7902	7216	7642	7727	233	671
573	663	758	771	705	725	708	19	672
421	504	572	536	382	373	409	13	673
537	634	662	709	898	1336	1353	50	679
2547	**3098**	**3918**	**4478**	**7423**	**7984**	**9062**	**308**	**J**
433	502	601	614	1145	1382	1548	34	68
5	3	1	5	25	13	21	1	681
393	463	558	544	822	1010	1104	15	682
35	36	42	65	298	359	423	18	689
45	69	101	141	375	476	722	23	69
3	7	6	5	27	34	38	2	691
25	32	36	60	150	172	185	6	692
11	23	42	49	117	179	372	12	693
6	7	17	27	81	91	127	3	694
1056	1136	1361	1482	1304	1114	1428	26	70
199	231	401	635	611	538	715	12	701
509	560	569	548	387	320	416	5	702
348	345	391	299	306	256	297	9	703
1013	1391	1855	2241	4599	5012	5364	225	71
66	110	101	181	660	670	778	30	711
15	17	31	24	111	153	214	2	712
32	55	46	61	232	250	314	4	713
5	5	86	275	96	180	212	6	714
373	401	603	332	512	579	603	33	715
522	803	988	1368	2988	3180	3243	150	719

2-6 续表 21

行业中类	代码	2001年	2002年	2003年	2004年
房地产业	K	**12745**	**14484**	**17685**	**18165**
房地产业	72	12745	14484	17685	18165
房地产开发经营	721	6194	6626	7787	7385
物业管理	722	3470	4112	5121	5406
房地产中介服务	723	1714	1983	2781	3295
其他房地产活动	729	1367	1763	1996	2079
租赁和商务服务业	L	**17155**	**19969**	**27358**	**32759**
租赁业	73	941	1039	1271	1521
机械设备租赁	731	905	978	1186	1455
文化及日用品出租	732	36	61	85	66
商务服务业	74	16214	18930	26087	31238
企业管理服务	741	2408	3030	3945	3943
法律服务	742	813	590	550	562
咨询与调查	743	4109	5290	7501	9876
广告业	744	3493	3934	5364	6892
知识产权服务	745	185	216	501	461
职业中介服务	746	679	842	1251	1675
市场管理	747	906	1070	1396	1209
旅行社	748	1440	1310	1780	1935
其他商务服务	749	2181	2648	3799	4685
科学研究、技术服务和地质勘查业	M	**6759**	**7702**	**10072**	**11663**
研究与试验发展	75	800	839	1066	1236
自然科学研究与试验发展	751	89	71	99	112
工程和技术研究与试验发展	752	364	456	580	681
农业科学研究与试验发展	753	123	115	134	127
医学研究与试验发展	754	206	186	237	290
社会人文科学研究与试验发展	755	18	11	16	26
专业技术服务业	76	3884	4603	5972	6822
气象服务	761	47	51	92	66
地震服务	762	6	2	5	6
海洋服务	763	8	8	10	14
测绘服务	764	148	191	303	336
技术检测	765	340	426	577	674
环境监测	766	46	52	87	109
工程技术与规划管理	767	2174	2541	2992	3397
其他专业技术服务	769	1115	1332	1906	2220
科技交流和推广服务业	77	1970	2165	2894	3410
技术推广服务	771	1445	1575	2079	2452
科技中介服务	772	239	248	363	378
其他科技服务	779	286	342	452	580
地质勘查业	78	105	95	140	195
矿产地质勘查	781	43	36	56	89
基础地质勘查	782	14	19	27	28
地质勘查技术服务	783	48	40	57	78

单位：个

2005年	2006年	2007年	2008年	2009年	2010年	2011年	无开业年份	代码
19849	**23609**	**26262**	**19138**	**29542**	**39607**	**34344**	**3210**	K
19849	23609	26262	19138	29542	39607	34344	3210	72
8571	10453	12215	8454	13477	20585	16288	1575	721
5826	6479	6418	5221	7440	8790	8609	726	722
3454	4367	5275	3890	6552	7917	7313	397	723
1998	2310	2354	1573	2073	2315	2134	512	729
40396	**45762**	**49053**	**49244**	**72522**	**86078**	**97891**	**3871**	L
1923	2292	2487	2471	4407	5264	6423	243	73
1823	2214	2410	2398	4280	5159	6317	239	731
100	78	77	73	127	105	106	4	732
38473	43470	46566	46773	68115	80814	91468	3628	74
5321	6326	7347	7825	13778	19873	23704	1053	741
645	636	573	493	577	579	502	21	742
12699	13731	15223	15967	21626	22820	25922	1029	743
8200	9830	10674	10127	13741	15623	17403	503	744
431	454	400	425	482	469	496	13	745
1907	2154	2461	2624	3081	3693	4409	226	746
1419	1229	1101	1008	1135	1052	985	99	747
2160	2268	2077	1706	2028	2868	2882	112	748
5691	6842	6710	6598	11667	13837	15165	572	749
14292	**15772**	**16464**	**16379**	**23717**	**26638**	**28226**	**1458**	M
1549	1896	1974	2116	4097	5085	5137	254	75
158	175	155	213	583	668	605	32	751
857	1137	1275	1317	2378	3067	3214	121	752
175	214	198	204	475	546	703	54	753
342	339	318	359	628	726	563	43	754
17	31	28	23	33	78	52	4	755
7772	8518	8211	7480	10641	11989	12983	647	76
58	55	50	24	261	203	53	3	761
9	3	12	4	8	12	12		762
14	11	7	13	36	34	34	2	763
362	337	286	212	352	414	358	24	764
786	1090	820	679	868	957	851	77	765
127	136	148	168	172	185	233	14	766
3698	3879	3642	3087	3593	3861	4088	195	767
2718	3007	3246	3293	5351	6323	7354	332	769
4740	5071	5934	6414	8672	9270	9794	525	77
3254	3743	4346	4993	6177	6425	6655	394	771
464	546	703	619	580	742	816	51	772
1022	782	885	802	1915	2103	2323	80	779
231	287	345	369	307	294	312	32	78
117	144	183	187	131	129	156	27	781
17	37	20	26	35	41	43	1	782
97	106	142	156	141	124	113	4	783

2-6 续表 22

行业中类	代码	2001年	2002年	2003年	2004年
水利、环境和公共设施管理业	N	**1282**	**1480**	**2040**	**1983**
水利管理业	79	119	93	118	114
防洪管理	791	10	6	12	9
水资源管理	792	50	46	61	57
其他水利管理	799	59	41	45	48
环境管理业	80	234	260	402	437
自然保护	801	12	19	23	31
环境治理	802	222	241	379	406
公共设施管理业	81	929	1127	1520	1432
市政公共设施管理	811	114	129	181	199
城市绿化管理	812	556	692	885	836
游览景区管理	813	259	306	454	397
居民服务和其他服务业	O	**5365**	**6192**	**8254**	**9383**
居民服务业	82	2497	2953	3843	4387
家庭服务	821	159	150	243	381
托儿所	822	15	22	24	19
洗染服务	823	114	171	151	178
理发及美容保健服务	824	686	993	1252	1349
洗浴服务	825	465	555	857	905
婚姻服务	826	81	122	146	207
殡葬服务	827	101	73	134	137
摄影扩印服务	828	409	402	418	489
其他居民服务	829	467	465	618	722
其他服务业	83	2868	3239	4411	4996
修理与维护	831	1700	1829	2509	2703
清洁服务	832	462	602	783	904
其他未列明的服务	839	706	808	1119	1389
教育	P	**1083**	**1267**	**1604**	**2100**
教育	84	1083	1267	1604	2100
学前教育	841	212	259	296	312
初等教育	842	37	36	55	29
中等教育	843	53	51	56	65
高等教育	844	6	12	14	23
其他教育	849	775	909	1183	1671
卫生、社会保障和社会福利业	Q	**597**	**696**	**1110**	**1240**
卫生	85	554	635	1038	1172
医院	851	133	225	386	439
卫生院及社区医疗活动	852	78	73	91	115

单位：个

2005年	2006年	2007年	2008年	2009年	2010年	2011年	无开业年份	代码
2134	**2341**	**2387**	**2383**	**3529**	**3736**	**4067**	**521**	N
124	148	126	127	251	249	372	32	79
8	10	10	2	18	18	35	4	791
53	81	58	63	107	104	99	20	792
63	57	58	62	126	127	238	8	799
480	541	545	673	949	956	1002	133	80
27	34	26	29	44	58	103	12	801
453	507	519	644	905	898	899	121	802
1530	1652	1716	1583	2329	2531	2693	356	81
191	222	244	213	391	428	410	31	811
881	909	915	848	1264	1426	1635	108	812
458	521	557	522	674	677	648	217	813
10991	**12705**	**12905**	**11848**	**18579**	**19658**	**20536**	**715**	O
5146	5738	5920	5317	6213	6367	7070	236	82
432	510	522	580	910	1004	1183	31	821
23	28	26	31	41	42	44	2	822
191	222	230	191	165	182	268	10	823
1755	1930	1894	1725	1070	1086	1253	22	824
928	995	1012	787	545	510	460	18	825
273	354	455	378	452	449	501	18	826
131	124	127	98	118	132	122	20	827
599	589	585	496	480	471	594	11	828
814	986	1069	1031	2432	2491	2645	104	829
5845	6967	6985	6531	12366	13291	13466	479	83
3082	3691	3356	2959	3466	3813	3636	126	831
1088	1395	1677	1582	2175	2206	2421	92	832
1675	1881	1952	1990	6725	7272	7409	261	839
2677	**2715**	**2467**	**2149**	**2389**	**2774**	**2993**	**135**	P
2677	2715	2467	2149	2389	2774	2993	135	84
338	373	310	304	273	401	451	6	841
53	43	65	33	43	65	73		842
103	92	83	76	128	148	100	2	843
15	22	18	26	29	30	24		844
2168	2185	1991	1710	1916	2130	2345	127	849
1635	**1695**	**1513**	**1258**	**1028**	**1294**	**1251**	**60**	Q
1552	1610	1419	1183	909	1174	1069	45	85
554	538	402	390	401	418	432	17	851
162	143	172	112	85	139	125	2	852

2-6 续表 23

行业中类	代码	2001年	2002年	2003年	2004年
门诊部医疗活动	853	270	270	484	507
计划生育技术服务活动	854	5	7	15	20
妇幼保健活动	855	3	1	5	3
专科疾病防治活动	856	19	23	12	18
疾病预防控制及防疫活动	857	7	8	9	11
其他卫生活动	859	39	28	36	59
社会保障业	86	14	29	24	30
社会保障业	860	14	29	24	30
社会福利业	87	29	32	48	38
提供住宿的社会福利	871	21	25	29	28
不提供住宿的社会福利	872	8	7	19	10
文化、体育和娱乐业	**R**	**1494**	**1736**	**2636**	**3215**
新闻出版业	88	134	122	164	202
新闻业	881	4	1	5	6
出版业	882	130	121	159	196
广播、电视、电影和音像业	89	226	269	373	512
广播	891	11	13	14	23
电视	892	78	81	150	185
电影	893	76	100	129	180
音像制作	894	61	75	80	124
文化艺术业	90	373	415	665	816
文艺创作与表演	901	98	82	161	167
艺术表演场馆	902	14	10	15	26
图书馆与档案馆	903	4	6	6	6
文物及文化保护	904	15	3	13	16
博物馆	905	5	6	8	10
烈士陵园、纪念馆	906	1		4	1
群众文化活动	907	37	52	79	102
文化艺术经纪代理	908	95	104	191	218
其他文化艺术	909	104	152	188	270
体育	91	83	101	149	194
体育组织	911	27	36	64	68
体育场馆	912	30	36	49	67
其他体育	919	26	29	36	59
娱乐业	92	678	829	1285	1491
室内娱乐活动	921	379	443	755	879
游乐园	922	28	33	39	53
休闲健身娱乐活动	923	198	262	388	442
其他娱乐活动	929	73	91	103	117

单位：个

2005年	2006年	2007年	2008年	2009年	2010年	2011年	无开业年份	代码
676	759	651	543	278	477	322	13	853
24	17	21	14	3	6	10		854
7	9	15	11	10	9	11	3	855
39	38	37	28	15	14	18		856
6	12	12	16	13	17	18		857
84	94	109	69	104	94	133	10	859
28	18	30	17	37	31	52	3	86
28	18	30	17	37	31	52	3	860
55	67	64	58	82	89	130	12	87
37	52	49	43	57	66	100	10	871
18	15	15	15	25	23	30	2	872
3953	**4717**	**5020**	**4651**	**5692**	**6242**	**6466**	**336**	**R**
213	197	168	181	235	248	226	8	88
10	13	7	8	25	34	20	2	881
203	184	161	173	210	214	206	6	882
575	625	609	527	650	858	878	65	89
28	13	14	13	48	66	51	1	891
172	224	199	126	182	158	135	32	892
208	232	240	244	261	416	463	22	893
167	156	156	144	159	218	229	10	894
989	1195	1441	1410	2132	2429	2653	108	90
197	244	248	274	382	517	602	20	901
25	38	38	27	44	53	53	3	902
12	10	13	11	22	16	16	1	903
14	18	20	15	28	30	33	5	904
6	20	13	13	23	23	18	5	905
2	1		5	13	5	4		906
104	144	147	134	186	214	212	13	907
289	356	375	343	383	383	369	24	908
340	364	587	588	1051	1188	1346	37	909
227	226	258	226	294	268	266	13	91
86	95	101	89	70	80	89	4	911
65	60	75	57	81	69	68	5	912
76	71	82	80	143	119	109	4	919
1949	2474	2544	2307	2381	2439	2443	142	92
1180	1490	1562	1372	1332	1461	1525	44	921
44	39	68	73	83	72	81	13	922
577	727	687	683	575	491	446	54	923
148	218	227	179	391	415	391	31	929

2-7 按地区、开业(成立)

地区	企业单位数	1949年及以前	1950-1977年	1978-1991年	1992-1995年	1996年	1997年	1998年	1999年	2000年
全国	**7331200**	**3454**	**67506**	**180025**	**234938**	**79364**	**87568**	**154734**	**146631**	**229058**
北京	360799	59	1299	8498	16708	4922	5708	8876	10665	15269
天津	166426	116	1081	3659	6348	2039	2053	2940	3051	4452
河北	252808	249	3096	6382	6931	2947	3013	5544	5207	8697
山西	140229	192	3321	4551	3527	1293	1431	2669	2415	3501
内蒙古	97871	58	892	1660	1631	757	847	1811	1744	3235
辽宁	312648	461	3507	11876	12557	3605	4098	7194	8041	10484
吉林	82914	172	1281	2807	2044	788	852	1973	1978	3577
黑龙江	130121	314	2391	4664	4002	1540	1521	3115	3050	5504
上海	397868	152	1003	7204	20458	5746	6604	9182	9553	14440
江苏	865414	208	4061	18707	22294	7256	8114	24097	13271	23041
浙江	659000	134	2518	13189	22165	8060	8631	12601	14681	21208
安徽	214306	68	2148	4452	4525	1805	2041	2725	2632	4493
福建	278412	67	3015	6618	10209	3502	3474	5235	5426	7177
江西	130247	60	2598	3181	2684	994	1008	2088	1885	3473
山东	649565	223	3155	11542	14340	5909	6247	12766	12736	22338
河南	269535	198	4600	7819	8760	4080	4246	7974	7215	11865
湖北	273217	108	3140	6981	5983	2499	2545	4711	4342	8137
湖南	193955	70	2644	5770	5232	2029	2017	4438	3690	7248
广东	788631	169	4619	22527	33427	8582	10440	13711	15932	22191
广西	149865	33	3036	3580	4090	1196	1261	2031	1909	2869
海南	32016	2	811	939	1351	311	326	496	540	736
重庆	176841	47	1261	3396	4438	1542	2119	3254	2493	4056
四川	206310	63	2928	6980	7988	2909	3115	5471	4876	7621
贵州	60595	22	1680	1554	1614	547	782	1215	1200	1739
云南	135280	36	1892	2847	3169	1277	1371	2047	1942	2567
西藏	3265	4	187	147	142	47	50	75	80	124
陕西	147432	115	2836	4182	3974	1456	1760	2995	2571	3830
甘肃	57616	36	1253	2226	2209	843	903	1552	1370	2021
青海	14977	6	300	391	312	145	145	344	311	571
宁夏	25476	1	312	531	606	295	307	561	509	759
新疆	57561	11	641	1165	1220	443	539	1043	1316	1835

时间分组的企业法人单位数

单位：个

2001年	2002年	2003年	2004年	2005年	2006年	2007年	2008年	2009年	2010年	2011年	无开业年份
279476	**316671**	**397992**	**421161**	**479760**	**565395**	**567608**	**499431**	**759630**	**895722**	**915658**	**49418**
19729	23331	29248	33443	37325	33803	34383	30069	21646	15374	9326	1118
5385	6357	8475	8979	10030	12256	12231	13149	16107	21677	24616	1425
10167	10709	12353	13225	14907	18219	16928	16306	28827	32395	34889	1817
3848	4770	5878	6384	7685	9790	10023	9228	17834	17896	21552	2441
3656	3702	4768	5725	7207	9642	9587	7486	12183	10822	10040	418
11932	13650	17384	19261	22312	25881	26398	23961	27646	30538	26738	5124
4341	3842	4692	5067	6880	8128	7466	4591	6726	7078	8409	222
6080	5606	6818	7555	8669	10360	10939	7701	15870	12971	11078	373
18250	23539	30351	35133	39579	35994	30252	26346	32031	31228	20752	71
30029	37189	45989	43413	47311	60283	60545	47734	94865	137483	135228	4296
24797	31953	37565	36447	39024	51330	53600	49970	65643	72576	84239	8669
5339	6650	8774	9768	11092	15649	17303	17910	22855	34549	37068	2460
8563	9643	13076	14242	15810	18570	19348	20144	31469	38485	41522	2817
4680	4962	6418	6396	7522	9390	8579	6763	14877	19530	22801	358
29076	29470	37142	36191	42361	50617	44788	33712	73790	92507	86167	4488
13496	13915	17165	17755	22996	25856	26148	20376	22446	19054	12946	625
9816	10384	12934	14316	16666	18969	18830	16407	34032	37501	44475	441
9881	9159	12108	12644	15517	17811	15270	11102	15549	26176	14780	820
26156	30466	38866	43919	48668	60359	63140	58013	94282	95020	94439	3705
3475	4203	5327	5686	7076	8280	9696	10013	20344	22084	32504	1172
1017	1155	1539	1763	2072	2506	2790	2430	1863	6994	2303	72
4906	4942	6934	6725	7588	9384	14485	10808	13539	27290	47161	473
9117	9804	12341	12463	14268	17566	18082	17758	17564	16899	16608	1889
1946	2231	3001	3493	4021	5119	5851	5481	6519	6152	5037	1391
2851	3247	4520	5489	5860	7534	7698	8668	17836	24328	29146	955
113	149	179	205	249	279	291	199	394	134	217	
4749	4638	5639	6105	6909	8686	9199	9158	18609	23107	25595	1319
2444	2585	3147	3237	3444	4123	4218	4360	5331	6519	5604	191
630	679	827	833	824	1011	1160	1153	1330	1980	1983	42
778	999	1394	1555	1493	1806	1967	2177	3115	2866	3340	105
2229	2742	3140	3744	4395	6194	6413	6258	4508	4509	5095	121

2-8 按开业(成立)时间、营业状态分组的企业法人单位数

单位：个

开业(成立)时间	企业单位数	营业	停业(歇业)	筹建	当年关闭	当年破产	其他
总计	**7331200**	**6374460**	**298884**	**521573**	**67691**	**5639**	**62953**
1949年及以前	3454	3071	267	17	32	14	53
1950–1977年	67506	57353	7698	46	964	410	1035
1978–1991年	180025	160334	14771	228	2647	464	1581
1992–1995年	234938	212310	16770	361	3365	304	1828
1996年	79364	72931	4748	110	1025	103	447
1997年	87568	80832	4784	167	1129	112	544
1998年	154734	136603	8450	6560	2004	209	908
1999年	146631	134915	8201	273	2042	182	1018
2000年	229058	209981	13006	603	3324	315	1829
2001年	279476	257756	14855	787	3859	326	1893
2002年	316671	292036	16783	1035	4513	336	1968
2003年	397992	366224	21587	1784	5281	422	2694
2004年	421161	387070	22639	2619	5531	405	2897
2005年	479760	438305	27482	3947	6381	431	3214
2006年	565395	516329	30897	6822	6859	473	4015
2007年	567608	512554	31395	12315	6182	410	4752
2008年	499431	420460	23404	45316	4682	339	5230
2009年	759630	642163	12048	93354	3421	149	8495
2010年	895722	742561	10790	129719	2799	125	9728
2011年	915658	730672	8309	166092	1651	110	8824
无开业年份	49418			49418			

2-9 按行业(中类)、营业状态分组的企业法人单位数

(2011年) 单位：个

行业中类	代码	企业单位数	营业	停业(歇业)	筹建	当年关闭	当年破产	其他
总计		**7331200**	**6374460**	**298884**	**521573**	**67691**	**5639**	**62953**
农、林、牧、渔业	**A**	**247456**	**206235**	**5658**	**29464**	**665**	**82**	**5352**
农业	01	94777	76378	2030	14013	245	20	2091
谷物及其他作物的种植	011	23920	19428	460	3354	65	3	610
蔬菜、园艺作物的种植	012	40159	32842	992	5476	107	13	729
水果、坚果、饮料和香料作物的种植	013	25526	20119	458	4283	61	1	604
中药材的种植	014	5172	3989	120	900	12	3	148
林业	02	24650	20275	669	3200	64	3	439
林木的培育和种植	021	22985	18842	632	3045	59	3	404
木材和竹材的采运	022	861	763	18	64	4		12
林产品的采集	023	804	670	19	91	1		23
畜牧业	03	80163	68985	1737	7230	227	44	1940
牲畜的饲养	031	25337	21524	614	2587	69	14	529
猪的饲养	032	27607	24093	491	2145	75	18	785
家禽的饲养	033	20317	17562	427	1803	59	9	457
狩猎和捕捉动物	034	106	83	5	13			5
其他畜牧业	039	6796	5723	200	682	24	3	164
渔业	04	20206	17083	528	2234	67	7	287
海洋渔业	041	5515	4390	235	769	34	2	85
内陆渔业	042	14691	12693	293	1465	33	5	202
农、林、牧、渔服务业	05	27660	23514	694	2787	62	8	595
农业服务业	051	21810	18450	524	2340	49	7	440
林业服务业	052	1577	1296	40	171	6	1	63
畜牧服务业	053	2795	2470	96	149	5		75
渔业服务业	054	1478	1298	34	127	2		17
采矿业	**B**	**105490**	**84105**	**9707**	**8864**	**2076**	**193**	**545**
煤炭开采和洗选业	06	22881	17941	2372	1558	775	50	185
烟煤和无烟煤的开采洗选	061	21477	16813	2298	1382	760	47	177
褐煤的开采洗选	062	631	510	38	73	5	1	4
其他煤炭采选	069	773	618	36	103	10	2	4
石油和天然气开采业	07	1867	1605	78	161	7	5	11
天然原油和天然气开采	071	416	343	23	45	4		1
与石油和天然气开采有关的服务活动	079	1451	1262	55	116	3	5	10
黑色金属矿采选业	08	18585	14139	2161	1859	335	25	66
铁矿采选	081	16457	12494	1973	1622	303	21	44
其他黑色金属矿采选	089	2128	1645	188	237	32	4	22
有色金属矿采选业	09	11767	8079	1643	1701	241	35	68
常用有色金属矿采选	091	8243	5546	1219	1226	179	22	51
贵金属矿采选	092	2224	1596	263	316	35	7	7
稀有稀土金属矿采选	093	1300	937	161	159	27	6	10

2-9 续表 1　　　　单位：个

行业中类	代码	企业单位数	营业	停业(歇业)	筹建	当年关闭	当年破产	其他
非金属矿采选业	10	48603	41065	3328	3238	701	74	197
土砂石开采	101	40946	35024	2675	2469	573	54	151
化学矿采选	102	1646	1243	197	151	43	7	5
采盐	103	852	789	23	20	15		5
石棉及其他非金属矿采选	109	5159	4009	433	598	70	13	36
其他采矿业	11	1787	1276	125	347	17	4	18
其他采矿业	110	1787	1276	125	347	17	4	18
制造业	**C**	**2240288**	**1968962**	**93444**	**136634**	**27593**	**2954**	**10701**
农副食品加工业	13	111076	99817	4637	4543	1411	219	449
谷物磨制	131	28868	26977	875	557	302	64	93
饲料加工	132	13280	11802	610	589	184	27	68
植物油加工	133	10369	9288	460	416	141	33	31
制糖	134	718	609	46	41	12	2	8
屠宰及肉类加工	135	17564	15867	675	685	229	29	79
水产品加工	136	9689	8463	498	535	135	6	52
蔬菜、水果和坚果加工	137	15172	13409	759	724	207	26	47
其他农副食品加工	139	15416	13402	714	996	201	32	71
食品制造业	14	48538	42606	2432	2541	609	90	260
焙烤食品制造	141	12064	10754	506	592	127	19	66
糖果、巧克力及蜜饯制造	142	5125	4695	208	145	58	4	15
方便食品制造	143	7477	6623	361	357	87	14	35
液体乳及乳制品制造	144	2010	1710	159	82	41	5	13
罐头制造	145	3394	2940	218	158	59	6	13
调味品、发酵制品制造	146	7207	6444	345	281	82	17	38
其他食品制造	149	11261	9440	635	926	155	25	80
饮料制造业	15	38429	33898	2031	1835	433	51	181
酒精制造	151	494	408	42	30	11	1	2
酒的制造	152	14217	12437	910	610	173	28	59
软饮料制造	153	13425	11773	691	699	170	16	76
精制茶加工	154	10293	9280	388	496	79	6	44
烟草制品业	16	321	287	12	10	9	1	2
烟叶复烤	161	116	104	5	3	4		
卷烟制造	162	103	98	2		3		
其他烟草制品加工	169	102	85	5	7	2	1	2
纺织业	17	129946	116405	5335	5426	2059	225	496
棉、化纤纺织及印染精加工	171	49829	45144	1847	1756	788	115	179
毛纺织和染整精加工	172	5780	5130	288	201	122	21	18
麻纺织	173	1040	925	71	18	18	2	6
丝绢纺织及精加工	174	7782	6937	438	284	97	13	13
纺织制成品制造	175	30206	26770	1268	1628	374	26	140
针织品、编织品及其制品制造	176	35309	31499	1423	1539	660	48	140

2-9 续表 2

单位：个

行业中类	代码	企业单位数	营业	停业(歇业)	筹建	当年关闭	当年破产	其他
纺织服装、鞋、帽制造业	18	106343	92704	5104	6212	1711	114	498
纺织服装制造	181	98657	85891	4813	5805	1558	108	482
纺织面料鞋的制造	182	5623	4965	205	320	116	6	11
制帽	183	2063	1848	86	87	37		5
皮革、毛皮、羽毛(绒)及其制品业	19	40161	34562	2163	2451	652	55	278
皮革鞣制加工	191	3182	2629	314	146	62	5	26
皮革制品制造	192	31105	26752	1582	2036	506	39	190
毛皮鞣制及制品加工	193	3832	3402	150	169	50	9	52
羽毛(绒)加工及制品制造	194	2042	1779	117	100	34	2	10
木材加工及木、竹、藤、棕、草制品业	20	69231	62211	2737	2973	893	186	231
锯材、木片加工	201	23750	21708	891	788	216	77	70
人造板制造	202	19642	17760	665	718	367	80	52
木制品制造	203	17852	15670	831	1050	206	16	79
竹、藤、棕、草制品制造	204	7987	7073	350	417	104	13	30
家具制造业	21	45062	39595	1754	2978	499	28	208
木质家具制造	211	31911	28146	1236	2025	357	21	126
竹、藤家具制造	212	822	713	31	61	12		5
金属家具制造	213	5107	4501	212	308	59	4	23
塑料家具制造	214	743	628	37	65	9	1	3
其他家具制造	219	6479	5607	238	519	62	2	51
造纸及纸制品业	22	58094	51738	2345	2900	799	82	230
纸浆制造	221	993	812	52	92	25	7	5
造纸	222	13380	11666	731	565	314	34	70
纸制品制造	223	43721	39260	1562	2243	460	41	155
印刷业和记录媒介的复制	23	60163	56024	1816	1482	498	66	277
印刷	231	54505	50810	1615	1344	448	64	224
装订及其他印刷服务活动	232	5310	4912	184	120	45	2	47
记录媒介的复制	233	348	302	17	18	5		6
文教体育用品制造业	24	23779	20915	954	1469	323	21	97
文化用品制造	241	6644	5882	304	346	76	7	29
体育用品制造	242	6195	5350	249	499	66	3	28
乐器制造	243	1628	1402	57	135	23	2	9
玩具制造	244	8363	7466	317	401	142	9	28
游艺器材及娱乐用品制造	245	949	815	27	88	16		3
石油加工及炼焦	25	7411	6041	547	632	131	11	49
精炼石油产品的制造	251	5506	4593	355	454	58	7	39
炼焦	252	1905	1448	192	178	73	4	10
化学原料及化学制品制造业	26	110943	95794	5959	6637	1759	193	601
基础化学原料制造	261	19238	16404	1197	1128	343	49	117
肥料制造	262	11464	9242	844	1046	226	31	75
农药制造	263	2890	2464	192	139	60	11	24

2-9 续表 3 单位：个

行业中类	代码	企业单位数	营业	停业(歇业)	筹建	当年关闭	当年破产	其他
涂料、油墨、颜料及类似产品制造	264	20434	17912	1070	1073	281	19	79
合成材料制造	265	8057	6890	344	627	132	12	52
专用化学产品制造	266	37764	33443	1695	1818	578	48	182
日用化学产品制造	267	11096	9439	617	806	139	23	72
医药制造业	27	19148	16208	930	1610	213	33	154
化学药品原药制造	271	2729	2276	160	211	47	5	30
化学药品制剂制造	272	2556	2186	122	202	22	7	17
中药饮片加工	273	2462	2105	121	184	31	4	17
中成药制造	274	3301	2915	132	198	33	5	18
兽用药品制造	275	1587	1413	66	81	14	5	8
生物、生化制品的制造	276	3468	2719	201	470	36	1	41
卫生材料及医药用品制造	277	3045	2594	128	264	30	6	23
化学纤维制造业	28	5817	5058	244	370	109	11	25
纤维素纤维原料及纤维制造	281	1131	971	46	86	19	6	3
合成纤维制造	282	4686	4087	198	284	90	5	22
橡胶制品业	29	24987	22161	992	1404	302	35	93
轮胎制造	291	2250	1921	119	147	46	7	10
橡胶板、管、带的制造	292	4743	4195	187	268	64	6	23
橡胶零件制造	293	6709	6130	248	253	59	5	14
再生橡胶制造	294	1163	1014	61	61	20	5	2
日用及医用橡胶制品制造	295	1112	1011	46	36	15	2	2
橡胶靴鞋制造	296	2262	1975	127	113	28	5	14
其他橡胶制品制造	299	6748	5915	204	526	70	5	28
塑料制品业	30	119050	106078	4477	6606	1310	130	449
塑料薄膜制造	301	10842	9818	355	517	93	13	46
塑料板、管、型材的制造	302	16703	14704	682	1038	188	19	72
塑料丝、绳及编织品的制造	303	11104	10037	503	331	167	31	35
泡沫塑料制造	304	5709	5165	224	220	73	6	21
塑料人造革、合成革制造	305	1395	1218	68	81	21	1	6
塑料包装箱及容器制造	306	13114	11773	477	686	120	11	47
塑料零件制造	307	15496	14092	472	725	147	14	46
日用塑料制造	308	15066	13349	648	804	201	13	51
其他塑料制品制造	309	29621	25922	1048	2204	300	22	125
非金属矿物制品业	31	228274	201041	10358	12504	3012	422	937
水泥、石灰和石膏的制造	311	15972	13645	916	812	467	51	81
水泥及石膏制品制造	312	50953	45584	2059	2568	468	75	199
砖瓦、石材及其他建筑材料制造	313	101895	90600	4400	5020	1346	145	384
玻璃及玻璃制品制造	314	19543	17082	907	1137	288	45	84
陶瓷制品制造	315	11690	9952	418	1089	129	63	39
耐火材料制品制造	316	12615	11023	880	510	134	25	43
石墨及其他非金属矿物制品制造	319	15606	13155	778	1368	180	18	107

2-9 续表 4

单位：个

行业中类	代码	企业单位数	营业	停业(歇业)	筹建	当年关闭	当年破产	其他
黑色金属冶炼及压延加工业	32	21717	18089	1613	1298	544	56	117
炼铁	321	2647	1960	383	162	109	17	16
炼钢	322	1052	863	84	72	23	3	7
钢压延加工	323	14542	12396	856	883	316	21	70
铁合金冶炼	324	3476	2870	290	181	96	15	24
有色金属冶炼及压延加工业	33	25903	21718	1643	1797	540	38	167
常用有色金属冶炼	331	6828	5328	729	530	163	21	57
贵金属冶炼	332	819	655	52	74	20		18
稀有稀土金属冶炼	333	1527	1238	121	114	37	3	14
有色金属合金制造	334	2938	2512	123	236	53	1	13
有色金属压延加工	335	13791	11985	618	843	267	13	65
金属制品业	34	175355	152505	7232	12782	1744	150	942
结构性金属制品制造	341	59703	51339	2870	4452	638	56	348
金属工具制造	342	23325	20497	874	1641	196	17	100
集装箱及金属包装容器制造	343	6562	5857	239	360	72	1	33
金属丝绳及其制品的制造	344	8201	7258	416	374	97	19	37
建筑、安全用金属制品制造	345	20682	18028	872	1471	177	11	123
金属表面处理及热处理加工	346	12066	10841	475	578	135	6	31
搪瓷制品制造	347	1419	1163	76	154	14	1	11
不锈钢及类似日用金属制品制造	348	17189	15021	588	1265	209	19	87
其他金属制品制造	349	26208	22501	822	2487	206	20	172
通用设备制造业	35	232040	205021	8556	14760	2367	238	1098
锅炉及原动机制造	351	9112	8031	393	528	92	14	54
金属加工机械制造	352	33297	28982	1127	2602	298	26	262
起重运输设备制造	353	7308	6428	198	584	66	8	24
泵、阀门、压缩机及类似机械的制造	354	29816	26482	1070	1815	308	35	106
轴承、齿轮、传动和驱动部件的制造	355	15074	13700	420	720	164	25	45
烘炉、熔炉及电炉制造	356	2147	1932	68	121	18	1	7
风机、衡器、包装设备等通用设备制造	357	32377	28077	1103	2706	266	24	201
通用零部件制造及机械修理	358	70022	61565	2727	4652	710	63	305
金属铸、锻加工	359	32887	29824	1450	1032	445	42	94
专用设备制造业	36	129759	112874	4615	10211	1135	124	800
矿山、冶金、建筑专用设备制造	361	21771	18901	850	1638	210	25	147
化工、木材、非金属加工专用设备制造	362	35878	31808	1067	2555	293	24	131
食品、饮料、烟草及饲料生产专用设备制造	363	4369	3860	193	246	41	5	24
印刷、制药、日化生产专用设备制造	364	8076	6972	327	664	55	11	47
纺织、服装和皮革工业专用设备制造	365	10229	9115	421	533	100	13	47
电子和电工机械专用设备制造	366	10115	8649	298	986	89	8	85
农、林、牧、渔专用机械制造	367	9499	8278	438	548	120	22	93
医疗仪器设备及器械制造	368	7136	6121	222	672	57	3	61
环保、社会公共安全及其他专用设备制造	369	22686	19170	799	2369	170	13	165

2-9 续表 5 单位：个

行业中类	代码	企业单位数	营业	停业(歇业)	筹建	当年关闭	当年破产	其他
交通运输设备制造业	37	100270	88067	3508	7091	1054	111	439
铁路运输设备制造	371	3444	3067	132	187	32	7	19
汽车制造	372	67845	60424	2182	4296	613	76	254
摩托车制造	373	7749	6928	241	477	78	6	19
自行车制造	374	6242	5231	303	553	93	13	49
船舶及浮动装置制造	375	12084	9946	534	1311	209	8	76
航空航天器制造	376	527	467	8	42	3		7
交通器材及其他交通运输设备制造	379	2379	2004	108	225	26	1	15
电气机械及器材制造业	39	130376	112984	4682	10398	1574	102	636
电机制造	391	13836	11537	464	1625	142	16	52
输配电及控制设备制造	392	42914	38176	1444	2536	510	32	216
电线、电缆、光缆及电工器材制造	393	20390	18067	795	1195	242	15	76
电池制造	394	5268	4345	218	568	101	5	31
家用电力器具制造	395	16012	13660	573	1468	219	10	82
非电力家用器具制造	396	5417	4347	232	728	79	1	30
照明器具制造	397	18529	16104	673	1443	224	17	68
其他电气机械及器材制造	399	8010	6748	283	835	57	6	81
通信设备、计算机及其他电子设备制造业	40	68989	59794	2226	5772	750	56	391
通信设备制造	401	7241	6290	245	581	67	5	53
雷达及配套设备制造	402	161	148	8	4			1
广播电视设备制造	403	1911	1704	74	102	20	4	7
电子计算机制造	404	5770	5060	194	401	69	1	45
电子器件制造	405	10138	8687	306	984	92	10	59
电子元件制造	406	29426	25560	984	2372	364	24	122
家用视听设备制造	407	4172	3692	121	280	56	3	20
其他电子设备制造	409	10170	8653	294	1048	82	9	84
仪器仪表及文化、办公用机械制造业	41	30789	27446	1140	1800	219	19	165
通用仪器仪表制造	411	14661	13214	534	738	95	10	70
专用仪器仪表制造	412	5271	4679	176	335	44	4	33
钟表与计时仪器制造	413	2158	1940	92	88	21	4	13
光学仪器及眼镜制造	414	4471	3918	177	330	25	1	20
文化、办公用机械制造	415	2060	1815	76	130	27		12
其他仪器仪表的制造及修理	419	2168	1880	85	179	7		17
工艺品及其他制造业	42	67540	58547	2755	5074	734	67	363
工艺美术品制造	421	38235	33286	1686	2486	503	44	230
日用杂品制造	422	9737	8763	355	484	97	6	32
煤制品制造	423	4206	3746	255	138	52	7	8
其他未列明的制造业	429	15362	12752	459	1966	82	10	93
废弃资源和废旧材料回收加工业	43	10777	8774	647	1068	200	20	68
金属废料和碎屑的加工处理	431	5476	4446	316	571	98	8	37
非金属废料和碎屑的加工处理	432	5301	4328	331	497	102	12	31

2-9 续表 6

单位：个

行业中类	代码	企业单位数	营业	停业(歇业)	筹建	当年关闭	当年破产	其他
电力、燃气及水的生产和供应业	D	**65488**	**57936**	**1341**	**5548**	**312**	**38**	**313**
电力、热力的生产和供应业	44	43759	38643	926	3764	201	20	205
电力生产	441	35662	31368	744	3236	153	14	147
电力供应	442	3947	3656	75	160	21	1	34
热力生产和供应	443	4150	3619	107	368	27	5	24
燃气生产和供应业	45	4714	3936	111	593	31	9	34
燃气生产和供应业	450	4714	3936	111	593	31	9	34
水的生产和供应业	46	17015	15357	304	1191	80	9	74
自来水的生产和供应	461	13605	12810	182	506	60	8	39
污水处理及其再生利用	462	2647	1911	87	606	15	1	27
其他水的处理、利用与分配	469	763	636	35	79	5		8
建筑业	E	**346017**	**294206**	**18887**	**25769**	**3593**	**257**	**3305**
房屋和土木工程建筑业	47	123423	106321	6327	8370	1313	103	989
房屋工程建筑	471	73972	64649	3596	4278	830	62	557
土木工程建筑	472	49451	41672	2731	4092	483	41	432
建筑安装业	48	66956	57945	3406	4336	659	54	556
建筑安装业	480	66956	57945	3406	4336	659	54	556
建筑装饰业	49	108682	91649	6505	8233	1083	71	1141
建筑装饰业	490	108682	91649	6505	8233	1083	71	1141
其他建筑业	50	46956	38291	2649	4830	538	29	619
工程准备	501	13301	10537	1082	1303	236	9	134
提供施工设备服务	502	5531	4576	312	509	62	10	62
其他未列明的建筑活动	509	28124	23178	1255	3018	240	10	423
交通运输、仓储和邮政业	F	**209450**	**183488**	**8192**	**14645**	**1433**	**126**	**1566**
铁路运输业	51	1492	1313	36	124	3		16
铁路旅客运输	511	121	109	4	6			2
铁路货物运输	512	663	568	16	69	2		8
铁路运输辅助活动	513	708	636	16	49	1		6
道路运输业	52	98521	86407	4047	6483	768	75	741
公路旅客运输	521	9300	8667	210	309	51	9	54
道路货物运输	522	80139	69751	3454	5619	666	59	590
道路运输辅助活动	523	9082	7989	383	555	51	7	97
城市公共交通业	53	8573	8098	169	216	38	2	50
公共电汽车客运	531	2409	2253	55	73	12		16
轨道交通	532	125	110	1	12			2
出租车客运	533	5471	5231	91	99	21	2	27
城市轮渡	534	87	79	6	2			
其他城市公共交通	539	481	425	16	30	5		5
水上运输业	54	9467	8138	418	765	79	7	60
水上旅客运输	541	1038	920	46	59	8	2	3
水上货物运输	542	5954	5223	255	388	52	4	32
水上运输辅助活动	543	2475	1995	117	318	19	1	25

2-9 续表 7 单位：个

行业中类	代码	企业单位数	营业	停业(歇业)	筹建	当年关闭	当年破产	其他
航空运输业	55	1199	1036	35	97	11		20
航空客货运输	551	440	393	11	29	4		3
通用航空服务	552	298	250	11	29	2		6
航空运输辅助活动	553	461	393	13	39	5		11
管道运输业	56	172	143	4	25			
管道运输业	560	172	143	4	25			
装卸搬运和其他运输服务业	57	58923	51659	2216	4252	360	22	414
装卸搬运	571	9683	8444	500	557	95	11	76
运输代理服务	572	49240	43215	1716	3695	265	11	338
仓储业	58	21611	18196	1061	1996	122	20	216
谷物、棉花等农产品仓储	581	5788	5211	274	198	33	16	56
其他仓储	589	15823	12985	787	1798	89	4	160
邮政业	59	9492	8498	206	687	52		49
国家邮政	591	1879	1825	8	36	3		7
其他寄递服务	599	7613	6673	198	651	49		42
信息传输、计算机服务和软件业	**G**	**199248**	**179747**	**6746**	**10224**	**1009**	**53**	**1469**
电信和其他信息传输服务业	60	31763	28881	1027	1359	177	15	304
电信	601	9607	8815	297	334	56	7	98
互联网信息服务	602	19598	17666	661	968	113	8	182
广播电视传输服务	603	2325	2198	53	45	6		23
卫星传输服务	604	233	202	16	12	2		1
计算机服务业	61	104112	96173	2726	3997	558	23	635
计算机系统服务	611	23740	20978	902	1558	116	3	183
数据处理	612	1229	1071	52	90	7		9
计算机维修	613	3674	3308	155	151	27	1	32
其他计算机服务	619	75469	70816	1617	2198	408	19	411
软件业	62	63373	54693	2993	4868	274	15	530
公共软件服务	621	49039	42735	2318	3402	209	10	365
其他软件服务	629	14334	11958	675	1466	65	5	165
批发和零售业	**H**	**2276262**	**2009728**	**72320**	**156202**	**16107**	**1170**	**20735**
批发业	63	1432293	1248389	46585	113658	9576	709	13376
农畜产品批发	631	58838	52407	2491	2901	417	108	514
食品、饮料及烟草制品批发	632	105061	92216	3531	7652	710	63	889
纺织、服装及日用品批发	633	154182	134686	4703	12317	1162	51	1263
文化、体育用品及器材批发	634	43108	38443	1248	2738	275	9	395
医药及医疗器材批发	635	38121	34817	807	1954	199	14	330
矿产品、建材及化工产品批发	636	461754	396542	16450	41252	3520	264	3726
机械设备、五金交电及电子产品批发	637	392224	350115	10399	26413	1976	107	3214
贸易经纪与代理	638	49019	41230	1766	4728	316	13	966
其他批发	639	129986	107933	5190	13703	1001	80	2079

2-9 续表 8 单位：个

行业中类	代码	企业单位数	营业	停业（歇业）	筹建	当年关闭	当年破产	其他
零售业	65	843969	761339	25735	42544	6531	461	7359
综合零售	651	101593	90568	3815	5203	1014	108	885
食品、饮料及烟草制品专门零售	652	66239	59046	2624	3380	550	57	582
纺织、服装及日用品专门零售	653	81456	72420	2713	4831	699	42	751
文化、体育用品及器材专门零售	654	49695	44419	1987	2336	402	17	534
医药及医疗器材专门零售	655	74796	71175	1064	1739	355	16	447
汽车、摩托车、燃料及零配件专门零售	656	119034	108296	3042	5827	1098	60	711
家用电器及电子产品专门零售	657	138031	127347	3296	5225	907	55	1201
五金、家具及室内装修材料专门零售	658	105261	93243	4137	5943	874	60	1004
无店铺及其他零售	659	107864	94825	3057	8060	632	46	1244
住宿和餐饮业	**I**	**166742**	**152523**	**4941**	**5368**	**2917**	**113**	**880**
住宿业	66	60903	56116	1841	1924	722	41	259
旅游饭店	661	21609	19574	657	935	361	13	69
一般旅馆	662	34869	32605	1024	751	311	25	153
其他住宿服务	669	4425	3937	160	238	50	3	37
餐饮业	67	105839	96407	3100	3444	2195	72	621
正餐服务	671	85470	77975	2545	2475	1966	65	444
快餐服务	672	7363	6846	166	213	88	3	47
饮料及冷饮服务	673	4538	4157	136	173	55	1	16
其他餐饮服务	679	8468	7429	253	583	86	3	114
金融业	**J**	**52308**	**46772**	**992**	**3963**	**179**	**12**	**390**
银行业	68	11553	11178	8	312	2		53
中央银行	681	141	131		7			3
商业银行	682	9596	9343	5	211	2		35
其他银行	689	1816	1704	3	94			15
证券业	69	2634	2307	55	237	9	1	25
证券市场管理	691	153	129	3	18	1		2
证券经纪与交易	692	1133	1066	5	55	2		5
证券投资	693	911	745	33	116	4		13
证券分析与咨询	694	437	367	14	48	2	1	5
保险业	70	12834	12225	131	371	47	4	56
人寿保险	701	4910	4719	14	148	4		25
非人寿保险	702	4830	4677	14	112	11	1	15
保险辅助服务	703	3094	2829	103	111	32	3	16
其他金融活动	71	25287	21062	798	3043	121	7	256
金融信托与管理	711	2938	2328	97	465	9	1	38
金融租赁	712	605	494	9	89	5		8
财务公司	713	1157	971	25	123	8		30
邮政储蓄	714	947	920	1	24			2
典当	715	4696	4285	82	290	18	2	19
其他未列明的金融活动	719	14944	12064	584	2052	81	4	159

2-9 续表 9

单位：个

行业中类	代码	企业单位数	营业	停业(歇业)	筹建	当年关闭	当年破产	其他
房地产业	**K**	**317582**	**255092**	**25342**	**27434**	**4155**	**257**	**5302**
房地产业	72	317582	255092	25342	27434	4155	257	5302
房地产开发经营	721	147231	112301	15146	13517	3007	143	3117
物业管理	722	80727	69420	3078	7020	408	31	770
房地产中介服务	723	53136	45153	3242	3742	442	16	541
其他房地产活动	729	36488	28218	3876	3155	298	67	874
租赁和商务服务业	**L**	**610205**	**511390**	**29111**	**58485**	**4214**	**219**	**6786**
租赁业	73	33340	28033	1604	3049	246	31	377
机械设备租赁	731	32237	27069	1555	2990	234	30	359
文化及日用品出租	732	1103	964	49	59	12	1	18
商务服务业	74	576865	483357	27507	55436	3968	188	6409
企业管理服务	741	116900	90719	6831	16751	636	55	1908
法律服务	742	9459	8933	197	205	51	3	70
咨询与调查	743	168698	138716	9209	17702	1248	40	1783
广告业	744	116533	102313	4628	7640	919	24	1009
知识产权服务	745	4873	4409	179	234	19		32
职业中介服务	746	27124	22721	1399	2432	215	12	345
市场管理	747	17509	15775	543	933	117	12	129
旅行社	748	27541	25128	782	1285	172	6	168
其他商务服务	749	88228	74643	3739	8254	591	36	965
科学研究、技术服务和地质勘查业	**M**	**203904**	**169117**	**10017**	**20923**	**1275**	**63**	**2509**
研究与试验发展	75	28595	22317	1510	4246	174	6	342
自然科学研究与试验发展	751	3170	2436	169	504	12		49
工程和技术研究与试验发展	752	16859	13498	667	2440	98	2	154
农业科学研究与试验发展	753	3490	2631	230	523	32	3	71
医学研究与试验发展	754	4699	3456	410	748	27	1	57
社会人文科学研究与试验发展	755	377	296	34	31	5		11
专业技术服务业	76	104452	89527	3828	9451	536	34	1076
气象服务	761	1161	1097	28	26	5		5
地震服务	762	98	94	2	1	1		
海洋服务	763	234	182	5	42	2		3
测绘服务	764	3778	3431	90	205	17	1	34
技术检测	765	9618	8419	305	770	44	4	76
环境监测	766	1619	1375	68	148	9		19
工程技术与规划管理	767	46233	40321	1678	3649	236	15	334
其他专业技术服务	769	41711	34608	1652	4610	222	14	605
科技交流和推广服务业	77	67563	54728	4432	6789	545	22	1047
技术推广服务	771	48562	39152	3360	4946	379	19	706
科技中介服务	772	6546	5334	470	537	67	2	136
其他科技服务	779	12455	10242	602	1306	99	1	205
地质勘查业	78	3294	2545	247	437	20	1	44
矿产地质勘查	781	1524	1062	157	266	13	1	25
基础地质勘查	782	455	404	17	27	2		5
地质勘查技术服务	783	1315	1079	73	144	5		14

2-9 续表 10

单位：个

行业中类	代码	企业单位数	营业	停业(歇业)	筹建	当年关闭	当年破产	其他
水利、环境和公共设施管理业	**N**	**32870**	**26374**	**1746**	**4113**	**228**	**13**	**396**
水利管理业	79	2623	2181	134	244	12	1	51
防洪管理	791	211	165	20	23			3
水资源管理	792	1231	1026	60	114	6		25
其他水利管理	799	1181	990	54	107	6	1	23
环境管理业	80	7463	5956	334	1037	44	4	88
自然保护	801	531	431	27	67	2		4
环境治理	802	6932	5525	307	970	42	4	84
公共设施管理业	81	22784	18237	1278	2832	172	8	257
市政公共设施管理	811	3281	2690	165	336	19		71
城市绿化管理	812	12675	10538	684	1210	102	6	135
游览景区管理	813	6828	5009	429	1286	51	2	51
居民服务和其他服务业	**O**	**158297**	**140702**	**5738**	**8884**	**1247**	**47**	**1679**
居民服务业	82	65177	58592	2488	2982	525	17	573
家庭服务	821	6443	5514	345	468	54	1	61
托儿所	822	380	351	6	18		1	4
洗染服务	823	2521	2278	112	89	22	2	18
理发及美容保健服务	824	17093	15816	601	452	141	1	82
洗浴服务	825	9859	9128	362	237	86	4	42
婚姻服务	826	3777	3318	181	220	29		29
殡葬服务	827	1994	1797	49	122	11		15
摄影扩印服务	828	7421	6882	242	191	60	2	44
其他居民服务	829	15689	13508	590	1185	122	6	278
其他服务业	83	93120	82110	3250	5902	722	30	1106
修理与维护	831	40398	37164	1358	1277	326	15	258
清洁服务	832	16705	14476	763	1166	128	4	168
其他未列明的服务	839	36017	30470	1129	3459	268	11	680
教育	**P**	**28678**	**25809**	**1113**	**1199**	**172**	**10**	**375**
教育	84	28678	25809	1113	1199	172	10	375
学前教育	841	4696	4469	68	76	13	2	68
初等教育	842	684	643	11	14	3	1	12
中等教育	843	1233	1099	40	58	16		20
高等教育	844	273	240	12	14	1		6
其他教育	849	21792	19358	982	1037	139	7	269
卫生、社会保障和社会福利业	**Q**	**17252**	**16137**	**389**	**508**	**73**	**6**	**139**
卫生	85	15929	15053	305	398	66	6	101
医院	851	5371	5069	82	174	15	2	29
卫生院及社区医疗活动	852	1891	1839	14	17	8		13

2-9 续表 11

单位：个

行业中类	代码	企业单位数	营业	停业(歇业)	筹建	当年关闭	当年破产	其他
门诊部医疗活动	853	6891	6555	144	121	32	3	36
计划生育技术服务活动	854	205	194	2	5	1		3
妇幼保健活动	855	106	97	3	6			
专科疾病防治活动	856	319	306	6	3	1		3
疾病预防控制及防疫活动	857	167	154	4	4	1		4
其他卫生活动	859	979	839	50	68	8	1	13
社会保障业	86	393	350	14	16			13
社会保障业	860	393	350	14	16			13
社会福利业	87	930	734	70	94	7		25
提供住宿的社会福利	871	665	541	32	75	2		15
不提供住宿的社会福利	872	265	193	38	19	5		10
文化、体育和娱乐业	**R**	**53663**	**46137**	**3200**	**3346**	**443**	**26**	**511**
新闻出版业	88	3343	3080	132	82	19	2	28
新闻业	881	165	148	3	10			4
出版业	882	3178	2932	129	72	19	2	24
广播、电视、电影和音像业	89	8175	7057	553	413	52	2	98
广播	891	341	303	13	20	1		4
电视	892	2043	1752	147	112	13		19
电影	893	4022	3465	291	184	26	2	54
音像制作	894	1769	1537	102	97	12		21
文化艺术业	90	15815	12952	1227	1299	135	4	198
文艺创作与表演	901	3287	2690	206	330	22		39
艺术表演场馆	902	458	392	29	26	2	1	8
图书馆与档案馆	903	161	148	4	8	1		
文物及文化保护	904	253	194	13	36	3		7
博物馆	905	170	131	13	22	3		1
烈士陵园、纪念馆	906	44	34	2	4			4
群众文化活动	907	1593	1275	159	115	21		23
文化艺术经纪代理	908	3339	2728	332	214	27		38
其他文化艺术	909	6510	5360	469	544	56	3	78
体育	91	2609	2114	226	212	27		30
体育组织	911	921	719	99	73	13		17
体育场馆	912	772	662	56	46	4		4
其他体育	919	916	733	71	93	10		9
娱乐业	92	23721	20934	1062	1340	210	18	157
室内娱乐活动	921	14116	12936	497	483	116	12	72
游乐园	922	775	604	69	90	8		4
休闲健身娱乐活动	923	6183	5228	344	482	69	5	55
其他娱乐活动	929	2647	2166	152	285	17	1	26

2-10 按地区、营业状态分组的企业法人单位数

(2011年) 单位：个

地 区	企 业 单位数	营业	停业(歇业)	筹建	当年关闭	当年破产	其他
全 国	**7331200**	**6374460**	**298884**	**521573**	**67691**	**5639**	**62953**
北 京	360799	301067	42359	5963	5987	141	5282
天 津	166426	109645	12470	37765	3012	118	3416
河 北	252808	220632	11042	17169	1347	240	2378
山 西	140229	117485	9469	10628	1368	170	1109
内蒙古	97871	87044	3497	5966	793	83	488
辽 宁	312648	264932	23893	19432	2550	256	1585
吉 林	82914	76970	2874	2001	690	91	288
黑龙江	130121	116754	4821	4997	943	98	2508
上 海	397868	328486	11507	51864	713	12	5286
江 苏	865414	757516	30223	63823	8764	523	4565
浙 江	659000	574776	26331	48511	9238	137	7
安 徽	214306	180279	7660	22728	1996	221	1422
福 建	278412	223734	11283	38052	2961	184	2198
江 西	130247	115703	3219	8061	1497	118	1649
山 东	649565	599497	11950	24664	7261	758	5435
河 南	269535	250138	7437	7093	2638	520	1709
湖 北	273217	252061	7398	8943	1854	310	2651
湖 南	193955	182764	4174	3410	1366	382	1859
广 东	788631	695702	23130	57783	5969	253	5794
广 西	149865	130263	5081	10441	1422	108	2550
海 南	32016	24654	2683	3593	86	11	989
重 庆	176841	159681	3681	11241	1236	87	915
四 川	206310	184432	8777	9514	1537	233	1817
贵 州	60595	47788	4343	7222	421	95	726
云 南	135280	105406	6006	20018	242	18	3590
西 藏	3265	2876	118	233	6	7	25
陕 西	147432	133927	4449	7073	494	108	1381
甘 肃	57616	51433	2503	2677	427	189	387
青 海	14977	11724	935	1817	161	70	270
宁 夏	25476	22201	1136	1847	138	16	138
新 疆	57561	44890	4435	7044	574	82	536

2-11 按行业(大类)、控股情况分组的企业法人单位数

（2011年） 单位：个

行业大类	代码	企业单位数	国有控股	集体控股	私人控股	港澳台商控股	外商控股	其他
总计		**7331200**	**261944**	**270139**	**5792102**	**95382**	**102989**	**808644**
农、林、牧、渔业	A	**247456**	**6032**	**9966**	**165296**	**502**	**430**	**65230**
农业	01	94777	1919	4037	63000	285	213	25323
林业	02	24650	1841	1469	16095	71	59	5115
畜牧业	03	80163	1094	2044	54780	71	104	22070
渔业	04	20206	360	784	14696	46	30	4290
农、林、牧、渔服务业	05	27660	818	1632	16725	29	24	8432
采矿业	B	**105490**	**3569**	**5634**	**88270**	**244**	**258**	**7515**
煤炭开采和洗选业	06	22881	1697	2079	17959	30	31	1085
石油和天然气开采业	07	1867	209	77	1323	17	17	224
黑色金属矿采选业	08	18585	327	637	16415	31	30	1145
有色金属矿采选业	09	11767	564	697	9558	45	67	836
非金属矿采选业	10	48603	723	2103	41589	119	107	3962
其他采矿业	11	1787	49	41	1426	2	6	263
制造业	C	**2240288**	**36860**	**66651**	**1851242**	**57925**	**56359**	**171251**
农副食品加工业	13	111076	2905	3024	92997	1095	1860	9195
食品制造业	14	48538	1140	1208	39238	1026	1366	4560
饮料制造业	15	38429	1070	1695	31300	448	696	3220
烟草制品业	16	321	169	31	104		1	16
纺织业	17	129946	1284	2433	111666	4546	2945	7072
纺织服装、鞋、帽制造业	18	106343	770	2067	85817	5395	4149	8145
皮革、毛皮、羽毛(绒)及其制品业	19	40161	218	637	32732	2380	1544	2650
木材加工及木、竹、藤、棕、草制品业	20	69231	741	1250	60415	753	706	5366
家具制造业	21	45062	268	696	37505	1258	1103	4232
造纸及纸制品业	22	58094	553	1866	49024	1466	859	4326
印刷业和记录媒介的复制	23	60163	2048	3951	47937	827	388	5012
文教体育用品制造业	24	23779	189	500	18356	1969	1262	1503
石油加工及炼焦	25	7411	359	336	5841	102	135	638
化学原料及化学制品制造业	26	110943	2695	4272	89534	2717	3162	8563
医药制造业	27	19148	856	637	14407	563	822	1863
化学纤维制造业	28	5817	124	105	4889	234	176	289
橡胶制品业	29	24987	324	926	20484	789	679	1785
塑料制品业	30	119050	920	2918	99627	4471	2880	8234
非金属矿物制品业	31	228274	3561	8821	193560	2073	2030	18229
黑色金属冶炼及压延加工业	32	21717	595	816	18245	270	286	1505
有色金属冶炼及压延加工业	33	25903	794	889	21427	520	516	1757

2-11 续表 1

单位：个

行业大类	代码	企业单位数	国有控股	集体控股	私人控股	港澳台商控股	外商控股	其他
金属制品业	34	175355	1682	5145	147119	3844	3165	14400
通用设备制造业	35	232040	3054	7636	197345	2746	4547	16712
专用设备制造业	36	129759	2505	3343	106007	2927	4079	10898
交通运输设备制造业	37	100270	3032	3675	81387	1624	3225	7327
电气机械及器材制造业	39	130376	1845	3920	107218	4358	4004	9031
通信设备、计算机及其他电子设备制造业	40	68989	1520	1071	49400	5403	5847	5748
仪器仪表及文化、办公用机械制造业	41	30789	838	1088	23862	1347	1463	2191
工艺品及其他制造业	42	67540	635	1405	54766	2670	2303	5761
废弃资源和废旧材料回收加工业	43	10777	166	290	9033	104	161	1023
电力、燃气及水的生产和供应业	**D**	**65488**	**12088**	**8873**	**37901**	**576**	**576**	**5474**
电力、热力的生产和供应业	44	43759	7468	5099	27152	286	248	3506
燃气生产和供应业	45	4714	604	180	3011	173	173	573
水的生产和供应业	46	17015	4016	3594	7738	117	155	1395
建筑业	**E**	**346017**	**14099**	**15366**	**279688**	**863**	**809**	**35192**
房屋和土木工程建筑业	47	123423	9144	9468	93430	188	213	10980
建筑安装业	48	66956	2250	2891	54275	215	249	7076
建筑装饰业	49	108682	1196	1749	94039	384	274	11040
其他建筑业	50	46956	1509	1258	37944	76	73	6096
交通运输、仓储和邮政业	**F**	**209450**	**16777**	**10391**	**153097**	**2193**	**1787**	**25205**
铁路运输业	51	1492	326	103	817	3	3	240
道路运输业	52	98521	5199	4752	75280	487	298	12505
城市公共交通业	53	8573	1227	825	5319	50	28	1124
水上运输业	54	9467	943	853	6331	97	74	1169
航空运输业	55	1199	301	34	642	17	23	182
管道运输业	56	172	53	5	81	4	5	24
装卸搬运和其他运输服务业	57	58923	2442	2380	46130	1012	639	6320
仓储业	58	21611	4817	1263	12045	497	691	2298
邮政业	59	9492	1469	176	6452	26	26	1343
信息传输、计算机服务和软件业	**G**	**199248**	**6297**	**2192**	**162553**	**2572**	**4808**	**20826**
电信和其他信息传输服务业	60	31763	4250	723	21695	327	361	4407
计算机服务业	61	104112	1057	723	90305	470	864	10693
软件业	62	63373	990	746	50553	1775	3583	5726
批发和零售业	**H**	**2276262**	**61708**	**65748**	**1844083**	**11786**	**17169**	**275768**
批发业	63	1432293	38575	33365	1173149	9545	14847	162812
零售业	65	843969	23133	32383	670934	2241	2322	112956

2-11 续表 2

单位：个

行业大类	代码	企业单位数						
			国有控股	集体控股	私人控股	港澳台商控股	外商控股	其他
住宿和餐饮业	**I**	**166742**	**11336**	**8185**	**124836**	**1982**	**2174**	**18229**
住宿业	66	60903	8570	4976	39445	688	503	6721
餐饮业	67	105839	2766	3209	85391	1294	1671	11508
金融业	**J**	**52308**	**13124**	**4821**	**24590**	**304**	**721**	**8748**
银行业	68	11553	5668	2886	1201	102	274	1422
证券业	69	2634	659	97	1373	13	8	484
保险业	70	12834	4378	1165	4202	93	330	2666
其他金融活动	71	25287	2419	673	17814	96	109	4176
房地产业	**K**	**317582**	**21688**	**19278**	**231612**	**6349**	**3619**	**35036**
房地产业	72	317582	21688	19278	231612	6349	3619	35036
租赁和商务服务业	**L**	**610205**	**27623**	**31521**	**460426**	**6348**	**8799**	**75488**
租赁业	73	33340	852	822	26784	95	138	4649
商务服务业	74	576865	26771	30699	433642	6253	8661	70839
科学研究、技术服务和地质勘查业	**M**	**203904**	**14344**	**7963**	**150966**	**2285**	**3758**	**24588**
研究与试验发展	75	28595	1311	693	21353	647	1138	3453
专业技术服务业	76	104452	9312	4354	76221	985	1452	12128
科技交流和推广服务业	77	67563	3035	2819	51404	639	1126	8540
地质勘查业	78	3294	686	97	1988	14	42	467
水利、环境和公共设施管理业	**N**	**32870**	**4232**	**2322**	**21603**	**202**	**204**	**4307**
水利管理业	79	2623	798	308	1101	7	7	402
环境管理业	80	7463	956	485	4849	50	98	1025
公共设施管理业	81	22784	2478	1529	15653	145	99	2880
居民服务和其他服务业	**O**	**158297**	**3964**	**6306**	**124061**	**611**	**821**	**22534**
居民服务业	82	65177	1603	2736	51801	297	377	8363
其他服务业	83	93120	2361	3570	72260	314	444	14171
教育	**P**	**28678**	**1585**	**1393**	**20988**	**121**	**169**	**4422**
教育	84	28678	1585	1393	20988	121	169	4422
卫生、社会保障和社会福利业	**Q**	**17252**	**1394**	**1450**	**11790**	**45**	**75**	**2498**
卫生	85	15929	1160	1256	11171	41	71	2230
社会保障业	86	393	97	75	141			80
社会福利业	87	930	137	119	478	4	4	188
文化、体育和娱乐业	**R**	**53663**	**5224**	**2079**	**39100**	**474**	**453**	**6333**
新闻出版业	88	3343	1739	208	1039	7	4	346
广播、电视、电影和音像业	89	8175	1919	483	4840	66	37	830
文化艺术业	90	15815	846	560	12235	52	65	2057
体育	91	2609	211	100	1859	40	49	350
娱乐业	92	23721	509	728	19127	309	298	2750

2-12　按地区、控股情况分组的企业法人单位数

(2011年)　　单位：个

地　区	企业单位数	国有控股	集体控股	私人控股	港澳台商控股	外商控股	其他
全　国	**7331200**	**261944**	**270139**	**5792102**	**95382**	**102989**	**808644**
北　京	360799	16962	20691	289754	4966	9312	19114
天　津	166426	8185	6100	114857	1546	4232	31506
河　北	252808	8827	11220	201671	511	1008	29571
山　西	140229	8523	8515	104535	153	197	18306
内蒙古	97871	4527	2532	74519	142	213	15938
辽　宁	312648	13891	21640	248133	1919	5869	21196
吉　林	82914	4619	2705	64184	168	517	10721
黑龙江	130121	8825	5700	91324	257	402	23613
上　海	397868	12459	12817	327741	12400	22413	10038
江　苏	865414	13802	16611	753093	9972	15306	56630
浙　江	659000	10538	19434	609007	7545	8509	3967
安　徽	214306	9281	6782	166899	795	961	29588
福　建	278412	10648	8491	205490	8020	4220	41543
江　西	130247	7613	4326	96319	1156	636	20197
山　东	649565	15687	16416	489249	2119	8469	117625
河　南	269535	9937	10435	226345	544	545	21729
湖　北	273217	12340	9189	187841	937	952	61958
湖　南	193955	8723	8919	155167	755	537	19854
广　东	788631	20166	36060	584768	38024	14757	94856
广　西	149865	8192	6620	108943	762	544	24804
海　南	32016	2220	1162	21601	376	244	6413
重　庆	176841	6042	4097	135521	553	579	30049
四　川	206310	9082	7170	167872	640	952	20594
贵　州	60595	5307	2996	43020	175	179	8918
云　南	135280	6229	5799	101194	319	444	21295
西　藏	3265	736	329	1685	4	20	491
陕　西	147432	7423	6969	104963	344	595	27138
甘　肃	57616	3936	3367	38921	96	102	11194
青　海	14977	1344	838	10331	31	46	2387
宁　夏	25476	1227	577	21118	33	65	2456
新　疆	57561	4653	1632	46037	120	164	4955

2-13 按行业(大类)、地区分组的

(2011年)

行业大类	代码	企业单位数	北京	天津	河北	山西	内蒙古
总计		**261944**	**16962**	**8185**	**8827**	**8523**	**4527**
农、林、牧、渔业	**A**	**6032**	**135**	**42**	**220**	**267**	**181**
农业	01	1919	54	11	55	67	60
林业	02	1841	23	5	71	87	62
畜牧业	03	1094	27	10	36	90	36
渔业	04	360	13	9	3		3
农、林、牧、渔服务业	05	818	18	7	55	23	20
采矿业	**B**	**3569**	**17**	**19**	**144**	**526**	**146**
煤炭开采和洗选业	06	1697	4		56	467	71
石油和天然气开采业	07	209	5	11	4	9	11
黑色金属矿采选业	08	327	5		45	16	11
有色金属矿采选业	09	564		1	10	10	28
非金属矿采选业	10	723	2	7	28	20	24
其他采矿业	11	49	1		1	4	1
制造业	**C**	**36860**	**1749**	**1829**	**1346**	**1067**	**558**
农副食品加工业	13	2905	54	49	73	111	40
食品制造业	14	1140	40	49	32	49	23
饮料制造业	15	1070	36	29	34	25	19
烟草制品业	16	169	1	1	3	1	2
纺织业	17	1284	39	146	58	17	14
纺织服装、鞋、帽制造业	18	770	29	39	21	9	16
皮革、毛皮、羽毛(绒)及其制品业	19	218	4	15	8	3	1
木材加工及木、竹、藤、棕、草制品业	20	741	9	12	14	5	24
家具制造业	21	268	11	17	14	2	3
造纸及纸制品业	22	553	21	39	14	4	4
印刷业和记录媒介的复制	23	2048	184	59	64	65	48
文教体育用品制造业	24	189	15	16	2	5	1
石油加工及炼焦	25	359	11	12	21	29	12
化学原料及化学制品制造业	26	2695	106	135	100	110	38
医药制造业	27	856	65	43	17	29	10
化学纤维制造业	28	124	3	6	7	3	
橡胶制品业	29	324	13	29	13	7	3
塑料制品业	30	920	42	79	30	17	8
非金属矿物制品业	31	3561	133	94	180	139	79
黑色金属冶炼及压延加工业	32	595	13	51	41	31	13
有色金属冶炼及压延加工业	33	794	18	25	28	27	36

国有控股企业法人单位数

单位：个

辽宁	吉林	黑龙江	上海	江苏	浙江	安徽	福建	江西	山东	代码
13891	**4619**	**8825**	**12459**	**13802**	**10538**	**9281**	**10648**	**7613**	**15687**	
336	**379**	**531**	**84**	**114**	**183**	**109**	**308**	**284**	**192**	A
102	71	206	36	49	62	47	85	56	89	01
95	200	195	6	10	50	29	139	132	19	02
76	77	64	19	17	16	11	25	31	30	03
21	7	15	12	13	23	11	13	13	24	04
42	24	51	11	25	32	11	46	52	30	05
96	**66**	**107**	**1**	**65**	**25**	**112**	**100**	**161**	**236**	B
31	19	48		13	1	41	26	54	114	06
6	17	17	1	5		3		1	35	07
16	5	2		7	4	22	8	3	20	08
13	16	13		2	3	12	14	53	29	09
27	8	24		36	17	33	50	49	36	10
3	1	3		2		1	2	1	2	11
2664	**626**	**1427**	**1687**	**2152**	**782**	**1212**	**1126**	**1184**	**2397**	C
137	47	132	20	87	54	217	117	113	169	13
88	16	57	51	57	23	29	53	46	68	14
33	18	45	17	43	32	38	71	53	74	15
3	5	6	2	7	4	5	7	4	15	16
80	3	44	63	121	41	33	24	44	74	17
51	11	13	41	83	22	21	32	47	75	18
19		7	15	8	6	5	11	7	11	19
36	53	94	17	18	6	22	31	46	40	20
11	3	18	14	14	3	6	18	10	11	21
33	10	31	16	26	5	11	29	22	54	22
145	31	75	110	90	45	57	99	67	107	23
5	1	6	28	13	4	3	14	8	11	24
47	6	20	8	14	5	4	5	4	43	25
176	38	88	106	125	77	79	55	86	200	26
53	20	32	73	41	17	31	14	32	45	27
7	3	2	9	19	11	2		4	16	28
32	3	10	18	14	7	15	3	3	38	29
69	14	49	52	50	18	28	22	27	71	30
219	77	117	94	128	76	117	127	151	187	31
65	10	12	17	20	14	15	12	7	30	32
39	2	7	17	22	9	13	18	51	25	33

2-13 续表 1

行业大类	代码	企业单位数	北京	天津	河北	山西	内蒙古
金属制品业	34	1682	72	123	76	31	22
通用设备制造业	35	3054	133	149	118	120	51
专用设备制造业	36	2505	153	155	113	83	27
交通运输设备制造业	37	3032	157	152	103	49	33
电气机械及器材制造业	39	1845	95	95	84	39	17
通信设备、计算机及其他电子设备制造业	40	1520	148	112	25	16	3
仪器仪表及文化、办公用机械制造业	41	838	104	67	25	18	4
工艺品及其他制造业	42	635	31	27	17	16	5
废弃资源和废旧材料回收加工业	43	166	9	4	11	7	2
电力、燃气及水的生产和供应业	D	**12088**	**144**	**136**	**571**	**361**	**511**
电力、热力的生产和供应业	44	7468	97	87	349	173	384
燃气生产和供应业	45	604	11	16	30	43	8
水的生产和供应业	46	4016	36	33	192	145	119
建筑业	E	**14099**	**736**	**454**	**475**	**485**	**177**
房屋和土木工程建筑业	47	9144	398	221	335	344	124
建筑安装业	48	2250	135	112	57	61	25
建筑装饰业	49	1196	149	59	18	25	16
其他建筑业	50	1509	54	62	65	55	12
交通运输、仓储和邮政业	F	**16777**	**567**	**575**	**638**	**487**	**301**
铁路运输业	51	326	20	5	17	24	19
道路运输业	52	5199	126	128	228	191	85
城市公共交通业	53	1227	84	27	38	23	10
水上运输业	54	943	5	58	20	2	
航空运输业	55	301	15	4	9	6	15
管道运输业	56	53	3	3	5		
装卸搬运和其他运输服务业	57	2442	170	154	78	29	34
仓储业	58	4817	137	175	183	178	109
邮政业	59	1469	7	21	60	34	29
信息传输、计算机服务和软件业	G	**6297**	**660**	**90**	**189**	**131**	**143**
电信和其他信息传输服务业	60	4250	163	27	157	115	121
计算机服务业	61	1057	228	35	19	12	14
软件业	62	990	269	28	13	4	8
批发和零售业	H	**61708**	**3454**	**1747**	**2186**	**2725**	**1020**
批发业	63	38575	2105	1191	1455	1553	616
零售业	65	23133	1349	556	731	1172	404

单位：个

辽宁	吉林	黑龙江	上海	江苏	浙江	安徽	福建	江西	山东	代码
117	16	73	95	140	25	46	27	37	141	34
369	47	138	157	249	75	89	63	63	240	35
194	43	95	140	220	41	81	47	55	157	36
279	88	106	196	173	45	102	64	83	214	37
180	26	67	81	130	41	70	46	45	105	39
79	14	28	104	139	38	43	38	28	65	40
68	13	26	80	65	26	15	12	13	33	41
20	4	21	37	28	8	12	60	19	71	42
10	4	8	9	8	4	3	7	9	7	43
445	**277**	**406**	**83**	**282**	**548**	**399**	**506**	**444**	**567**	D
295	190	292	35	121	283	228	345	305	357	44
28	14	8	15	27	25	17	10	20	42	45
122	73	106	33	134	240	154	151	119	168	46
1069	**229**	**561**	**483**	**815**	**398**	**531**	**467**	**426**	**1071**	E
676	162	346	257	465	285	345	298	266	642	47
229	37	120	96	143	55	90	57	74	174	48
73	15	37	94	99	15	35	38	38	99	49
91	15	58	36	108	43	61	74	48	156	50
853	**373**	**706**	**764**	**841**	**729**	**787**	**771**	**504**	**1030**	F
14	8	9	1	9	5	16	12	9	25	51
230	104	195	141	220	242	260	256	182	242	52
50	15	25	94	61	76	50	67	28	60	53
46	4	19	66	70	95	34	71	27	52	54
14	6	9	22	12	11	5	14	4	16	55
4		2	3	7	1				7	56
175	24	53	236	195	132	65	151	32	165	57
274	195	368	191	222	140	314	151	179	238	58
46	17	26	10	45	27	43	49	43	225	59
225	**132**	**183**	**227**	**299**	**173**	**236**	**203**	**175**	**483**	G
142	113	144	63	149	111	186	131	151	347	60
41	9	23	78	66	26	27	55	16	88	61
42	10	16	86	84	36	23	17	8	48	62
3248	**1048**	**2226**	**2694**	**3399**	**1672**	**2077**	**2493**	**1825**	**3965**	H
2174	682	1435	1747	2427	1073	1383	1693	1197	2243	63
1074	366	791	947	972	599	694	800	628	1722	65

2-13 续表 2

行业大类	代码	企业单位数	北京	天津	河北	山西	内蒙古
住宿和餐饮业	I	**11336**	**1180**	**232**	**482**	**348**	**225**
住宿业	66	8570	908	164	400	261	163
餐饮业	67	2766	272	68	82	87	62
金融业	J	**13124**	**316**	**395**	**534**	**364**	**298**
银行业	68	5668	39	257	274	139	114
证券业	69	659	65	36	24	13	10
保险业	70	4378	79	34	153	138	115
其他金融活动	71	2419	133	68	83	74	59
房地产业	K	**21688**	**2009**	**812**	**450**	**443**	**168**
房地产业	72	21688	2009	812	450	443	168
租赁和商务服务业	L	**27623**	**2701**	**795**	**656**	**573**	**391**
租赁业	73	852	69	50	20	19	14
商务服务业	74	26771	2632	745	636	554	377
科学研究、技术服务和地质勘查业	M	**14344**	**1600**	**564**	**378**	**303**	**159**
研究与试验发展	75	1311	147	54	36	19	18
专业技术服务业	76	9312	760	374	268	229	95
科技交流和推广服务业	77	3035	663	117	48	36	20
地质勘查业	78	686	30	19	26	19	26
水利、环境和公共设施管理业	N	**4232**	**190**	**104**	**161**	**108**	**71**
水利管理业	79	798	15	17	25	32	16
环境管理业	80	956	46	16	44	33	18
公共设施管理业	81	2478	129	71	92	43	37
居民服务和其他服务业	O	**3964**	**323**	**240**	**131**	**137**	**70**
居民服务业	82	1603	113	66	46	57	39
其他服务业	83	2361	210	174	85	80	31
教育	P	**1585**	**127**	**36**	**57**	**37**	**31**
教育	84	1585	127	36	57	37	31
卫生、社会保障和社会福利业	Q	**1394**	**40**	**18**	**64**	**56**	**20**
卫生	85	1160	22	15	51	51	18
社会保障业	86	97	5	1		2	2
社会福利业	87	137	13	2	13	3	
文化、体育和娱乐业	R	**5224**	**1014**	**97**	**145**	**105**	**57**
新闻出版业	88	1739	670	31	28	21	17
广播、电视、电影和音像业	89	1919	142	27	81	49	27
文化艺术业	90	846	105	16	20	28	7
体育	91	211	49	6	3	2	1
娱乐业	92	509	48	17	13	5	5

单位：个

辽宁	吉林	黑龙江	上海	江苏	浙江	安徽	福建	江西	山东	代码
496	**200**	**367**	**487**	**545**	**359**	**301**	**307**	**315**	**707**	I
386	154	304	336	363	297	219	246	263	371	66
110	46	63	151	182	62	82	61	52	336	67
506	**268**	**408**	**263**	**608**	**455**	**657**	**481**	**446**	**1041**	J
197	112	217	43	192	148	254	194	212	468	68
19	10	10	86	36	11	36	21	10	35	69
208	98	125	72	231	191	216	155	155	362	70
82	48	56	62	149	105	151	111	69	176	71
862	**194**	**497**	**1747**	**1223**	**1033**	**863**	**1155**	**600**	**1008**	K
862	194	497	1747	1223	1033	863	1155	600	1008	72
1234	**294**	**580**	**1950**	**1890**	**2330**	**920**	**1546**	**556**	**1348**	L
37	10	21	44	40	26	20	26	18	59	73
1197	284	559	1906	1850	2304	900	1520	538	1289	74
961	**236**	**394**	**1055**	**684**	**890**	**580**	**570**	**282**	**728**	M
123	21	38	90	77	51	47	26	7	60	75
597	155	266	557	450	631	434	444	202	502	76
208	48	69	400	133	190	69	82	51	133	77
33	12	21	8	24	18	30	18	22	33	78
175	**73**	**88**	**217**	**242**	**461**	**151**	**222**	**105**	**219**	N
45	17	24	13	34	89	22	43	10	49	79
36	18	20	81	58	63	31	31	16	46	80
94	38	44	123	150	309	98	148	79	124	81
217	**107**	**118**	**284**	**234**	**116**	**88**	**136**	**112**	**288**	O
114	66	71	120	95	49	46	69	35	107	82
103	41	47	164	139	67	42	67	77	181	83
108	**25**	**48**	**61**	**96**	**81**	**58**	**53**	**32**	**104**	P
108	25	48	61	96	81	58	53	32	104	84
135	**30**	**103**	**33**	**41**	**30**	**54**	**39**	**39**	**87**	Q
107	25	93	23	36	11	43	28	35	76	85
17	2	7	2	1	6	6	4		8	86
11	3	3	8	4	13	5	7	4	3	87
261	**62**	**75**	**339**	**272**	**273**	**146**	**165**	**123**	**216**	R
90	17	17	129	74	64	23	25	24	44	88
76	29	33	90	74	110	88	63	67	121	89
52	6	8	54	63	69	28	34	19	24	90
19	3	2	19	19	9	1	6	2	8	91
24	7	15	47	42	21	6	37	11	19	92

2-13 续表 3

行业大类	代码	河南	湖北	湖南	广东	广西	海南
总计		**9937**	**12340**	**8723**	**20166**	**8192**	**2220**
农、林、牧、渔业	**A**	**223**	**183**	**180**	**353**	**286**	**144**
农业	01	81	42	62	101	113	27
林业	02	30	36	40	99	91	97
畜牧业	03	53	28	29	57	30	12
渔业	04	11	36	32	39	14	6
农、林、牧、渔服务业	05	48	41	17	57	38	2
采矿业	**B**	**246**	**90**	**150**	**73**	**123**	**14**
煤炭开采和洗选业	06	171	10	78		11	
石油和天然气开采业	07	3	7	2	6	1	1
黑色金属矿采选业	08	5	12	8	9	27	
有色金属矿采选业	09	43	8	39	16	47	8
非金属矿采选业	10	23	51	22	41	32	5
其他采矿业	11	1	2	1	1	5	
制造业	**C**	**1374**	**1953**	**1332**	**2747**	**1118**	**286**
农副食品加工业	13	134	196	107	276	186	70
食品制造业	14	30	42	27	84	44	17
饮料制造业	15	28	46	29	77	48	16
烟草制品业	16	7	9	13	12	4	1
纺织业	17	62	80	60	109	28	7
纺织服装、鞋、帽制造业	18	28	50	30	78	10	3
皮革、毛皮、羽毛(绒)及其制品业	19	10	22	8	35	4	
木材加工及木、竹、藤、棕、草制品业	20	14	29	30	41	63	14
家具制造业	21	13	23	3	29	3	4
造纸及纸制品业	22	15	24	27	63	28	5
印刷业和记录媒介的复制	23	56	112	49	143	77	15
文教体育用品制造业	24	2	10	3	33	1	
石油加工及炼焦	25	14	7	11	14	9	1
化学原料及化学制品制造业	26	106	113	86	154	76	20
医药制造业	27	20	30	30	62	24	6
化学纤维制造业	28	3		1	2	2	5
橡胶制品业	29	10	17	8	31	8	6
塑料制品业	30	24	27	21	112	22	8
非金属矿物制品业	31	197	213	152	165	149	28
黑色金属冶炼及压延加工业	32	18	21	24	30	19	1
有色金属冶炼及压延加工业	33	64	26	45	33	35	3

单位：个

重庆	四川	贵州	云南	西藏	陕西	甘肃	青海	宁夏	新疆	代码
6042	**9082**	**5307**	**6229**	**736**	**7423**	**3936**	**1344**	**1227**	**4653**	
154	**213**	**99**	**245**	**2**	**173**	**123**	**25**	**45**	**219**	A
54	41	38	97	1	45	48	12	22	85	01
22	65	41	84	1	56	24	5	4	23	02
44	70	12	28		42	33	6	11	74	03
18	6	2	7		1	1		2	5	04
16	31	6	29		29	17	2	6	32	05
54	**143**	**183**	**135**	**18**	**185**	**88**	**49**	**20**	**177**	B
31	39	132	49	1	107	28	14	13	68	06
10	24		2		12	6	1	1	8	07
3	21	4	14	4	7	8	3	1	37	08
1	34	17	35	7	34	30	11	1	29	09
9	24	28	34	5	22	12	18	3	33	10
	1	2	1	1	3	4	2	1	2	11
757	**1163**	**802**	**653**	**71**	**1257**	**568**	**135**	**153**	**685**	C
52	90	87	31	11	72	48	13	17	95	13
20	25	24	16	2	42	17	4	7	58	14
16	48	64	34	6	36	24	1	4	26	15
4	7	6	24		10	3		2	1	16
11	25	7	7	1	44	14	1		27	17
11	14	5	7		8	1	1	2	12	18
6	2	3		1	3	4				19
19	22	35	19	8	13	1		1	5	20
8	5	4	3		10	4		1	3	21
9	11	9	10	1	13	4		5	10	22
31	61	46	45	7	56	36	9	9	50	23
3	2	1	1		1					24
3	11	3	6		19	8	1	1	10	25
63	104	100	81	3	103	50	36	19	62	26
22	37	6	19	7	33	19	4	1	14	27
	5	1	1		4	2		1	5	28
6	3	8	4		10	1	1		3	29
9	18	16	10		17	17		2	41	30
59	138	93	82	13	110	79	13	28	124	31
16	21	16	27		18	8	3	4	18	32
21	24	24	59		56	26	21	5	15	33

2-13 续表 4

行业大类	代码	河南	湖北	湖南	广东	广西	海南
金属制品业	34	45	99	37	188	21	13
通用设备制造业	35	119	165	95	143	50	2
专用设备制造业	36	139	116	90	133	58	6
交通运输设备制造业	37	83	225	97	172	82	20
电气机械及器材制造业	39	64	85	87	190	29	4
通信设备、计算机及其他电子设备制造业	40	27	64	108	219	12	6
仪器仪表及文化、办公用机械制造业	41	17	55	21	44	6	1
工艺品及其他制造业	42	17	33	26	70	15	3
废弃资源和废旧材料回收加工业	43	8	14	7	5	5	1
电力、燃气及水的生产和供应业	D	**401**	**579**	**722**	**690**	**548**	**99**
电力、热力的生产和供应业	44	246	352	486	480	338	61
燃气生产和供应业	45	16	16	19	31	5	6
水的生产和供应业	46	139	211	217	179	205	32
建筑业	E	**485**	**770**	**597**	**965**	**313**	**119**
房屋和土木工程建筑业	47	349	489	436	610	222	80
建筑安装业	48	66	125	75	162	35	12
建筑装饰业	49	28	58	30	91	20	15
其他建筑业	50	42	98	56	102	36	12
交通运输、仓储和邮政业	F	**819**	**885**	**502**	**1330**	**573**	**143**
铁路运输业	51	19	20	1	16	16	2
道路运输业	52	256	278	173	440	151	37
城市公共交通业	53	43	57	78	100	31	16
水上运输业	54	12	73	19	162	19	24
航空运输业	55	5	13	7	22	16	2
管道运输业	56			1	1		1
装卸搬运和其他运输服务业	57	36	115	63	250	64	26
仓储业	58	411	161	108	243	220	18
邮政业	59	37	168	52	96	56	17
信息传输、计算机服务和软件业	G	**165**	**292**	**269**	**480**	**187**	**32**
电信和其他信息传输服务业	60	122	212	206	278	161	17
计算机服务业	61	27	51	23	90	16	9
软件业	62	16	29	40	112	10	6
批发和零售业	H	**3398**	**3020**	**1737**	**5402**	**2058**	**381**
批发业	63	2247	1640	995	3598	1154	175
零售业	65	1151	1380	742	1804	904	206

单位：个

重庆	四川	贵州	云南	西藏	陕西	甘肃	青海	宁夏	新疆	代码
26	44	21	27	1	50	36	2	4	27	34
67	77	43	29		114	49	11	13	16	35
28	67	39	25	2	133	32	1	7	25	36
126	119	64	34	4	113	21	7	8	13	37
39	50	23	18		71	40	2	8	14	39
22	90	22	6		54	7	1		2	40
40	22	8	16		31	6			2	41
19	12	19	9	4	11	10	3	4	4	42
1	9	5	3		2	1			3	43
356	**885**	**418**	**472**	**78**	**343**	**309**	**102**	**108**	**298**	D
156	459	237	295	66	189	216	72	75	199	44
41	90	9	14	2	20	8	1	4	8	45
159	336	172	163	10	134	85	29	29	91	46
349	**484**	**234**	**298**	**44**	**416**	**209**	**97**	**113**	**229**	E
239	341	171	224	38	291	150	79	88	173	47
31	79	19	28	4	55	37	12	14	31	48
30	22	15	17	1	28	10	2	7	12	49
49	42	29	29	1	42	12	4	4	13	50
414	**528**	**295**	**286**	**56**	**378**	**220**	**114**	**72**	**236**	F
1	10	13	5		10	3	8	4	5	51
152	219	125	106	26	167	69	44	13	113	52
25	55	16	20	10	34	15	3	3	13	53
37	24	2	1			1				54
3	15	12	7	4	10	11	2	6	4	55
1	2		2		6			1	3	56
49	43	12	17	3	21	16	5	4	25	57
58	109	93	48	2	106	75	31	29	51	58
88	51	22	80	11	24	30	21	12	22	59
206	**355**	**141**	**172**	**28**	**143**	**94**	**51**	**30**	**103**	G
171	309	126	142	27	119	78	50	26	86	60
17	17	11	22	1	13	9		4	10	61
18	29	4	8		11	7	1		7	62
1113	**1738**	**1065**	**1373**	**194**	**1978**	**1006**	**259**	**279**	**928**	H
653	1104	642	766	50	1044	552	121	152	708	63
460	634	423	607	144	934	454	138	127	220	65

2-13 续表 5

行业大类	代码	河南	湖北	湖南	广东	广西	海南
住宿和餐饮业	I	**443**	**483**	**388**	**758**	**293**	**152**
住宿业	66	349	305	296	604	226	139
餐饮业	67	94	178	92	154	67	13
金融业	J	**527**	**700**	**452**	**702**	**481**	**65**
银行业	68	218	314	170	254	280	25
证券业	69	16	23	25	66	8	5
保险业	70	212	213	202	273	124	26
其他金融活动	71	81	150	55	109	69	9
房地产业	K	**477**	**924**	**754**	**2047**	**667**	**357**
房地产业	72	477	924	754	2047	667	357
租赁和商务服务业	L	**593**	**913**	**753**	**2479**	**756**	**209**
租赁业	73	29	28	27	56	32	25
商务服务业	74	564	885	726	2423	724	184
科学研究、技术服务和地质勘查业	M	**355**	**676**	**367**	**915**	**359**	**99**
研究与试验发展	75	26	48	49	136	25	8
专业技术服务业	76	264	443	238	627	250	72
科技交流和推广服务业	77	36	166	62	113	65	12
地质勘查业	78	29	19	18	39	19	7
水利、环境和公共设施管理业	N	**99**	**240**	**129**	**259**	**121**	**29**
水利管理业	79	11	70	25	53	18	3
环境管理业	80	21	52	30	54	30	5
公共设施管理业	81	67	118	74	152	73	21
居民服务和其他服务业	O	**91**	**210**	**94**	**290**	**90**	**20**
居民服务业	82	45	58	48	109	26	9
其他服务业	83	46	152	46	181	64	11
教育	P	**39**	**89**	**55**	**141**	**39**	**16**
教育	84	39	89	55	141	39	16
卫生、社会保障和社会福利业	Q	**73**	**104**	**51**	**111**	**40**	**6**
卫生	85	68	91	47	93	31	4
社会保障业	86	2	9		13	3	1
社会福利业	87	3	4	4	5	6	1
文化、体育和娱乐业	R	**129**	**229**	**191**	**424**	**140**	**49**
新闻出版业	88	24	55	43	141	23	16
广播、电视、电影和音像业	89	64	95	82	146	85	20
文化艺术业	90	25	56	42	63	12	8
体育	91	3	8	4	21	1	2
娱乐业	92	13	15	20	53	19	3

单位：个

重庆	四川	贵州	云南	西藏	陕西	甘肃	青海	宁夏	新疆	代码
206	**524**	**226**	**315**	**58**	**431**	**207**	**55**	**48**	**198**	I
138	360	193	279	57	352	175	48	35	179	66
68	164	33	36	1	79	32	7	13	19	67
649	**550**	**244**	**555**	**95**	**330**	**303**	**92**	**52**	**287**	J
436	216	94	230	80	141	154	55	16	125	68
8	28	8	10		23	10	2	2	3	69
98	205	79	221	12	132	109	14	23	103	70
107	101	63	94	3	34	30	21	11	56	71
542	**616**	**600**	**384**	**21**	**529**	**208**	**95**	**85**	**318**	K
542	616	600	384	21	529	208	95	85	318	72
595	**979**	**501**	**635**	**44**	**443**	**253**	**119**	**94**	**493**	L
19	21	41	14	7	26	22	3	4	25	73
576	958	460	621	37	417	231	116	90	468	74
279	**417**	**222**	**314**	**15**	**350**	**169**	**91**	**61**	**271**	M
32	45	23	27		32	15	8	4	19	75
188	268	158	223	9	202	116	62	43	185	76
44	63	19	38	1	79	18	10	9	33	77
15	41	22	26	5	37	20	11	5	34	78
134	**152**	**75**	**127**	**3**	**145**	**36**	**18**	**19**	**59**	N
33	35	22	18	1	25	8	5	4	16	79
42	44	17	37	2	38	5	3	6	13	80
59	73	36	72		82	23	10	9	30	81
80	**80**	**67**	**97**	**3**	**92**	**64**	**10**	**23**	**52**	O
37	35	26	32		36	21	3	5	20	82
43	45	41	65	3	56	43	7	18	32	83
25	**51**	**34**	**53**	**3**	**25**	**23**	**10**	**2**	**26**	P
25	51	34	53	3	25	23	10	2	26	84
26	**49**	**25**	**33**	**2**	**37**	**21**	**5**	**6**	**16**	Q
22	43	23	30	2	29	21	5	6	11	85
		2	1		1				2	86
4	6		2		7				3	87
103	**155**	**76**	**82**	**1**	**168**	**35**	**17**	**17**	**58**	R
34	48	8	9		41	8	1	3	11	88
33	74	46	38	1	76	15	14	11	42	89
26	15	12	12		36	5	1			90
6	4	4	4		4			1		91
4	14	6	19		11	7	1	2	5	92

2-14 按行业(大类)、营业状态分组的国有控股企业法人单位数

（2011年） 单位：个

行业大类	代码	企业单位数	营业	停业(歇业)	筹建	当年关闭	当年破产	其他
总计		**7331200**	**6374460**	**298884**	**521573**	**67691**	**5639**	**62953**
农、林、牧、渔业	A	**247456**	**206235**	**5658**	**29464**	**665**	**82**	**5352**
农业	01	94777	76378	2030	14013	245	20	2091
林业	02	24650	20275	669	3200	64	3	439
畜牧业	03	80163	68985	1737	7230	227	44	1940
渔业	04	20206	17083	528	2234	67	7	287
农、林、牧、渔服务业	05	27660	23514	694	2787	62	8	595
采矿业	B	**105490**	**84105**	**9707**	**8864**	**2076**	**193**	**545**
煤炭开采和洗选业	06	22881	17941	2372	1558	775	50	185
石油和天然气开采业	07	1867	1605	78	161	7	5	11
黑色金属矿采选业	08	18585	14139	2161	1859	335	25	66
有色金属矿采选业	09	11767	8079	1643	1701	241	35	68
非金属矿采选业	10	48603	41065	3328	3238	701	74	197
其他采矿业	11	1787	1276	125	347	17	4	18
制造业	C	**2240288**	**1968962**	**93444**	**136634**	**27593**	**2954**	**10701**
农副食品加工业	13	111076	99817	4637	4543	1411	219	449
食品制造业	14	48538	42606	2432	2541	609	90	260
饮料制造业	15	38429	33898	2031	1835	433	51	181
烟草制品业	16	321	287	12	10	9	1	2
纺织业	17	129946	116405	5335	5426	2059	225	496
纺织服装、鞋、帽制造业	18	106343	92704	5104	6212	1711	114	498
皮革、毛皮、羽毛(绒)及其制品业	19	40161	34562	2163	2451	652	55	278
木材加工及木、竹、藤、棕、草制品业	20	69231	62211	2737	2973	893	186	231
家具制造业	21	45062	39595	1754	2978	499	28	208
造纸及纸制品业	22	58094	51738	2345	2900	799	82	230
印刷业和记录媒介的复制	23	60163	56024	1816	1482	498	66	277
文教体育用品制造业	24	23779	20915	954	1469	323	21	97
石油加工及炼焦	25	7411	6041	547	632	131	11	49
化学原料及化学制品制造业	26	110943	95794	5959	6637	1759	193	601
医药制造业	27	19148	16208	930	1610	213	33	154
化学纤维制造业	28	5817	5058	244	370	109	11	25
橡胶制品业	29	24987	22161	992	1404	302	35	93
塑料制品业	30	119050	106078	4477	6606	1310	130	449
非金属矿物制品业	31	228274	201041	10358	12504	3012	422	937
黑色金属冶炼及压延加工业	32	21717	18089	1613	1298	544	56	117
有色金属冶炼及压延加工业	33	25903	21718	1643	1797	540	38	167

2-14 续表 1

单位：个

行业大类	代码	企 业 单位数	营业	停业 (歇业)	筹建	当年 关闭	当年 破产	其他
金属制品业	34	175355	152505	7232	12782	1744	150	942
通用设备制造业	35	232040	205021	8556	14760	2367	238	1098
专用设备制造业	36	129759	112874	4615	10211	1135	124	800
交通运输设备制造业	37	100270	88067	3508	7091	1054	111	439
电气机械及器材制造业	39	130376	112984	4682	10398	1574	102	636
通信设备、计算机及其他电子设备制造业	40	68989	59794	2226	5772	750	56	391
仪器仪表及文化、办公用机械制造业	41	30789	27446	1140	1800	219	19	165
工艺品及其他制造业	42	67540	58547	2755	5074	734	67	363
废弃资源和废旧材料回收加工业	43	10777	8774	647	1068	200	20	68
电力、燃气及水的生产和供应业	**D**	**65488**	**57936**	**1341**	**5548**	**312**	**38**	**313**
电力、热力的生产和供应业	44	43759	38643	926	3764	201	20	205
燃气生产和供应业	45	4714	3936	111	593	31	9	34
水的生产和供应业	46	17015	15357	304	1191	80	9	74
建筑业	**E**	**346017**	**294206**	**18887**	**25769**	**3593**	**257**	**3305**
房屋和土木工程建筑业	47	123423	106321	6327	8370	1313	103	989
建筑安装业	48	66956	57945	3406	4336	659	54	556
建筑装饰业	49	108682	91649	6505	8233	1083	71	1141
其他建筑业	50	46956	38291	2649	4830	538	29	619
交通运输、仓储和邮政业	**F**	**209450**	**183488**	**8192**	**14645**	**1433**	**126**	**1566**
铁路运输业	51	1492	1313	36	124	3		16
道路运输业	52	98521	86407	4047	6483	768	75	741
城市公共交通业	53	8573	8098	169	216	38	2	50
水上运输业	54	9467	8138	418	765	79	7	60
航空运输业	55	1199	1036	35	97	11		20
管道运输业	56	172	143	4	25			
装卸搬运和其他运输服务业	57	58923	51659	2216	4252	360	22	414
仓储业	58	21611	18196	1061	1996	122	20	216
邮政业	59	9492	8498	206	687	52		49
信息传输、计算机服务和软件业	**G**	**199248**	**179747**	**6746**	**10224**	**1009**	**53**	**1469**
电信和其他信息传输服务业	60	31763	28881	1027	1359	177	15	304
计算机服务业	61	104112	96173	2726	3997	558	23	635
软件业	62	63373	54693	2993	4868	274	15	530
批发和零售业	**H**	**2276262**	**2009728**	**72320**	**156202**	**16107**	**1170**	**20735**
批发业	63	1432293	1248389	46585	113658	9576	709	13376
零售业	65	843969	761339	25735	42544	6531	461	7359

2-14 续表 2

单位：个

行业大类	代码	企业单位数	营业	停业（歇业）	筹建	当年关闭	当年破产	其他
住宿和餐饮业	I	**166742**	**152523**	**4941**	**5368**	**2917**	**113**	**880**
住宿业	66	60903	56116	1841	1924	722	41	259
餐饮业	67	105839	96407	3100	3444	2195	72	621
金融业	J	**52308**	**46772**	**992**	**3963**	**179**	**12**	**390**
银行业	68	11553	11178	8	312	2		53
证券业	69	2634	2307	55	237	9	1	25
保险业	70	12834	12225	131	371	47	4	56
其他金融活动	71	25287	21062	798	3043	121	7	256
房地产业	K	**317582**	**255092**	**25342**	**27434**	**4155**	**257**	**5302**
房地产业	72	317582	255092	25342	27434	4155	257	5302
租赁和商务服务业	L	**610205**	**511390**	**29111**	**58485**	**4214**	**219**	**6786**
租赁业	73	33340	28033	1604	3049	246	31	377
商务服务业	74	576865	483357	27507	55436	3968	188	6409
科学研究、技术服务和地质勘查业	M	**203904**	**169117**	**10017**	**20923**	**1275**	**63**	**2509**
研究与试验发展	75	28595	22317	1510	4246	174	6	342
专业技术服务业	76	104452	89527	3828	9451	536	34	1076
科技交流和推广服务业	77	67563	54728	4432	6789	545	22	1047
地质勘查业	78	3294	2545	247	437	20	1	44
水利、环境和公共设施管理业	N	**32870**	**26374**	**1746**	**4113**	**228**	**13**	**396**
水利管理业	79	2623	2181	134	244	12	1	51
环境管理业	80	7463	5956	334	1037	44	4	88
公共设施管理业	81	22784	18237	1278	2832	172	8	257
居民服务和其他服务业	O	**158297**	**140702**	**5738**	**8884**	**1247**	**47**	**1679**
居民服务业	82	65177	58592	2488	2982	525	17	573
其他服务业	83	93120	82110	3250	5902	722	30	1106
教育	P	**28678**	**25809**	**1113**	**1199**	**172**	**10**	**375**
教育	84	28678	25809	1113	1199	172	10	375
卫生、社会保障和社会福利业	Q	**17252**	**16137**	**389**	**508**	**73**	**6**	**139**
卫生	85	15929	15053	305	398	66	6	101
社会保障业	86	393	350	14	16			13
社会福利业	87	930	734	70	94	7		25
文化、体育和娱乐业	R	**53663**	**46137**	**3200**	**3346**	**443**	**26**	**511**
新闻出版业	88	3343	3080	132	82	19	2	28
广播、电视、电影和音像业	89	8175	7057	553	413	52	2	98
文化艺术业	90	15815	12952	1227	1299	135	4	198
体育	91	2609	2114	226	212	27		30
娱乐业	92	23721	20934	1062	1340	210	18	157

2-15 按地区、营业状态分组的国有控股企业法人单位数

(2011年) 单位：个

地 区	企 业单位数	营业	停业(歇业)	筹建	当年关闭	当年破产	其他
全 国	**7331200**	**6374460**	**298884**	**521573**	**67691**	**5639**	**62953**
北 京	360799	301067	42359	5963	5987	141	5282
天 津	166426	109645	12470	37765	3012	118	3416
河 北	252808	220632	11042	17169	1347	240	2378
山 西	140229	117485	9469	10628	1368	170	1109
内蒙古	97871	87044	3497	5966	793	83	488
辽 宁	312648	264932	23893	19432	2550	256	1585
吉 林	82914	76970	2874	2001	690	91	288
黑龙江	130121	116754	4821	4997	943	98	2508
上 海	397868	328486	11507	51864	713	12	5286
江 苏	865414	757516	30223	63823	8764	523	4565
浙 江	659000	574776	26331	48511	9238	137	7
安 徽	214306	180279	7660	22728	1996	221	1422
福 建	278412	223734	11283	38052	2961	184	2198
江 西	130247	115703	3219	8061	1497	118	1649
山 东	649565	599497	11950	24664	7261	758	5435
河 南	269535	250138	7437	7093	2638	520	1709
湖 北	273217	252061	7398	8943	1854	310	2651
湖 南	193955	182764	4174	3410	1366	382	1859
广 东	788631	695702	23130	57783	5969	253	5794
广 西	149865	130263	5081	10441	1422	108	2550
海 南	32016	24654	2683	3593	86	11	989
重 庆	176841	159681	3681	11241	1236	87	915
四 川	206310	184432	8777	9514	1537	233	1817
贵 州	60595	47788	4343	7222	421	95	726
云 南	135280	105406	6006	20018	242	18	3590
西 藏	3265	2876	118	233	6	7	25
陕 西	147432	133927	4449	7073	494	108	1381
甘 肃	57616	51433	2503	2677	427	189	387
青 海	14977	11724	935	1817	161	70	270
宁 夏	25476	22201	1136	1847	138	16	138
新 疆	57561	44890	4435	7044	574	82	536